다크호스

KB045523

다크호스

성공의 표준 공식을 깨는 비범한 승자들의 원칙

DARK HORSE

토드 로즈 · 오기 오가스 지음 | 정미나 옮김

21세기북스

우리는 다음을 자명한 진리로 받아들인다.

모든 사람은 평등하게 태어났고 창조주로부터

양도할 수 없는 생명권, 자유권, 행복의 추구권을 부여받았다.

– 토머스 제퍼슨, 미국의 독립선언문 –

차 례

틀을 깨다

그 근거가 어느 모로 보나 아주 간단하고 아주 훌륭하고

아주 흥미로워서 십년이나, 백년이나, 천년 후에 그것을 이해하고 나면

아무도 반박을 하지 못할 것이다.[1]

– 존 아치볼드 휠러, 미국의 이론 물리학자 –

제니는 어느 날 갑자기 혜성처럼 등장했다.

제니 맥코믹Jennie McCormick은 2005년에 뉴질랜드 오클랜드의 팜코브 천문대Farm Cove Observatory에서 10인치 반사망원경으로 1만5천 광년 떨어진 태양계에 있는 미지의 행성을 발견했다. 몇 년 후에는 새로운 소행성을 발견해 또 하나의 비범한 업적을 세웠고 애국심을 발휘해 이 소행성에 '뉴질랜드'라는 명칭을 붙였다. 또 지금까지 명망 높은 「사이언스」 등을 위시해 여러 학술지에 20편이 넘는 논문을 공동게재했다. 영화 〈스타트렉: 넥스트 제너레이션Star Trek : The Next Generation〉에서 비벌리 크러셔 박사를 연기한 여배우 게이츠 맥패든Gates McFadden은 그녀에게 사인을 받기 위해 공상과학 박람회에 일부러 찾아오기도 했다. 하지만 제니의 내세울 만한 이력 중 가장 인상적인 부분은 따로 있을지 모른다. 비교적 알려지지 않은 사실이지만, 제니는 어떤 대학 학위도 없이 세계적으로 존경받는 천문학자가 됐다.

사실, 제니는 고등학교조차 졸업하지 않았다.

제니는 왕거누이Wanganui라는 강변 도시에서 비혼모 밑에서 컸다. 그녀는 그 시절을 이렇게 회고했다. "저는 학교생활에 잘 적응하지 못했어요. 한창 예민한 십대 소녀였거든요. 외모도 불만스러웠고, 신발도 마음에 들지 않았어요. 고집이 센 데다 부모에게 제대로 된 가르침을 받을 처지도 아니었죠. 그때는 벗어나고 싶은 마음뿐이었어요."

제니는 15세 때 학교를 중퇴하고 마구간 청소 일로 돈을 벌었다.[2] 그 뒤로 얼마 후에는 엄마가 그녀만 혼자 놔두고 집을 나가버렸다. 어쩔 수 없이 혼자 힘으로 살아가야 했던 제니는 고등학교 검정고시를 준비하며 나름 애쓰며 살았지만 뜻대로 되지 않았다. 결국 21세의 나이에 엄마처럼 비혼모가 되어 패스트푸드점에서 치킨 콤보를 서빙하며 갓난쟁이 아들을 키워야 했다. 그녀의 미래는 아무리 좋게 말해도 암담해 보였다.

그러다 터닝포인트가 찾아왔다.

20대 중반의 어느 저녁이었다. 도시 불빛이라곤 찾아보기 힘든 사화산 분지 주변에 사는 친척들을 보러 갔는데, 한 친척이 오지에서나 볼 수 있는 장관이라고 운을 떼더니 쌍안경을 건네주며 은하수를 올려다보라고 권했다. "축축한 풀밭에 누워 쌍안경으로 하늘을 쳐다보는데 '세상에! 와우!'라는 감탄사가 절로 터졌어요. 별들이 너무 너무 **환상적**이었어요. 그 순간 홀딱 빠져버렸어요! 별들에 대해 아무것도 몰랐는데, 그 순간부터 자세히 알고 싶어질 정도였다니까요."

  제니는 별에게 계시라도 받은 것처럼 의욕적으로 천문학에 관한 것이라면 닥치는 대로 다 배우기 시작했다. 과학에는 문외한인 데다 공부 여건도 마땅치 않았지만, 점점 더 큰 망원경으로 교체하면서 별을 정확히 관찰하기 위해 꾸준히 훈련했다. 혼자 독학하며 훈련한 지 11년 후인 1999년에는 폐기 물품과 녹슨 부품을 모아 집의 파티오(스페인식 건물의 안뜰)에 돔형의 천문대를 만들었다. 또 5년 후에는 뒤뜰에 '팜코브 천문대'를 완공시키면서 중력 렌즈라는 정교한 관측 기술(중간에 있는 별의 중력을 이용해 멀리 떨어진 빛을 굴절시켜 모으는 기술)까지 갖추며 목성보다 세 배 큰 태양계외 행성을 관측하다, 윌리엄 허셜William Herschel이 천왕성을 발견한 1781년 이후 새로운 행성을 발견한 최초의 아마추어가 됐다.[3]

  앨런 룰로Alan Rouleau 역시 혜성처럼 깜짝 등장한 인물이었다. 앨런은 라이프스타일 잡지 「타운 앤 컨트리Town & Country」에서 미국 최고의 양재사로 선정된 인물로, 재계 거물, 유명인, 프로 선수 들을 맞춤 의상 고객으로 거느리고 있다. 보스턴의 가장 멋진 번화가 뉴베리 가Newbury Street에서 부티크 앨런 룰로 쿠튀르Alan Rouleau Couture를 운영하며, 타지Taj, 리츠칼튼Ritz-Carlton, 포시즌스Four Seasons, 만다린 오리엔탈Mandarin Oriental 등의 호텔에서 VIP 전담 양재사도 맡고 있다. "특수 직물의 대가"로 불리기도 해서 피아첸자Piacenza 사의 캐시미어, 드라고Drago 사의 슈퍼섬유 180, 로로피아나Loro Piana 사의 슈퍼섬유 200 모두 그의 손을 거쳐 세련되고 비범한 의상으로 거듭났다.

앨런의 독보적인 실력은 수학적 정확성, 직물별 특징에 대한 남다른 해박한 지식과 더불어 맞춤 양복에서 가장 간과되는 측면 중 한 가지인 고객 개개인에 대한 세심한 배려가 어우러진 결과물이다.

"고객의 개성, 나이, 피부톤, 직업, 라이프스타일을 잘 살펴야 합니다. 특히 열망까지 들여다봐야 해요. 고객이 현재 어떤 사람인지만 보는 게 아니라, 어떤 사람이 되고 싶은지까지 헤아려야 합니다." 앨런의 편안하면서도 믿음을 주는 성격과 장난기 넘치는 매력에 빠져 고객들은 절로 마음을 열고 자신을 드러내게 된다. 극진한 서비스와 까다롭기 그지없는 취향까지 잘 맞춰주는 대접에 익숙한 고객들조차 예외가 아니다.

얼핏 생각하기엔, 이 정도 대가의 경지에 이르려면 평생에 걸쳐 그 분야에 전념해야 할 것도 같다. 실제로 미국에서 내로라하는 양재사들 대다수가 대대로 맞춤복을 만들어온 집안의 사람이거나 어려서부터 견습생 생활이 흔한 유럽 출신의 배경 탄탄한 타지 인재들이다.

앨런은 둘 중 어느 경우에도 해당되지 않았다.

앨런은 매사추세츠 주 중부의 빈촌 레민스터Leominster에서 6남매로 자랐다. 고등학교 졸업 후에 학비가 저렴한 지방대 사우스이스턴 매사추세츠 대학교Southeastern Massachusetts University에 입학했지만 형제자매가 여럿이다 보니 부모에게 학비를 기댈 만한 여건도 아니었다. 그래서 학비를 스스로 벌려고 여러 아르바이트를 했다. 낮에는 수업을 듣고 저녁에는 주유소에서 일하고 다음 날 새벽에는

UPS 트럭에 택배물을 싣는 생활을 이어가다 보니 녹초가 돼서 학업을 제대로 따라가지 못했다. 버티다 못한 앨런은 돈을 벌어 나중에 복학할 생각으로 휴학한 후에, 가드너Gardner라는 공장 도시에서 대학생과 블루칼라 노동자들에게 50센트짜리 생맥주를 서빙하는 바텐더 일을 시작했다. 출세의 발판이 될 만큼 가망 있는 직업은 아니었다.

하지만 앨런은 가진 것도 없고 연줄도 없는 불리함을 기민한 대인관계술과 발 빠른 사업 감각으로 이겨냈다. 일하고 있던 바의 사장이 피치 못할 사정으로 갑자기 가게를 팔아야 했을 때, 앨런은 그 기회를 붙잡아 인수했다. 재산도 없고 나이도 겨우 20세에 불과했지만 대인관계술을 무기로 가게를 잘 꾸려갈 수 있다고 은행을 납득시킨 끝에 대출을 받아낼 수 있었다. 앨런의 자신감은 허세가 아니었다. 손님도 수익도 모두 늘어나 결국 대출금을 전부 갚을 수 있었다. 하지만 앨런은 이쯤에서 멈추지 않았다. 내친김에 가게가 세 들어 있던 건물까지 구입했고 부동산 회사도 열었다. 4층짜리 아파트 건물도 매입했다. 그 이후엔 또 다른 건물을 사들여 레스토랑으로 개조했다. 인근 피치버그Fitchburg 시의 라켓볼·테니스 클럽에 입점한 바를 매입했다가 나중엔 아예 클럽 전체를 사들였다. 이렇게 사업을 확장하다가 28세에 이르자, 앨런은 대학 학비를 벌기 위해 시작했던 야간 아르바이트 일을 발판으로 어느새 소도시의 재벌로 올라서 있었다.

앨런은 남들의 부러움을 살 만한 대성공을 거뒀는데도 뭔가 중요한 것을 놓치고 사는 듯한 공허함을 느꼈다. 그러던 몇 년 후의 어느 날 아침, 거울을 들여다보면서 문득 깨달음이 왔다. '이건 진정한 내가 아니야. 이런 나로 사는 것에 만족하지 못하겠어.' 그 뒤에 벌어진 그의 행동은 주변 사람들을 모두 충격에 빠뜨릴 정도였다. 사업체를 모두 매각하고 보스턴으로 이주해 그를 누구보다 잘 아는 이들조차 예상치 못했던, 맞춤 양복 분야에 뛰어들었다.

극단적으로 직업을 바꾼 것이었지만 내면의 공허함을 구석구석 채워주는 매력이 대단해서 그는 맞춤복 제작의 세계에 푹 빠져들었다. 그리고 2년에 걸쳐 꾸준히 훈련과 연습을 이어간 끝에 드디어 35세의 나이에 난생 처음으로 전국 규모의 패션 부문 상을 수상했다. 그 뒤에도 수많은 상을 잇달아 받으면서 얼마 지나지 않아 앨런 룰로 쿠튀르는 전국에서 가장 정평이 난 유명 양복점들과 어깨를 나란히 하게 됐다.

앨런과 제니는 재능 육성에 대한 일반적 사고방식의 틀을 깬 인생 여정을 걸어왔다. 천문학자로 성공하기 위한 틀에 박힌 코스를 밟으려면, 박사 학위를 취득하고 알아주는 대학에서 연구생으로 활동한 후에 종신직 교수로 자리를 잡아야 한다. 학교 중퇴 후자기 집 뒤뜰에서 독학으로 천문학을 익히는 식의 여정은 그야말로 특이한 경우다. 맞춤복 양재사로 성공하기 위한 전통적 진로를 따르려면, 어린 시절부터 패션 분야에 꿈을 품고 대가 밑에서 수년간 견습생활을 하며 찬찬히 차근차근 기술을 연마해야 한다. 중년이 다 되어서 뜬금없는 분야의 직업으로 갈아타는 것은 파격적인 행보다. 말하자면 제니와 앨런은 혜성처럼 등장해 특유의 독자적 방식으로 우수성excellence을 발전시킨 인물들이다.

이렇게 역경을 딛고 성공한 사람들, 다시 말해 갑자기 혜성처럼 등장한 승자를 지칭하기에 딱 맞는 호칭이 있다.

바로 다크호스다.

우연한 행운

'다크호스dark horse'는 1831년에 소설 『젊은 공작The Young Duke』의 출간 이후부터 보편화된 말이다.[4] 영국에서 출간된 이 소설에는 주인공이 경마에서 돈을 걸었다가 **'전혀 예상도 못했던**dark(잘 알려지지 않은) 말이' 우승하는 바람에 큰돈을 잃는 대목이 나온다. 이 소설 문구가 빠르게 유행을 타면서, 이후로 '다크호스'는 표준적 개념에 따른 승자와는 거리가 있어서 주목을 받지 못했던 뜻밖의 승자를 지칭하게 됐다.

이 신조어의 등장 이후로 사회는 다크호스들에 대해 유별난 태도를 취해왔다. 이 명칭의 정의상 당연한 이야기지만, 우리 사회는 이런 다크호스들에게 신경도 쓰지 않다가 그들이 성공을 이루고 나서야 틀에 박히지 않은 성공담에 환호하고 감동한다. 하지만 그렇게 환호하고 감동하면서도 다크호스들에게서 자신의 삶에도 유용하게 적용시킬 만한 교훈을 배울 생각은 좀처럼 하지 않는다.

겉보기엔 다크호스들의 성취가 대체로 우연한 행운에 따른 것처럼 보이기 때문이다.

우리는 제니나 앨런 같은 다크호스의 끈기와 동기에 찬사를 보낸다. 하지만 패스트푸드점 서빙 직원에서 행성을 탐색하는 천문학자로, 또 블루칼라 바텐더에서 상류층을 상대하는 양재사로 변신하는 등 워낙 가능성이 희박한 변신을 이뤄내며 이례적인 인생 여정을 걸어와서 우리가 따라하긴 힘들다고 여긴다. 성공의 확실한 공식을 찾을 때는 오히려 모차르트, 워런 버핏, 타이거 우즈 같이 세간의 이목을 끌며 등장한 이들을 주목하기 마련이다.

모차르트는 8세 때 교향곡을 작곡했고, 버핏은 11세 때부터 주식투자를 시작했고, 우즈는 6세 때부터 골프 대회에서 우승을 했다. 모두 어릴 때부터 일찌감치 자신의 목적지를 깨달았고 그 목적지에 이르기 위해 오랜 시간 노력했다. 이런 전통적 대가들은 상대적으로 따라하기 쉬운 성공 전략의 사례처럼 보인다. 목적지를 깨달아 열심히 (그것도 아주 아주 열심히) 노력하면서 온갖 장애물을 꿋꿋이 버텨내 목적지에 이르는 전략을 구사하면 될 것 같다. 이런 '표준 공식Standard Formula'을 교육자, 고용주, 부모, 과학자 들은 개개인의 우수성을 키우는 가장 확실한 비결이라며, 확신에 차서 적극 권장한다. 반면에 제니와 앨런 같은 다크호스들의 복잡하게 꼬인 인생궤도는 따라할 만한 성공의 청사진이 아니라 흥미롭지만 한 사람에게만 한정된 성공 비결처럼 비쳐진다.

과연 정말로 그럴까?

표준화 시대의 공식

까마득히 오래 전부터 인간은 서로에게 성공의 조언을 해왔다. 만족스러운 삶을 위한 교훈들, 다시 말해 학계에서 흔히 '성공 문학 success literature'이라고 분류하지만 보다 통속적으로는 '자기계발'로 분류되는 분야는 철학만큼이나 역사가 길다. 아리스토텔레스, 공자, 성 아우구스티누스 모두 성공을 위한 조언을 글로 담았다. 이런 고대의 정신적 지도자들이 설파한 조언들이 대체로 시대를 초월하는 지혜로써 오랜 세월 생명력을 이어왔다고 생각하기 십상이지만 사실은 그렇지 않다. 성공 문학에도 유효 기간이 있다.

가장 유용한 조언은 실행 가능하고 구체적인 조언이므로, 그 조언이 제기된 시간이나 장소와 떼려야 뗄 수 없다. 3세기 폴리네시아 사회에서의 성공 비결(카누를 만들고 조정하기)과 13세기 몽골 제국의 성공 비결(말을 잘 타고 잘 간수하기)은 서로 달랐다. 15세기 아즈텍 제국의 성공법(인신공양의 제물이 되지 않도록 조심하기)과 18세기 러시아 제국의 성공법(농노로 전락하지 않도록 조심하기)도 서로 달랐다.

성공 문학의 보편적 내용은 특정 시대에서는 꽤 일관성이 있지만, 사회가 변해서 새로운 시대에 들어설 때마다 급격한 변화를 거친다. 1775년의 소책자 『존경받는 부자로 사는 법: 큰 재산을 가진 사람들에게 부치는 글The Way to Be Rich and Respectable: Addressed to Men of Small Fortune』에는 그런 변곡점의 사례가 잘 포착되어 있다. 저자 존 트루슬러John Trusler가 이 책을 집필한 시기는 영국이 봉건제 경제에서 상인 경제로 전환되는 막바지 단계였다. 그는 이제 새로운 시대가 도래하면서 부와 지위를 차지할 기회가 더는 세습 귀족들의 전유물이 아니라고 했다. "예전에만 해도 사람들은 영주의 신하나 하인으로 사는 삶에 만족했고 스스로를 낮추며 복종하고 충성하는 태도를 자부심으로 삼았다 (중략) 하지만 상거래와 부가 늘어나자 차츰 새로운 바람을 품으며 (중략) 예전엔 감히 꿈도 못 꿀 사치였을 생활을 동경하게 됐다." 이 새 시대의 성공 법칙은 무엇이었을까? 트루슬러는 당시의 관점에선 비현실적이고 실행 불가능해 보였겠지만 결국 그 새로운 시대의 특징으로 자리잡게 된 전략을 제시했다. 바로 '독립'이었다. 당시에 효과적인 관행이던 귀족 후원자에 대한 충성이 아니라, 개인의 자율성이라는 전례 없는 파격적인 전략을 제시한 것이었다.

이 책을 읽고 있는 당신이 태어난 시대는 20세기 초를 기점으로 삼아 정립된 시대다. 그 20세기 초부터 서구 사회는 공장 중심의 제조업 경제로 전환됐다. 그래서 흔히 산업 시대로 지칭되지만 표준화 시대Age of Standardization라고 부르는 것이 더 타당하다. 조립라인과 대량생산, 조직위계, 의무교육이 보편화되면서 소비자 상품, 일자리, 졸업장 등등 일상생활의 대다수 체계가 표준화됐다.

다른 모든 시대와 다를 바 없이, 표준화 시대 역시 성공을 정의하는 고유의 개념이 생겨났다. 이제는 기관의 사다리institutional ladder를 밟고 올라가 부와 지위를 획득하는 것이 곧 성공으로 통했다. 이 새로운 성공 개념을 계기로 현대의 자기계발서가 탄생했다. 데

일 카네기의 『카네기 인간관계론How to Win Friends and Influence People』(1936), 나폴레온 힐Napoleon Hill의 『열망을 생각하다Think and Grow Rich』(1937), 노먼 빈센트 필Norman Vincent Peale의 『적극적 사고방식The Power of Positive Thinking』(1952) 같이 오랜 세월이 흘러도 인기가 식을 줄 모르는 베스트셀러들이 이런 자기계발서에 해당한다. 높은 곳을 지향하는 이 세대의 성공 문학에서는 개개인이 조직에서 더 높은 서열로 올라가기 위해 유용한 습관과 기술을 강조했다. 힐은 다음과 같이 조언했다. "더 좋은 방법은 현재 맡은 직무에서 뛰어난 능력을 펼쳐서 인사권자들의 눈에 들어 더 흡족한 중책의 자리로 승진하는 것이다."[5]

표준화 시대는 자기계발과 주류 과학의 융합으로 일률적인 출세 비결이 생겨난 최초의 시대이기도 했다. 21세기에 접어들 무렵엔 「뉴욕타임스」 선정 베스트셀러들과 저명한 사회과학자들이 이런 표준 공식의 변형들을 극구 권장하는 지경에 이르렀다. 그에 따라 수 세대에 걸쳐 '목적지를 의식하고 열심히 노력하면서 끝까지 버텨라know your destination, work hard, and stay the course'는 메시지가 성공한 삶을 일구는 가장 확실한 전략으로 사람들의 뇌리에 각인됐다. 이 조언은 논쟁의 여지가 전혀 없어 새겨듣지 않고 묵살하면 위험하고 미련한 짓이 될 것 같은 인식을 준다. 실제로, 요즘 책들 중에는 이 표준 공식을 시대를 초월하는 지혜라도 되는 양 치켜세우는 경우가 많다.

이 책은 그렇지 않다. 『다크호스』에서는 지금 우리가 사뭇 다른 성공 법칙이 요구되는 새로운 시대로 들어서는 중이라는 확신을 전제로 한다.

개인화 시대의 도래

현재는 넷플릭스나 아마존이 개인의 취향에 잘 맞을 만한 영화나 책을 섬뜩하도록 정확하게 추천하는 세상이다. 유튜브와 주문형 TV, 구글의 개인별 맞춤 검색 결과, 개인맞춤형 뉴스 서비스, 페이스북과 트위터가 일상화되어 있다. 이 전례 없는 신기술들에는 공통된 특징이 있다. '개인화personalization'다. 정신없이 쏟아지는 이런 개인화 기술은 그간 축적된 변화로 정점에 이르러 사회를 변동시키고 개인화 시대의 여명기에 들어서게 하고 있다.

건강관리 분야에서도 개개인에 맞추는 변화가 일어나고 있다. 의사들의 처방을 예로 들면 평균적으로 효과가 가장 높은 일반치료제가 아니라 **해당 환자별로** 고유의 생리와 건강, DNA를 감안해서 가장 잘 들을 만한 암 치료제를 처방하는 추세가 늘고 있다. 점점 더 많은 영양사들이 미국식품의약국에서 권고하는 일일 권장량이나 세계 곳곳의 보건기구들에서 장려하는 갖가지 식단 피라미드 등의 획일적 식단이 아니라 개인별 신진대사와 건강 목적에 맞춘 개별적 식단을 추천하고 있다. 개인의 웰빙을 추적 관찰하려는 추세가 확산되면서 핏비트Fitbit의 스마트워치, 23앤드미23andMe의 가정용 DNA 테스트킷, 마이피트니스팔MyFitnessPal이나 삼성 헬스Samsung Health 등의 건강관리 앱도 나오고 있다.

이런 개인화 변화는 직장에서도 일어나고 있다. 우리 사회는 대규모의 고정적이고 위계적인 조직이 주축을 이루는 산업 경제에서 프리랜서, 자영업자, 프리 에이전트(개인의 전문화된 지식·도구를 사용하여 조직에 얽매이지 않고 독창적이면서 창조적으로 일하는 개인—옮긴이) 들이 주도하는, 점차 다양하고 분권화되는 지식서비스 경제로 전환 중이다. 앞으로는 한 회사에서 평생 일할 것이라는 생각은 접어야 한다. 오히려 대다수 사람들이 은퇴할 때까지 12번 이상 일자리를 옮기고,[6] 우리가 대다수 일터들의 수명보다 더 오래 살 것이다.[7]

가장 엄격하게 표준화된 조직인 교육계조차 개인화로의 변화라는 산고를 치르고 있다. 최근 자선단체들이 각 학생별 욕구와 능력에 따라 변경 가능한 개인맞춤형 학습 프로그램에 수십억 달러를 투자하고 있다. 일례로 빌앤멜린다게이츠재단Bill and Melinda Gates Foundation과 챈저커버그이니셔티브Chan Zuckerberg Initiative는 전국 곳곳의 학교에서 개인맞춤형 교육기술이 실행되도록 재정을 지원하고 있다. 대학들도 차츰 개인맞춤형 학습을 수용 중이다. 2013년에 서던뉴햄프셔 대학교Southern New Hampshire University는 대학 최초로 학년과 이수시간을 폐지하고 100퍼센트 자기진도 학습과 역량 기반으로 이루어진 학위 프로그램을 교육부로부터 승인받았다.[8]

배우고 일하고 살아가는 방식에서 다각도로 일어나고 있는 이런 획기적 변화는 서로 무관해 보일지 모르나 모두 한 뿌리에서 뻗어 나온 가지들이다. 이 변화는 떠오르는 개인화 시대에 생명을 불어넣는 하나의 개념에 그 뿌리를 두고 있다.

개개인성individuality을 중요시하는 개념이다.

사고방식의 변화

개개인성이 중요하다는 신념이 확산되면서 성공에 대한 사고방식도 바뀌고 있다. 2018년 비영리 싱크탱크 포퓰리스Populace가 런츠 글로벌Luntz Global에 의뢰해 전국적 설문조사를 벌였다. 인구통계적 표본집단으로 선정된 약 3천 명의 남녀를 대상으로 이루어진 이 설문조사에서 참여자들에게 **사회적** 정의에 따른 성공의 요건을 물어본 결과 단연코 가장 많은 답변으로 부와 지위가 나왔다. 하지만 이런 식의 사회적 정의에 동의하느냐는 질문에는 전적으로 공감하거나 대체로 공감한다는 답변이 18퍼센트에 불과했고 40퍼센트는 사회적 관점에서 벗어난 인생관을 취하고 있다고 밝혔다. 응답자의 대다수가 성공에 대한 **개인적** 정의에서는 행복과 성취감을 우선시하고 있다고 답했다.

성공에 대한 공적 견해와 사적 견해의 불일치가 가장 극명히 드러난 대목은 어떤 유형을 가장 성공한 사람으로 여기느냐는 질문에서였다. **사회적** 정의에 따른 유형에서는 응답자의 74퍼센트가 "힘 있는 사람"이라고 답한 반면, **개인적** 정의에 따른 유형에서는 91퍼센트가 "목표지향적인 사람"이라고 밝혔다. 다시 말해, 우리 대다수는 남들 모두에게 성공한 사람으로 인정받으려면 부유하고 힘 있는 사람이 되어야 한다고 생각하면서 자신은 개인적 충족감과 스스로의 결정에 따른 성취감을 성공 기준으로 여기고 있는 셈이다.

하지만 이제 새로운 관점에서의 성공을 희망하고 있다고 해서 그런 성공의 달성 방법까지 알고 있는 것은 아니다. 개인화된 성공에 대한 요구는 점점 증가하고 있지만 과학적 연구는 미처 그런 요구를 따라오지 못하고 있다. 성공에 대한 학문적 연구는 여전히 표준화 시대에 고착되어 있다. 1세기가 다 되어가도록 연구자들은 획일적인 성공 개념에만 매달리며 직선적으로 여겨지는 다음의 의문을 고집스레 붙잡고 있다. '성공을 이루기 위한 **최상의** 방법은 무엇일까?'

우리 두 사람은 다른 방식으로 접근했다.

우리 두 사람이 과학자로서 의기투합하게 된 계기는, 개개인성이 중요하다는 공통된 신념이었다. 우리는 위대하고 번영하는 사회를 세우려면 어떤 사람이든 간에, 또 출신 배경이 어떻든 간에 모든 사람이 자신의 능력을 최대한 발휘할 수 있어야 한다고 믿는다. 그에 따라 우리는 모든 인간이 자신의 잠재력을 최대한 발휘하는 삶을 살게 하는 최상의 방법은 개개인을 이해하고 자율권을 부여하는 것이라는 가정하에 연구를 하고 있는데, 살짝 다른 질문을 제기하게 됐다. '**당신이** 성공을 이루기 위한 최상의 방법은 무엇일까?'

그 답을 찾기 위해, 우리가 주목한 대상이 바로 다크호스였다.

규칙을 깬 사람들

우리가 다크호스를 주제로 정한 이유는 학계 관례에 따라 성공 사례의 연구 대상으로 삼으려는 것이 아니었다. 지금까지 다크호스가 그런 연구의 대상으로 활용된 예도 없다. 실제로 여러 학술문헌을 살펴봤지만 비전통적 성공 경로를 따랐던 대가들을 의미 있게 조사한 문헌이 정말 없었다. 어쨌든 간에 우리가 다크호스를 연구의 주제로 삼기로 결정한 이유는 사적인 것이었다.

우리 둘 다 우여곡절 많은 삶을 거치며 끊임없이 흐름을 거슬러 헤쳐온 사람들이었다. 토드는 17세에 고등학교를 중퇴하고 십대 여자친구와 결혼해서 20세 생일이 되기도 전에 두 아이의 아빠가 됐다. 그 뒤로 가족을 먹여 살리기 위해 유타 주의 시골을 돌며 철망 울타리를 팔았다. 오기는 네 곳의 대학을 전전하며 다섯 번이나 중퇴했고 정규직 일자리를 얻어도 진득하게 붙어 있질 못하다가 나중에는 먹고 살기 위해 자동차 트렁크에 헌책을 싣고 다니며 파는 지경까지 갔다. 우리 둘 다 표준화 시대에서 일탈의 전과기록을 화려하게 남기며, 오랜 기간 학교와 직장이라는 표준화된 기관들standardized institutions에 순응하기 위해 최대한 애썼지만 끝내 적응하지 못했다.

우리가 어렵사리 난관을 극복하고 전문가로서의 실력을 키우게 된 것은 순전히 뜻밖의 행운 덕분이었을지 모르지만 한 가지 사실만큼은 확실했다. 우리가 어렵게 일궈낸 성공은 게임의 규칙을 깨뜨린 결과였다. 우리가 게임의 규칙을 깬 것은 저항심이나 오만함에서 벌인 일이 아니라 그야말로 불가피한 일이었다. 표준 공식을 따르려고 아무리 발버둥쳐도 번번이 실패했다.

이런 개인적 깨달음 덕분에, 다크호스들이 저마다의 우수성을 획득하는 방법을 파헤치는 데 유용한 계기가 될 거라는 감이 들었다. (어떤 사람이든 간에, 또 출신 배경이 어떻든 간에) 누구에게나 적용 가능한, 대가의 경지에 이르는 원칙들이 실제로 있다면, 그 원칙을 찾을 최적의 탐색 대상은 시스템 밖에서 성공한 대가들의 삶일 것 같았다.

그렇게 해서 우리는 다크호스 프로젝트에 착수하게 됐다.

우리는 우선 여러 분야에서 유별난 내력의 대가들과 인터뷰를 했다. 인터뷰 대상은 오페라 가수, 개 조련사, 헤어 디자이너, 플로리스트, 외교관, 소믈리에, 목수, 인형극 공연가, 건축가, 시체 방부처리사, 그랜드 마스터급 체스 선수, 조산사 등 다양한 직업군에 걸쳐 있었다. 그중엔 당연히 천문학자들과 맞춤 양재사들도 있었다. 인터뷰를 할 때는 인터뷰 상대에게 자기계발이나 재능성에 대한 선입견을 강요하지 않으려고 조심했다. 그냥 귀 기울여 경청했다. 그 대가들이 각자의 전문 분야에서 우수성을 획득하기까지의 여정을 저마다의 표현으로 풀어내도록 가만히 들었다.

경청을 통해서 많은 것을 배울 수 있었다. 그 대가들 중에는 학교에서 성적이 형편없었거나 (제니 맥코믹처럼) 아예 중퇴한 경우가 많았다. 우리와 인터뷰했던 애플의 임원은 엘리트 코스의 컴퓨터학과 대학원 과정을 중도에 그만뒀고, 전무후무한 실력의 한 파일럿은 대학 문턱도 밟은 적이 없었다. 또 국제 해양포유동물 조련단체의 단장이자 디즈니에서 최장기간 성우로 활동했던 인터뷰 상대는 어린 시절 집에서 타인에게 재택교육을 받았다.

그런가 하면 학교생활이나 직장생활을 아주 잘 하고 있다가 (앨런 룰로처럼) 갑자기 진로를 바꿔 전혀 다른 분야로 뛰어든 다크호스들도 있었다. 어떤 남자는 문학 박사 학위를 취득한 후에 혹한의 북부 지방으로 트레킹을 떠났다가 외래 균류 전문가가 되어 돌아왔고, 어떤 건설회사 임원은 옥스퍼드 대학교 역사상 대학 교원 출신이 아닌 사람으로서는 900년 만에 처음으로 부총장이 됐다. 아이비리그 대학원에서 인지언어학을 전공했다가 중도에 학업을 접고 세계적인 포커 귀재로 변신한 여성도 있었다.

우리가 인터뷰를 나눈 모든 다크호스들은 그 본질상 이례적인 경로를 따라 우수성을 획득했다. 하지만 우리에게는 꼭 풀고 싶은 궁금증이 있었다. 제니와 앨런을 비롯해서 틀을 깬 이 대가들에게 그 외의 또 다른 공통점은 없을까? 희박한 가능성을 뚫고 대가의 경지에 도달한 **방법**에 어떤 본질적 공통점이 있지는 않을까?

본질적 공통점

우리도 처음에 그랬듯이, 당신 역시 다크호스들에게는 시스템에 저항하려는 충동 등의 공통적인 성격이 분명히 있을 것이라고 지레짐작하기 쉽다. 다크호스들은 대부분 리처드 브랜슨Richard Branson (버진그룹의 창업자이자 회장. 난독증에 고교 중퇴자이며 정규교육을 받지 않아 재무

제표조차 잘 읽지 못하지만 '창조경영의 아이콘'이자 미국의 다국적 경영 컨설팅 기업 엑센츄어에서 '50대 경영구루'로 선정되었으며, 환경 문제에 적극 앞장서면서 '지구를 구할 영웅'으로 불릴 만큼 존경받는 기업가임—옮긴이)처럼 남들보다 대범한 성격을 가진 괴짜일지 모른다고. 아니면 두각을 떨쳐 세상이 틀렸음을 증명하려는 뜨거운 야심이 넘치는 반항아들일 거라고.

우리가 조사한 바로는 전혀 그렇지 않다.

사실, 다크호스들의 성격은 무작위 표본집단에서 으레 발견되는 경향과 다를 바 없이 다양하고 종잡기 어렵다. 사람에 따라 대범하고 저돌적인 성격도 있고 소심하고 공손한 성격도 있다. 어떤 사람은 분열 조장을 즐기는가 하면 또 어떤 사람은 화해적 태도를 선호한다. 다크호스만의 고유한 성격도 없다. 특별한 동기나 사회경제적 배경은 물론, 공부 및 연습 방법도 제각기 다르다. 하지만 다크호스들을 하나로 묶는 공통점이 **분명 있기는 있다**. 그것도 알아채지 못하는 게 힘들 정도로 뻔히 드러나는 공통점이다.

다크호스들은 공통적으로 **충족감**fulfillment**을 느끼며 산다**는 것이다.

우연이 아닌 선택

다크호스 프로젝트를 처음 착수했을 때만 해도 우리는 충족감이 공통점일 줄은 전혀 예상하지 못했다. 다크호스들이 우수한 경지에 이르는 과정을 살펴보면서 우리는 특별하고도 색다른 공부법과 학습 비결, 연습 방식을 발견할 것으로 예상했다. 우리 두 사람은 그간의 훈련으로 정량화하기 힘든 모호한 변수에는 거부감이 있었고, 개인별 충족감은 확실히 막연해 보이는 변수였다. 하지만 우리는 훈련을 통해 증거를 무시해선 안 된다고 배웠다. 그 증거가 우리 예상과 아무리 크게 어긋나더라도 무시해선 안 된다는 것이다.

상당수 다크호스들은 드러내놓고 직접 "충족감"을 언급했다. 그런가 하면 강한 "목표" 의식을 간접적으로 언급한 이들도 있었고, 자신의 활동에 대한 "열의"나 자신의 성취에 대한 "자부심"을 이야기한 이들도 있었다. 몇몇 사람은 "진정성 있는 삶"을 살고 있다는 식으로 표현했다. 또 다른 여러 명의 다크호스는 "이 일이 자신의 천직"이라고 자처했고, 어떤 한 명은 조용조용하고 경건한 어조로 "꿈꾸는 삶을 살고 있다"고 했다. 표현 방식은 각기 달랐지만 우리가 대화를 나눠본 다크호스들은 모두 현재의 자신에게 자부심을 느끼면서 자신이 하는 일에 깊이 몰입하고 있었다. 한마디로 말해, 다크호스들은 의미 있고 보람찬 삶을 살고 있다.

다른 사람들과 다를 바 없이 그들 역시 아이들을 재우랴 자동차 할부금을 내랴 이런저런 일상사에 시달렸고 자신의 분야에서 더 높은 성취를 이루고 싶은 갈망도 똑같이 있었지만, 대체로 아침마다 활기차게 일어나 일하러 나가고 밤에는 삶에 충족감을 느끼며 잠이 드는 편이었다. 우리는 이런 특징을 발견하고 나서 무엇보다 중요한 깨달음에 눈뜨게 됐다.

더 깊이 파헤쳐보니 다크호스들의 이런 충족감은 그저 우연의 일치가 아니라 선택이었다. 그리고 충족감을 추구하려는 이 지극히 중요한 선택이 바로 다크호스들의 궁극적 특징이다.

정반대의 진실

사실, 다크호스들이 이처럼 충족감을 우선시했던 **선택**은 충족감을 얻는 과정에 대한 일반적 사고방식과는 극명히 대비된다. 우리는 흔히 직업에서 대가의 경지에 이르면 그 **결과**로서 행복을 얻는다는 식으로 생각한다. 충족감은 우수한 경지에 이른 뒤에야 찾아오는 **보상**이라고 여기는 것이다. 하지만 자신의 직업에서 우수한 경지에 이르고도 행복하지 못한 사람들이 얼마나 많은가?

우리 두 사람의 지인 중에는 법인 고문 변호사로 일하며 고소득을 올리면서도 입만 열면 불만을 쏟아내는 친구가 있다. 그녀는 하루하루 따분하기만 한 그 생활에서 해방되고 싶다고 투덜대며 다른 진로를 선택한 걸 그랬다고 투덜대기 일쑤다. 개원해서 돈을 쓸어 담는 의사 친구도 있는데, 그 역시 항상 일을 따분해하며 여행과 취미생활에서 위안을 찾고 있다.

우수성이 충족감을 보장하지 않는다는 사실은 어찌 보면 놀랄 일도 아니다. 어쨌든 표준 공식에서는 여정의 어디에서도 충족감이 등장하지 않는다. 오히려 표준 공식을 열렬히 치켜세우는 기관들과 학자들의 **말대로** 목적지를 의식하고 열심히 노력해서 끝까지 버티는 여정을 따를 경우, 일단 목적지에 이르러야 충족감이 부여된다. 다시 말해 학위를 취득하고 좋은 일자리를 얻으면 그제야 어떻게든 그 결과로 행복이 뒤따른다는 이야기다.

표준화 시대는 우수성을 얻기 위해 힘쓰면 충족감이 뒤따라온다는 식의 좌우명을 강요해왔고, 이 좌우명은 수 세대에 걸려 우리에게 각인됐다. 하지만 개인화 시대가 부상하면서, 우리는 그런 약속이 얼마나 공허한지 각성하고 마침내 그 좌우명을 일제히 버리기 시작하고 있다. 이런 와중에 다크호스들은 삶을 통해 표준화 시대의 좌우명을 뒤집는 정반대의 진실을 몸소 보여주면서 이런 시대의 전환에 박차를 가하고 있다. 제니와 앨런, 다크호스 프로젝트에서 만난 다른 대가들이 시사하는 가장 중요한 교훈은 이들이 우수성을 추구하면서 그 결과로 충족감을 얻게 됐다는 점이 아니다. 충족감을 추구하면서 그 결과로 우수한 경지에 이르렀다는 점이다.

새로운 정의

우리는 처음엔 당혹스러웠다. 다크호스들이 충족감을 우선시한 결과로 우수한 경지에 이를 수 있었던 것이 어떻게 가능했는지 알쏭달쏭했다. 하지만 인터뷰를 계속 이어가는 사이에 차츰 깨달았다. 우리가 애초에 다크호스들을 인터뷰 대상으로 삼았던 이유에 이미 그 답이 있었다.

답은 바로 개개인성이었다.

충족감을 주는 환경은 사람에 따라 다르다. 사람마다 저마다의 관심사와 욕구, 희망이 다르기 때문이다. 다크호스들은 **어떤** 일에서 우수해짐으로써 충족감을 느낀 것이 아니라 **자신만의** 일에 깊이 몰입하면서 충족감을 느꼈다. 제니 맥코믹은 망원경으로 멀리 떨어진 세계를 응시하며 충족감을 느낀다. 앨런 룰로는 근사한 옷을 만들면서 충족감을 얻는다. 하지만 서로 직업을 바꾸게 한다면 두 사람 모두 별 충족감을 느끼지 못할 것이다.

다크호스들은 동일 직업 분야에서조차 추구하는 목표와 자부심의 측면이 서로 다르다. 건축가들의 경우 어떤 사람들은 웅장하고 도발적인 건물의 설계를 재미있어 하는가 하면, 또 어떤 사람들은 건물이 환경에 미치는 영향을 최소화하는 방법을 생각하며 즐거워한다. 운동선수들 중에는 승패의 책임을 전적으로 혼자 짊어지는 일대일 스포츠를 좋아하는 사람도 있고, 팀 스포츠의 동료애와 책임 분담을 선호하는 사람도 있다. 일률적인 충족감 같은 건 없다.

사람들은 대체로 생계 문제에서 좋아하는 일과 해야 하는 일 중 하나를 선택해야 한다고 생각한다. 그런데 다크호스들을 보면 그것이 잘못된 선택임을 느끼게 된다. 우리가 만나본 다크호스들은 개개인성을 활용해서 실력과 즐거움을 둘 다 얻었다. 진정한 자신에게 가장 잘 맞을 듯한 상황을 선택했고, 충족감을 주는 활동에 몰입함으로써 학습력, 발전력, 수행력이 최대화된 덕분에 자신의 직업에서 우수성을 키우기에 가장 효과적인 환경을 확보했다. 따라서 다크호스들은 개인화 시대에 잘 들어맞을 만한 성공의 새로운 정의를 제시하고 있다. 개개인성이 정말로 중요하다는 점을 인정하는 정의다.

개인화된 성공이란 충족감과 우수성을 모두 누리는 삶이다.

누구나 다 가능한 성공

다가오는 개인화 시대는 온갖 매력적인 약속에도 불구하고 혼란스럽고 위협적으로 느껴질 수도 있다. 이렇게 대대적인 사회 변동에 맞닥뜨리면 우리는 본능에 따라 옛 방식의 안전성, 즉 표준화 시대의 판에 박힌 약속에 다시 기대려 하기 십상이다. 옛 방식이 자신에게 딱히 맞지 않더라도, 적어도 익숙하고 예측 가능하기 때문이다. 하지만 일률적인 옛 방식을 따르는 것은 더 이상 안전한 전략이 아니다. 이제는 낙오되기에 딱 좋은 방법일 뿐이다.

주변 세계가 너무도 숨 가쁘게 급변해서 때론 변화 추세를 미처 눈치채지도 못할 지경이다. 기관과 태도, 규범이 끊임없이 변하면서 사람들은 혼동과 불안감에 시달리고 있다. 하지만 이런 혼란스러운 대변동 속에는 엄청난 약속이 숨겨져 있다. 불과 얼마 전까지만 해도 불가능한 희망으로만 머물던 기회가 이제는 가능해졌다. 그리고 한때는 단지 가능성으로만 존재했던 일을 다크호스들이 실질적인 일로 증명했다. 머지않아 개인화가 사회 전반으로 확산되면서 실질적인 일만 본질적인 일이 될 것이다.

다행스럽게도 개인화 시대가 빨리 도래해 당신을 구해줄 때까지 마냥 기다리지 않아도 된다. 지금 당장 충족감과 우수성을 향한 전진을 시작할 수 있다. 다크호스들의 성공은 혼란스러운 신세계로 뛰어들어 성공하는 방법뿐만 아니라 여전히 당신을 구속하는 경직된 구 시스템을 효과적으로 걷어찰 방법에 대해서까지 좋은 시범 사례가 된다. 제니나 앨런 같이 고정관념을 깨부순 대가들이 증명하듯이, 개인화된 성공은 인맥, 재산, SAT(대학 수능 시험) 점수 따위에 좌우되지 않는다. 사다리 꼭대기에 올라선 이들만의 전유물이 아니다. 그 본질상 개인화된 성공은 누구에게나 다 실현 가능한 일이다.

충족감과 우수성 획득에서의 관건은, 당신의 환경을 당신 고유의 관심사와 능력에 맞출 권한을 스스로에게 부여하는 사고방식이다. 이런 사고방식을 이해하기 쉽게 풀면 다음과 같이 말할 수도 있다.

개개인성을 활용해 충족감을 추구하며 우수성을 획득한다.

충족감을 우선시하는 것은 새로운 개념이 아니다. 지금껏 숱한 철학자와 정신적 지도자들이 열정을 따르라거나 행복을 우선시하라는 훈계를 해왔다. 하지만 이런 훈계들에서 예외 없이 빠진 부분이 있다. 실행 가능한 지침이다. '행복을 좇으라Follow Your Bliss'는 말은 자동차 범퍼 스티커의 문구로는 좋겠지만 도로 지도는 될 수 없다. '기분 좋은 일을 하라Do What Feels Good'는 말은 대체로 기분 상했을 때의 확실한 처방전밖에는 안 된다. 정작 필요한 것은 따로 있다. **당신의** 고유 환경 속에서, **당신이** 진정으로 원하는 것과 그것을 성취할 방법을 알아내도록 돕는 실용적인 지침이다. 우리가 이 책을 쓴 이유도 그런 지침을 제시하고 싶어서였다.

『다크호스』의 최우선적 용도는 다크호스형 사고방식의 사용 설명서로 활용하는 것이다. 우리는 앞으로 여러 장에 걸쳐 다크호스 프로젝트를 통해 배운 교훈을 전하며 개개인성을 활용해 자기 나름의 방식으로 충족감과 우수성을 성취하는 **방법**을 실례를 들어 소개하려고 한다. 우리의 목표는 당신이 세계 최고가 되도록 도와주려는 것이 아니다. 사실, 그런 목표는 오히려 역효과를 낼 때가 많다. 우리의 목표는 세계 최고가 아닌 최고의 당신the best version of yourself이 되도록 돕는 것이다.

앞으로 소개할 다크호스형 사고방식의 4대 요소는 남녀를 막론하고 온갖 포부를 품은 아주 다양한 사람들을 통해 실제로 검증된 것이다. 이들의 여정은 눈앞에 뻔히 있는데도 알아보지 못했던 반反직관적인 성공법을 잘 보여주는 사례다. 지금쯤은 독자 여러분도 어느 정도 감이 잡혔을 테지만, 이 책의 다크호스들은 성공을 다룬 책들에 흔히 등장하는 유명 인사들과는 다르다. 이 책에서는 스티븐 스필버그나 세리나 윌리엄스, 스티브 잡스는 나오지 않는다. 그런 사람들보다는 스필버그 밑에서 조감독으로 일했던 인물, 올림픽 투포환 대표 선수, 스티브 잡스가 처음 고용한 직원 중 한 명, 백악관 정치 책략가였다가 옷장정리 전문가로 변신한 사람, 돈 잘 버는 직장을 걷어차고 서퍼클럽(고급 나이트클럽)을 개업한 경영 컨설턴트, 미국에서 가장 잘 나가는 개조련 회사를 세운 해병대원을 만나게 될 것이다.

다크호스 프로젝트를 진행하며 드러났듯이, 다크호스들의 성공담은 같은 분야에서 그들보다 더 유명한 상대들의 성공담만큼이나 배울 점들이 많다. 아니, 대체로 훨씬 더 많은 교훈을 시사한다. 다크호스들의 간과된 성공은 개인화된 성공이 특권층이나 엘리트층만 아니라 누구든지 다 성취 가능한 일이라는 사실을 잘 보여준다. 충족감을 추구하기 위해 반드시 가난이나 고생길을 감수해야 하는 것은 아니라는 것도 증명하고 있다.

충족감의 추구는 최고의 인생을 살아갈 기회를 극대화한다.

당신이 꿈도 희망도 없는 직업에 매여 있다고 느끼고 있든 사회생활의 첫 발을 떼려는 중이든 간에, 자신의 진정한 천직을 이미 알고 있다고 느끼고 있든 방향을 못 잡고 떠도는 기분을 느끼든 간에, 다크호스형 사고방식은 열정, 목표, 성취감으로 충만한 삶으로 다가서는 길잡이가 될 것이다.

DARK HORSE

1 장

표준화 계약

거대 조직을 지휘하는 사람들은
너무 관념적인 전망에 빠져 실제 인간의 본질을 잊은 채
시스템을 사람들에게 맞추는 것이 아니라
사람들을 시스템에 맞추려 들기 십상이다.

− 버트런드 러셀, 영국의 철학자이자 논리학자 −

D A R K   H O R S E

터닝포인트

잉그리드 카로치Ingrid Carozzi는 뉴욕에서 가장 실력 있기로 손꼽히는 플로리스트다. 다수의 상류층 결혼식, 버버리Burberry 본점, 스웨덴의 궁정에 호화로우면서도 독특한 꽃장식을 꾸미는 등 이력이 화려하다. 하지만 어떻게 생각하면 잉그리드는 대기만성형으로 비칠지 모른다. 인생 느즈막에 이를 때까지 그 누구도 그녀가 그런 대성공을 거둘지 예상하지 못했고, 이 점에서는 잉그리드 본인이 특히 더 그랬다.

잉그리드는 30대 중반 때 맨해튼의 한 홍보회사에서 말단 직원으로 일하고 있었다. 자신의 적성에 별로 맞지 않았던 여러 직업을 전전하다 들어간 곳이었다. 이곳 역시 그때까지 거쳐온 항공기 승무원, 영어 교사, 카지노 딜러, 웨이트리스의 직업과 별다르지 않았다. 대학에서는 처음엔 문화인류학을 전공했다가 방향을 못 잡고 다섯 차례나 전공 프로그램을 바꿨다. 진지한 고민 끝에 수 차례 전직을 해봤지만 직장생활도 번번이 순탄치 못했다.

잉그리드에게 해이한 태도가 문제라고 지적하는 사람이 한둘이 아니었다. 성공하고 싶다면 한 가지 일에 진득이 매달려 열심히 노력해야 한다는 충고도 자주 들었다. 하지만 잉그리드는 열심히 노력하지 않은 적이 없었다. 그러다 홍보회사에 다니던 중에 진짜 문제는 단순히 근면함의 문제가 아니라는 생각이 들었다. 세상에서 자신의 자리를 찾지 못하고 있는 것이 본질적 문제 같았다. "저는 늘 똑바로 앞만 보고 걸으려고 노력했어요. 그러다 보면 저에게 잘 맞는 진로를 찾게 될 거라고 생각했죠. 하지만 앞만 보고 정진하는데도 자꾸만 이 길은 아닌 것 같다는 기분이 들었어요."

대다수 다크호스들이 잉그리드와 비슷한 감정을 털어놓았다. 사실, 이런 이야기는 털어놓기 쉽지 않다. 대학에서 중퇴한 이야기를 굳이 꺼내고 싶은 사람이 어디 있겠는가. 해고당했거나 지겨운 직장생활을 억지로 견디고 있다는 이야기도 마찬가지다. 부적격자나 하찮은 존재 같은 기분을 느낀다고 인정하고 싶은 사람도 없다. 한마디로 말해, 그 누구도 삶에서 제자리를 못 찾고 있는 듯한 기분을 인정하고 싶어 하지 않는다. 하지만 대다수 다크호스들은 바로 그런 기분에 빠져서 음울한 시기를 겪은 적이 적어도 한번쯤은 있었다.

존 코치John Couch가 그런 경우였다. 존은 캘리포니아 대학교 버클리 캠퍼스의 그 까다롭다는 컴퓨터공학 박사 과정에 입학했지만 막상 다녀보니 이내 교수들의 수학적이고 관념적인 프로그래밍 접근 방식에 적응할 수 없었다. 창의적이고 인간 중심적인 방식에 끌리는 자신과는 잘 맞지 않는 것 같았다. 자신과 어울리지 않는 곳에 와있다는 느낌이 너무 강하게 들어 급기야 대학원 공부를 아예 그만뒀다.

또 다른 사례로는 더그 호어Doug Hoerr도 있다. 더그는 친척들이 운영하는 일리노이 주 피오리아Peoria 소재의 조경회사에서 일하며 10년째 교외 공원과 야외 가로등, 가정집 파티오의 설계 및 설치 업무를 맡고 있었다. 프로젝트 기획 일은 재미있었고 현장에 나가서 직접 일할 생각을 하면 언제나 기분이 들떴지만 직업상의 제약에 답답함을 느꼈다. 기존 조경 디자인의 표준을 따르는 대신 새롭고 독창적인 방식의 조경 디자인을 하고 싶은 바람이 간절했다. 원예를 팔레트 삼아 자신만의 창의적 상상력을 펼치고 싶었다. 그러던 중 변화가 필요하다고 깨닫고는 돌연 일을 그만두고 재산을 전부 팔다시피 처분해 과감히 해외로 떠났다.

다크호스들의 인생사에서 거듭거듭 듣게 된 공통된 대목은, 삶에 잘 적응하지 못했던 시기였다. 모두들 사각구멍에 박힌 원형 못 같은 기분이 드는 시기를 겪었다. 예리한 판단력을 발휘할 일이 별로 없는 따분한 직무에 답답해하는 이들도 있었고, 사회적으로 인정받거나 안정적이거나 돈을 잘 버는 직업이라는 이유로 도전**해야 한다**고 생각해서 그 분야에서 부러움을 살 만한 전문 실력을 키웠지만 별로 만족하지 못하는 이들도 있었다. 대다수 다크호스들이 따분함이나 좌절감에 빠지거나, 혹은 재능을 충분히 펼치지 못하는 듯한 기분이나 버거운 기분을 느끼면서도 수년간 마지못해 버티다 결국엔 자신이 충족스러운 삶을 살지 못하고 있다는 깨우침에 이르렀다.

그리고 그것을 계기로 터닝포인트를 맞았다.

"저 자신에게 자부심을 느끼지 못하다가 결국엔 구불구불 굽은 길을 받아들였"다는 잉그리드의 말처럼 그렇게.

굽은 길

제니 맥코믹의 터닝포인트는 축축한 풀밭에 누워 천상에 펼쳐진 빛의 커튼에서 눈을 떼지 못하다가 별의 어지러운 미스터리를 알아내기로 다짐하던 순간이었다. 앨런 룰로의 경우엔 소도시의 사업체를 처분하고 대도시로 과감히 진출했던 순간이었다.

다크호스들은 갈림길에 이르기 전까지는 사회에서 설계한 행로를, 대체로 생각 없이 따라갔다. 그러다 새로운 신념에 자극을 받아 가장 충족감에 이를 것 같은 가능성을 기준으로 선택을 내렸다.

그에 따라 우리와의 인터뷰에서 다크호스들의 충족감은 크게 두 가지 방식으로 표출됐다. 어떤 다크호스들은 심리 상태를 말하며 충족감을 드러냈다. '자신의 삶을 사랑하는' 심리를 **털어놓는** 식이었다. 그런가 하면 보다 주목할 만한 또 다른 표출 방식으로, 특유의 말버릇으로 불쑥불쑥 충족감을 드러내기도 했다.

우리는 다크호스들에게 우수성을 향한 진전 과정에서의 중대한 시점을 캐묻기도 했다. 그 대답들은 훈련 방식이나 새로운 기량 습득이 아니라 가장 진정한 자신에게 잘 맞는 기회를 선택하는 데 초점이 맞춰져 있었다. 다크호스들은 청구서 결제, 육아, 가족의 불행, 경제 사정의 악화 같은 일상의 흔한 난관들에 직면했을 때조차 진정성authenticity을 따르려고 힘썼다. 자신의 개개인성이 중요하다는 생각에서였다.

다크호스들은 대체로 갈림길에 직면해서 일직선의 곧은 길straight path을 버리고 구불구불 굽은 길winding path로 들어서는 계기를 맞는다. 그런데 바로 이 대목에서 한 가지 의문이 든다. 대체 무엇이 이런 터닝포인트를 유발하는 걸까?

개개인성을 억누르는 근원

터닝포인트의 유발 요인은 다크호스마다 다르지 않을까? 엄밀히 말해서 그렇다. 성취감은 언제나 개별적이다. 그런데 다크호스마다 개인별 성취감이 다르다면 이 사실만으로도 다크호스들에게 삶의 방향을 바꾸도록 거듭거듭 자극하는 요인이 뭘지 짐작할 만하다. 사회 전반적으로 개개인성을 억누르는 영향력이 그 요인임에

틀림없다. 잉그리드의 경우엔 개개인성을 억누르는 근원을 정확히 간파했다. "제가 있어야 할 자리에 있지 못하다고 느낀 가장 큰 이유는 얀테의 법칙The Law of Jante(악셀 산데모사의 소설에 나오는 얀테 마을에서 지키는, 자신을 낮추고 남을 존중하는 내용의 법칙─옮긴이) 때문이었어요."

잉그리드가 성장기를 보낸 스칸디나비아에서는 얀테의 법칙이 개개인성과 성공의 관계를 바라보는 문화적 신념에 깊이 뿌리박혀 있다. 잉그리드는 말했다. "얀테의 법칙에 따르면 모든 사람이 똑같은 대우를 받아야 하고, 모든 사람이 똑같이 행동해야 하고, 자신이 어떤 식으로든 특별하다는 생각을 품어서는 안 되고, 자신이 제일 좋아하는 일을 하기 위해 일탈을 벌여서도 안 돼요."

미국 사회에서는 이런 사고방식을 뜻하는 더 친숙한 용어가 따로 있다. **표준화**standardization다.

생산 시스템의 표준화

1890년대에 브루클린의 ER 스큅E. R. Squibb 사는 미국에서 에테르와 염류 설사약, 살균 치약의 선도적 제조사로 부상하며 퀴닌(말라리아 특효약), 아편, 클로로포름 시장을 주도했다. 이 회사의 전례 없는 상업적 성공은 미국의 거대 다국적 제약사들이 탄생하는 계기가 되었고, 이런 성과는 전적으로 ER 스큅 사의 설립자가 한 치의 양보 없이 표준화에 매진한 덕분이었다.

에드워드 로빈슨 스큅Edward Robinson Squibb 박사는 원래 미 해군에서 의사로 재직하며 해군에서 구입하는 약물의 품질평가 직무를 맡았다. 그런데 직무를 수행한 지 얼마 지나지 않아서 문제점을 발견했다. 사실상 모든 약물의 순도가 제조업자별로 다를 뿐만 아니라 제조단위별로도 다른 경우가 비일비재했던 것이다. 게다가 가끔은 용기별로도 달랐다. 그 상황에 질린 스큅은 자신이 직접 회사를 세워 철저하게 동일 약물을 제조하는 것을 기본 방침으로 삼기로 했다. 그 뒤로 오랫동안 ER 스큅 사의 모토는 '신뢰성, 균일성, 순수성, 효능성'이었다.

ER 스큅 사는 21세기로 접어들어서까지 표준화에 흔들림 없이 매진하면서 현재까지도 브리스톨—마이어스 스큅Bristol-Myers Squibb이라는 이름으로 굳건히 위상을 지키고 있다. 표준화 시대의 여명기에는 이 회사 외에도 미국의 수많은 기업들이 상품의 표준화를 통해 업계 거물로 부상했다. 엑슨Exxon(초창기 사명은 스탠더드 오일Standard Oil로, 등유를 표준화시킨 최초의 기업), 켈로그Kellogg's(초창기 사명은 배틀 크릭 토스티드 플레이크스 컴퍼니Battle Creek Toasted Flakes Company로, 아침 대용 시리얼을 표준화시킨 최초의 기업), 포드 모터 컴퍼니Ford Motor Company("모든 고객이 원하는 색상의 차를 고를 수 있다. 그것이 검은색이기만 하다면.")[1] 등이 그러한 예다.

표준화의 목적은 언제나 생산 시스템의 효율성 극대화다. 표준화가 이 목표를 성취하는 주된 메커니즘은 개인별 차이를 무시하는 것이다. 표준화란 한마디로 고정된 절차를 세워놓고 고정된 투입물을 어떠한 편차나 변형도 없이 동일한 결과물로 변환시키는 것이다.

다시 말해, 표준화형 사고방식에서는 **개개인성은 문제**라는 원칙에 철저하다.

노동의 표준화

상품 제조에 표준화형 사고방식을 적용시킨 것은 확실히 분별 있는 판단이었다. 두통이 생겨서 약을 먹어야 한다면 아스피린 약병의 모든 알약이 다 똑같길 바란다. 차를 몰고 전국을 여행 중이라면 메릴랜드 주에서 주유하든 미주리 주에서 주유하든 간에 휘발유가 동일하길 원한다. 게다가 마음으로야 자신의 취향에 맞는 맞춤형 자동차를 갖고 싶더라도, 헨리 포드의 자동차 표준화에는 고객 입장에서 무시할 수 없는 혜택이 있었다. 더 낮은 가격이었다. 헨리 포드 시대의 대다수 미국인들에게 자동차 구입의 선택 기준은 표준화된 자동차냐 맞춤형 자동차냐가 아니었다. 저렴한 검은색 T 모델을 살 여유가 되느냐 아예 차를 갖지 못하느냐였다.

편견 없이 공평하게 말하자면, 생산 시스템을 표준화할 때는 개개인성이 정말 문제가 된다. 신뢰성, 균일성, 순수성, 효능성에 차질을 빚어서, 생산성에 문제가 생긴다. 그런 이유로 표준화 시대의 여명기에는 산업계에서 개개인성이 체계적으로 배제됐다.

우리가 표준화를 상품에만 제한시켰다면 애초에 이 책은 나올 필요가 없었을 것이다. 하지만 아스피린을 표준화하듯이 인간까지 표준화하기에 이르렀고, 그 결과 성공은 물론 그 성공을 이뤄낼 개인의 재능에 대한 집단적 개념까지 완전히 변했다.

표준화의 진전에서 인간의 표준화보다 더한 재앙도 없었다. 이는 아주 성공적인 상품 제조 철학이 작업장으로 자연스럽게 확장된 것이었다. 표준화에 밀려난 19세기의 옛 맞춤 제작 시스템에서는, 회사의 작업장이 새로 들어온 노동자들 각자의 감각에 맞게 재구성되는 일이 다반사였다. 하지만 '표준화의 아버지'인 미국의 실업가 프레드릭 테일러Frederick Taylor는 공장 생산 시스템에서는 기계는 값비싸고 육중한 반면 인간은 비용이 저렴하고 적응력이 있어서 기계에 맞춰 노동자들을 조정하는 편이 노동자에 맞춰 기계를 조정하는 것보다 효율적이라고 봤다.

그에 따라 표준화된 최초의 불운한 대상은 공장 근로자들이었다. 이들은 고정불변의 직무를 배정받아 독자적 사고를 할 필요가 거의 없거나 전혀 없었다. 별 생각 없이 그저 나사를 조이거나, 짐짝을 짊어 나르거나, 철사를 잘랐다. 1936년 무렵 찰리 채플린은 직접 각본과 감독을 맡은 〈모던 타임즈Modern Times〉를 통해 자신의 영화 속 캐릭터인 리틀 트램프가 기계화된 공장의 세계에서 불쌍하게 분투하는 모습을 그려내면서 미국의 거의 모든 근로자가 산업 효율성이라는 거대 기계를 돌리는 톱니바퀴의 톱니로 전락한 현실을 풍자하기도 했다.

둘째가라면 서러워할 만한 표준화의 열렬 신봉자이자 매년 똑같이 생긴 빅맥 버거를 수십억 개씩 만들고 있는 패스트푸드 프랜차이즈의 설립자인 레이 크록Ray Kroc은 인간의 기계 부품화를 정당화하는 근거로 표준화형 사고방식의 상식을 내세운 바 있다. "우리 모두가 지켜봐왔듯이 일부 비순응자들을 신뢰할 수 없다. 우리는 하루속히 그들을 순응자로 바꿀 계획이다. (중략) 손톱만큼이라도 봐줘선 안 된다. 조직이 개인을 신뢰해선 안 되고, 개인이 조직을 신뢰해야 한다."[2]

학습의 표준화

작업장의 표준화에 힘쓴 초기 지지자들은 이러한 정신에 입각해서 새로운 형태의 기업 조직을 고안해 직원들을 엄격한 위계의 두 계급으로 구분했다. 그에 따라 하위 계급의 **근로자들**은 복종의 의무가 있어서 (프레드릭 테일러의 말마따나) "명령대로, 시키는 대로 재깍재깍 행동해야" 했다.[3] 상위 계급의 **관리자들**은 근로자들에게 할 일을 지시하는 역할을 맡으면서 조직 내의 모든 결정권을 부여받았다.

얼핏 생각하면 관리자들에게는 기분 좋은 조건 같다. 하지만 근로자들이 예전에 행사하던 권한과 자율성을 대부분 손에 넣었지만 관리자들도 얼마 못 가서 자신들이 특별한 인재가 아닌 교체 가능한 부품처럼 취급당한다는 것을 느꼈다. 그도 그럴 것이 표준화된 조직의 위계에서는 모든 관리자가 미리 정해진 고정된 역할을 수행한다. 감사관과 마케팅 부장의 의무는 그 자리에 누가 오든 간에 달라질 것이 없다. 표준화된 직장에서는 어떤 직위를 맡든 개개인성이 문제라는 원칙에서 면제받지 못한다.

　이후에 표준화는 아이들에게도 확산됐다. 기업 표준화가 굉장한 성과를 일으키자 교육 개혁가들은 이에 자극을 받아 철저한 효율성 위주의 동일한 지침에 맞춰 학교와 학교 수업을 재설계하려 했다. 20세기 초에 이르자 미국의 교육기관은 표준화 커리큘럼, 표준화 교재, 표준화 성적, 표준화 시험, 표준화 학기, 표준화 졸업증서를 거치며 전면적으로 변형됐다. 교육계 종사자들은 산업체의 근로자와 관리자 체계를 본떠, 엄격한 위계에 따른 교사와 행정관으로 분류됐다. 교실 수업도 공장을 본떠 재편되면서, 교대 근무 시간을 알리는 공장의 종을 모방한 수업 종으로 수업 시간의 시작과 종료를 알렸다. "어떻게 보면 우리의 학교는 공장이나 다를 바 없다. 학교는 원재료(아이들)를 생활의 다양한 수요를 충족시키기 위한 상품으로 만드는 역할을 맡고 있다." 1916년에 출간된 이후 지대한 영향력을 미친 교육 표준화의 지침서『공립학교 행정Public School Administration』에서 엘우드 커벌리Ellwood Cubberley가 밝힌 견해다.

　우리는 제일 먼저 노동을 표준화했다. 뒤이어 학습을 표준화했다. 또 그 뒤에는 표준화된 작업장을 표준화된 교육기관과 접목시켜 표준화된 커리어를 세워놓았다. 그런 식으로 유치원 문턱을 넘어선 첫날부터 은퇴하는 날 아침까지 인생행로가 표준화되면서 이제 인간의 삶은 완전히 표준화되고 말았다.[4]

표준화된 진로 코스

1950년대 이후 표준화된 인생 여정이 가장 두드러진 분야라면 변호사, 의사, 엔지니어 군의 진로 코스라 할 만하다. 이 분야에서는 정해진 순서와 정해진 방식으로 정해진 수련 단계를 모두 밟지 않으면 해당 전문 분야에서 일할 가망성이 극히 희박하다. 고등학교, 의예과 과정, 의과 대학, 의사 면허 시험, 인턴 과정, 레지던트 과정, 담당의 과정을 모두 마쳐야 어엿한 의사가 된다! 20세기를 거치는 사이에 표준화는 거의 모든 직업 속으로 속속 스며들었다. 이제는 항공기 조종사, 총주방장, 핵물리학자, 기업 회계사, 영화 촬영기사, 고등학교 교장, 약사, 백화점 지배인이 되기 위한 정해진 코스가 있다.

직업상의 우수성을 획득하기 위한 표준화된 진로 코스가 구축되면서 표준화 시대의 성공을 규정하는 기준도 명확해졌다. 특정 기관의 사다리를 밟고 올라 부와 지위를 획득하는 것이 바로 표준화 시대의 성공이 됐다. 또한 성공과 우수성을 획득하는 코스가 명확히 정해져 고정화되고 예측가능해지자 사회 일원 누구나 직업상의 성공을 위해 무엇이 필요한지 정확히 알 수 있었다. 직업 목표를 정한 다음 그 정해진 목표에 이르기까지의 적절한 훈련 과정을 굳은 의지로 착착 밟아나가면 됐다. 이런 식의 표준 공식에서는 충족감이 생겨날 턱이 없었다. 충족감은 개개인성에 달린 문제로, 표준화 시대가 개시되는 순간부터 개개인성은 그 곧게 뻗은 길에서 치워져 버렸기 때문이다.

결국 표준화의 균일화 가치관은 공장과 학교에 뒤이어 산업화된 세계 곳곳으로 퍼져 나갔다. 우리 모두가 이런 비개성적 시스템을 열렬히 받아들인 이유는 사회가 표준화 시대의 시민들에게 암묵적 약속을 던져줬기 때문이다. 목적지까지 일직선으로 뻗은 길을 따라오기만 하면 취업과 사회적 지위, 경제적 안정을 얻게 될 것이라는 약속이다. 이 약속은 결국 미국 사회에 너무 뿌리 깊이 고착화 되어 (게다가 유럽에서는 훨씬 더 엄격한 형식으로 굳어지고, 아시아에서는 유연성 이라곤 도통 없는 형식으로 경직되어서) 일종의 사회 계약이 됐다.

표준화 계약Standardization Covenant의 조건에 따르면, 표준화된 방법으로 직업적 우수성을 추구하기 위해 개인적 충족감을 추구하지 않고 포기하는 한 사회로부터 상응하는 보상을 받게 된다.

표준화 계약의 계명

이렇게 자신을 부정하는 조건에 따르려는 이유는 뭘까? 표면상으론 표준화 계약이 평등하고 공평해 보이기 때문이다. 19세기에는 기회다운 기회가 적당한 가문, 적당한 인종, 적당한 종교, 적당한 성별, 적당한 예금 등을 갖춘 특권층에게만 한정되어 있었다. 그에 반해 표준화 계약은 진정한 능력 위주의 사회를 수립해주는 것처럼 보였다.

표준화 계약하에서는 **누구나 다** 성공을 이룰 수 있었다. 열심히 노력해 재능을 증명하긴 해야 했지만 비로소 처음으로 **누구나** 기회의 사다리에 접근할 수 있었다. 이런 표면상의 약속이 현재까지도 여전히 이어지고 있다. 표준화된 기관들의 판단 기준에 맞춰 뛰어난 우수성을 증명하면 누구든지 사회 최상의 기회에 접근하게 될 것으로 여긴다. 표준화 계약은 일직선의 길을 따라 걸으면 누구나 방사선 의사나 특허 변호사, 경영 컨설턴트, 포춘 500대 기업의 임원, 아이비리그 교수가 될 기회를 공평히 누리게 된다고 약속한다. 단, 그런 성취를 이루기 위해서는 남들 모두에게 요구되는 것과 똑같은 일을 하되, 그 똑같은 일을 동료들보다 더 잘 해내야 한다.

같은 수업을 듣되 더 좋은 성적을 내고, 같은 시험을 치르되 더 좋은 점수를 받고, 같은 졸업장 취득에 힘쓰되 더 좋은 대학에 다녀야 한다. 표준화 계약에서 성공하기 위해 따라야 할 주된 계명은 한마디로 다음과 같다.

남들 모두와 똑같되 더 뛰어나라.

치명적 단점

이 계명의 이면에는 표준화 계약의 치명적 단점이 존재한다. **즉, 표준화된 기회제공 기관은 개인적 충족감을 추구하도록 설계되지 않았다.**
표준화 계약에서는 직업적 우수성을 얻으려면 오랜 시간 착실히 걸어가야 한다는 미명하에 열망을 억누르고 자신의 행복을 뒤로 미루라고 강요하면서 그런 처신이 분별 있는 행동인 것처럼 내세운다. 표준화 계약하에서는, 행복이란 열심히 노력해서 끝까지 버텨낸 것에 대한 보상이다. 변덕을 부려 충족감을 추구하고자 일직선의 길을 포기하려는 생각은 대다수 사람들에게 방종이자 무모한 짓으로 비쳐진다. 마땅한 의무를 다하기도 전에 행복을 기대하는 이들을 저 혼자 잘난 척하는 사람이나 응석받이라고 비웃는다. 최악의 경우엔 세상 물정 모르는 신세대로 치부한다.

이는 얀테의 법칙에 명백히 내포된 정서일 뿐만 아니라 표준화 계약의 암묵적 판단 기준이기도 하다. 표준화 시대 전반에 걸쳐 이런 판단 기준이 거의 보편적으로 수용됐다. 대다수 엄마 아빠들은 눈앞의 불확실한 행복을 어느 정도 포기하는 것쯤은 미래의 안정을 확실히 보장받기 위해 치르는 작은 대가라고 결론지으며 이 계약을 승인한다. 물론 자식의 행복을 바라지 않는 부모는 없다. 하지만 일직선의 길을 걸으면 자식이 훗날 어떤 욕구와 열정을 품게 되든 약속된 보상을 실컷 누리게 될 것이라는 기대에서, 일직선 길을 걷는 동안 실체도 불확실한 행복을 포기해도 훗날의 삶에서 보상받을 것이라고 믿어버린다.

확실히 합리적인 계산이다. 성공이 기관에서 세워놓은 기회의 사다리 오르기에 달려 있다면, 그러니까 성공이 학교와 직장의 반짝거리는 사다리를 한 칸 한 칸 기어올라가는 것에 따라 갈린다면, 어떤 부모도 자식이 맨 아래로 뒤처지지 않게 하려고 할 것이다. 대학입학사정관이나 고등학교 상담교사라면 누구나 말하듯이, 대다수 부모들은 충족감 있는 삶을 위한 이성적 제안에는 귀를 닫는다. 자식이 명문 대학의 입학 허가를 받고 난 이후라면 모를까 그전에는 그런 제안에 관심도 없다. 오로지 자식의 대학 입학 가능성을 높이는 방법에만 매달린다.

표준화 계약은 개인의 성공을 단순하고 선형적인 판단으로 평가하도록 내몬다. 얼마나 높이 올라갔는가로 성공을 따진다. 이런 식의 성공 해석은 또 다른 생각으로 이어지기도 한다. **어찌어찌해서** 사다리 맨 꼭대기에 오른 사람들은 남들에 비해 무진장 행복할 것이라고 당연시한다. 애초에 사다리를 오른 목적이 개인적 충족감이라는 최종 목표의 쟁취이니 당연히 그래야 한다고 여긴다. 그래서 NFL(미식축구) 선수나 할리우드 배우가 자신들의 운명을 불만스러워하면 동정을 보내지 않는다. '유명세도 얻고 돈도 쌓아놓고 살면서 우울하다고? 배부른 소리하고 있네.' 천한 직업을 갖게 된 사람들의 불행에 대해서도 냉소적 태도를 보인다. 결국 행복은 승자의 몫이야! 표준화 계약하에서는, 코스를 쭉 따라가지 못한 사람은 피땀을 쏟으며 정상에 올라선 이들과 똑같은 혜택을 기대해서는 안 된다는 것이 지극히 당연하다.

대다수 부모들은 SAT 대비 학원에 다니거나 대입 논술을 지나치게 중시한다고 해서 자식이 더 행복해지거나 더 목표의식이 뚜렷한 사람으로 자라지 않는다는 것을 마음속으로는 잘 안다. 하지만 그렇게 잘 알면서도 이런 활동들이 표준화 계약에서 약속하는 행복한 삶의 필수조건이라며 열성적으로 옹호한다. 표준화 계약을 위반해 불행한 삶의 진창에 빠지지 않으려면 꼭 필요한 과정이라고 여긴다.[5] 부유한 부모들이 자식을 키울 동네를 고를 때 그 학군 학생들의 GPA(내신성적) 평균과 대입 진학률부터 따지거나, 웃돈을 치르면서까지 SAT 평균 점수가 높은 동네로 이사하는 이유가 여기에 있다.

하지만 개인의 성취감을 무시하는 인재 육성 시스템에 무조건 순종하는 태도는 우리 모두에게 심각한 뒤탈을 일으킨다. 특히 심각한 경우에는 자신이 진정성 있는 삶을 살고 있는 게 아니라고 깨닫는 순간 어쩔 수 없이 자기성찰적 의혹이 드는 위기를 맞는다.

이때는 불가피하게 터닝포인트를 맞닥뜨리게 된다.

선택의 기로

표준화 계약이 개인의 성취감을 우선시하지 않는 탓에 다크호스들이 겪는 불만족스럽고 불안하고 불확실한 느낌은 일직선 길의 관리자들로부터 평가절하되기 일쑤다. 학생들이나 피고용인들이 삶의 보람이 없다는 불만을 토로하면 헛바람 든 사람으로 폄하된다. 개개인성을 배려해야 한다고 주장하면 비웃음을 산다.

당신이 구불구불 굽은 길을 가기로 마음먹는다면 어쩔 수 없이 그런 냉소적 반응에 부딪히게 된다. 당신을 누구보다 아끼는 사람들도 예외가 아니다. 가족과 친구들이 그렇게 반응하는 이유는 당신이 순응자가 되길 바라기 때문이 아니다. 당신의 선택이 세상사에 대한 자신들의 기본 인식과 어긋나기 때문이다. 당신이 성공하길 바라면서, 자신들이 생각하는 성공 방법은 표준 공식에 따라 목적지를 의식하고 열심히 노력하면서 끝까지 버티는 길밖에는 없다고 여기기 때문이다.

따라서 터닝포인트에 이르게 된 사람은 누구든 중대한 결단을 내려야 한다. 지금까지 해왔듯이 **그냥 더 열심히 노력한다면** 마침내 어려운 고비를 헤치고 성공하게 될 것이라고 여기는 척할지⋯⋯ 아니면 표준화 계획을 깰지 정해야 한다.

유레카의 순간

잉그리드 카로치는 살아오는 내내 거의 언제나 남들 모두와 같아지되 더 뛰어나려고 애썼다. 하지만 매번 남들과 다른 데다 더 뒤처지는 것 같았다. 미술에 재미를 느껴서 스웨덴의 디자인 학교에 지원하려 했지만, 가족들이 미술은 어림없는 꿈이라며 대놓고 반대했다. 다른 사람들도 미술의 길로 가기엔 그쪽 분야의 기초 실력이 부족하지 않느냐고 지적했다. 아직까지도 그 당시에 들었던 한 친구의 아버지 말이 기억에 박혀 있다. "그림도 잘 그리는 것도 아니면서 뭐 하러 디자이너가 되려고 해?"

잉그리드는 이런 반응에 실망할 때면 습관처럼 스스로를 자책했다. 산업화 세계의 선량한 시민이라면 으레 그렇듯이 그녀에게도 표준화 계약의 가치관이 내재화되어 있었다. 아니, 그녀의 경우엔 얀테의 법칙의 가치관이라고 해야 더 정확하겠지만. 잉그리드는 "어렸을 때 항상 자기회의에 빠져 지냈"다면서 그 시절을 회고했다. "그때는 행복해지려면 자신이 잘하는 특기를 찾아야 한다고 생각했어요. 그래서 특기를 찾아보려 나름대로 이런저런 노력을 해봤지만 도무지 잘하는 게 없어 보였어요. 뭐라도 잘하는 게 없으니 별 행복을 느끼지 못했어요."

30대 중반에 접어들자 잉그리드는 미국에서 새로운 기회가 열리길 바라면서 뉴욕으로 이주했다. 이내 맨해튼의 번잡함과 다양성에 마음이 확 끌렸다. 그곳에서의 생활은 스칸디나비아의 지나치게 딱딱한 라이프스타일과는 크게 달랐다. 취업비자를 얻기 위해 홍보사에 취직해 기자들에게 명품 브랜드 제품을 알리는 일을 맡았다. 기업체 대상 브랜딩과 디자인 작업을 프리랜서 일로 하기도 했다. 덕분에 맨해튼에서 먹고 살기에 지장이 없을 정도의 안정적인 생활을 이어갔지만 여전히 자신에게 더 잘 맞는 역할에 목말라했다.

그렇게 10년의 세월이 흘러 이제는 운명이라고 체념하며 홍보 분야에서 최선을 다하기로 작정하며 지내던 어느 날, 잉그리드는 난데없는 제안을 받았다. 예전에 일을 맡긴 적 있던 미주 스웨덴 상공회의소에서 뜻밖의 부업거리를 제안하며, 만다린 오리엔탈 호텔에서 열리는 상공회의소 주최행사의 꽃장식을 맡아달라고 했다.

"저는 그때까지 꽃과 관련된 일은 해본 적이 없었어요. 미주 스웨덴 상공회의소 회장이 일을 맡긴 이유는 제가 스웨덴 태생이라는 것과, 예전에 저에게 디자인 작업을 의뢰했다가 색채 감각이 좋다는 인상을 받았던 기억 때문이었어요."

표준화 계약에서는 표준 공식에 따라 우수한 경지에 이르라고, 그러고 나면 어떤 식으로든 충족감이 뒤따른다고 몰아붙인다. 반면 다크호스들은 충족감을 추구하는 과정에서 자신의 개개인성을 활용하면서, 우수한 경지에 이를 최적의 환경을 갖춘다. 이런 노력을 제대로 해내려면 가능한 한 속속들이 자신을 이해하려는 각오가 필요하다. 자신의 관심과 바람을 자세히 이해해야만 비로소 진정한 자신에게 잘 맞는 기회를 알아보고 그 기회를 잘 살릴 수 있다. 잉그리드는 직업상 역경과 교육상 난관 속에서 거의 20년의 세월을 보내다 마침내 자신이 어떤 사람인지 꿰뚫어보게 됐다.

자신은 "누군가의 소소한 순간을 더 기분 좋게 해줄" 뭔가를 착안해서 사람들에게 행복을 선사하는 일에서 즐거움을 느끼는 사람이었다. 똑같은 일을 반복하고 시간이 오래 걸리는 활동은 질색했다. 자신의 성향에는 차라리 착수일과 마감일이 확실히 정해진 단기 프로젝트가 더 잘 맞았다. 또 정해진 예산에 맞춰 일하는 것이 좋았다. 억지로라도 창의적 해결책을 짜내도록 자극을 받기 때문이었다. 그녀는 시각적 성향이 아주 강한 데다 본능적인 색채 감각이 있었다. 디자인을 매개로 메시지를 전하는 것을 즐겼다. 물건을 들어 옮기거나, 망치질을 하거나, 칼로 잘라내는 등 몸을 쓰는 힘든 작업을 좋아했다. 프로젝트 완료 후에 바로바로 고객의 반응을 들으면 "즉각적 만족감"을 느껴서 좋았다. 그리고 평상시에 요리를 재미있어 했는데, 꽃장식 작업에는 요리에서 느끼는 매력 포인트와 겹치는 묘미가 있었다. "재료를 이것저것 조합해 만들어낸 결과물을 식탁에 올려서 손님들에게 대접하는 그 기분은 정말 끝내줘요." 게다가 그녀는 호화롭고 값비싸 보이지만 너무 야단스럽지 않게 연출하는 비결을 잘 알았다. "그것이 기업 고객들을 상대로 돈을 버는 요령이에요."

잉그리드는 어렸을 때 자신의 이런 세세한 기질을 잘 몰랐고 얀테의 법칙 때문에 세세한 기질들을 중요하게 여기지도 않았다. 하지만 이제는 깨달았다. 공공행사 꽃장식이 자신만의 고유한 여러 관심사나 재능과 딱 들어맞는 것 같았다. 잉그리드는 이제 꽃장식 프로젝트에 적극적으로 빠져들었다. 전원풍 느낌을 연출하고자 폐목재를 구해서 직접 망치로 두드려 목가적인 나무 궤짝을 만든 후에 여기에 꽃만 아니라 크라운 딜과 타임 같이 스웨덴에서 화분재배용으로 인기 높은 허브도 함께 채워넣었다. 남다른 색채 감각을 활용해 꽃과 허브, 궤짝의 색조가 잘 어우러지도록 조합해서 그날 행사의 장식을 더욱 돋보이게 꾸몄다. 이렇게 해서 완성된 최종 이미지는 17세기 바로크 시대를 대표하는 화가 페테르 파울 루벤스의 그림 속 농장을 바라보는 듯한 느낌을 불러일으켰다. 결과는 대성공이었다.

한 행사 초청객은 잉그리드의 꽃장식에 감격한 나머지 눈물까지

흘리며 어린 시절로 되돌아간 기분이 든다는 소감을 밝혔다. 잉그리드에게 일을 맡겼던 여성(미주 스웨덴 상공회의소의 회장) 역시 감동스러워했다. 이후에 그녀는 다른 행사들의 꽃장식도 맡기며 단골 고객이 되어, 초청객들에게 자신이 잉그리드를 '발굴한' 내력을 자랑스럽게 들려주곤 했다. 그날 호텔의 행사를 책임졌던 셰프는 미슐랭 투스타 레스토랑을 운영하는 사람으로, 잉그리드를 따로 부르더니 실력을 칭찬하며 그녀가 배치한 허브들이 자신이 준비한 요리와 잘 어울려서 흐뭇하다는 말까지 덧붙였다. 그날 밤 내내 감동적인 꽃장식을 연출한 무명의 여성을 보고 싶어 하는 손님들이 줄을 이었다.

"유레카의 순간이었어요. 드디어 자존감을 얻게 되었죠."

잉그리드는 모아놓은 돈도 변변치 않았지만 브루클린에 독자적인 꽃장식 대행사, 틴캔 스튜디오Tin Can Studios를 개업했다. 초반엔 그녀가 직접 꾸민 꽃장식 사진들을 웹사이트에 올리며 홍보 활동으로 시간을 보내는 날이 대부분이었다. 하지만 빠르게 입소문을 타면서 곧 꽃 디자인 일에만 전념할 수 있었다. "처음엔 운영비도 없이 시작했어요. 저 혼자였으니까요. 재료비를 따로 마련할 필요도 없었어요. 의뢰인들에게 선불을 받아서 그 돈으로 꽃이나 작업에 필요한 그 외의 물건을 구입했죠."

잉그리드가 홍보 일을 그만두고 성공도 불투명한 사업을 구상하기로 결심했던 당시의 사고방식에서 반드시 짚고 넘어갈 부분이 있다. 당시에 그녀는 "목적지를 알지" 못했다. 새로운 도전에서 돈을 얼마나 벌게 될지 확실히 알지도 못했고, 자신의 사업이 어떻게 될지 감도 잡지 못했다. 어느 날 갑자기 굳게 다짐하며 "열심히 노력한" 것도 아니었다. 노력은 언제나 열심히 해왔다. 오랜 세월 억눌러온 직업상의 꿈을 "끝까지 놓지 않고 버티다가" 뛰어든 것도 아니었다. 그전까지만 해도 화훼 분야 일은 아예 생각도 안 해봤다. 시스템에 저항한 것도 아니었다. 그녀의 고객들은 대체로 취향이 보수적이라, 기업 고객들이 요구하는 연출 분위기는 저항성이 아닌 안정성이었다.

사실, 잉그리드는 표준 공식을 (그리고 얀테의 법칙도) 뿌리치고 마지막으로 한 번 더 구불구불한 길을 개척하자는 생각으로 결심한 것이었다.

잉그리드는 화훼 분야의 전통적 수업을 들으며 실력을 키운 것이 아니었다. 시행착오를 거치고 상인들에게 물어물어 가며 꽃의 속성을 익혔다. 새로운 꽃장식을 만들 때는 화훼업의 표준 양식을 따르지 않고 자신이 나름대로 이해한, 훌륭한 시각 디자인의 기본 법칙을 적용시켰다. 다시 말해, 개개인성을 중요시하는 개념을 진지하게 받아들인 것이었다.

"다른 플로리스트들이 주로 하는 공 모양의 카네이션 볼을 만드는 방식이나 꽃다발을 꾸미는 방식에는 별로 신경쓰지 않아요. 가끔은 오히려 정반대로 해보고 싶은 마음이 들기도 하죠. 저는 꽃을 다룰 때 한 반의 학생들처럼 대해요. 그러니까 꽃 한 송이 한 송이를 독자적인 개체로 여겨요. 유난히 두드러지는 꽃이 있는가 하면,

어떤 꽃은 구석에 숨어 있어야 어울리고, 또 어떤 꽃은 앞으로 나서서 카메라를 향해 웃어 보이는 역할이 잘 맞아요." 그 덕분에 그녀의 꽃 작품은 독특한 해석을 거쳐 손으로 직접 만든 용기, 발견된 오브제found object(주로 기계 제작된 일상용품으로, 미술작품이나 미술작품의 일부분으로서 새로운 지위를 부여받은 오브제. 발견된 오브제를 최초로 착안한 작가는 뒤샹이다. 변기나 삽처럼 대량생산된 물건을 있는 그대로 작품으로 제시한 뒤샹에 의해 기성품이 예술로 승화됐다—옮긴이), 풍부한 질감, 강렬한 대비효과, 예상을 깨는 의외성, 그림을 보는 듯한 색감 등이 돋보인다.

그녀는 평범한 꽃 디자이너가 아닌, 잉그리드 카로치다운 꽃 디자이너가 된 것이었다.

미지의 경로 개척

잉그리드가 개인화된 성공에 이르기까지의 여정은 똑같이 흉내내기 불가능하다. 그녀 외에는 그 누구도 그녀와 똑같은 관심사와 재능, 기회를 가질 가능성이 희박하기 때문이다. 하지만 그녀만의 세세한 인생사 밖으로 시선을 돌리면 모든 다크호스의 성공담에서 공통적으로 나타나는 더 중요한 패턴이 보인다.

존 코치의 경우를 생각해보자. 존은 캘리포니아 대학교 버클리 캠퍼스에서 지극히 이론적인 컴퓨터공학 박사 과정 프로그램에 이질감을 느꼈다. "임피던스 불일치impedance mismatch(데이터베이스 모델과 프로그래밍 언어 모델 사이의 차이점 때문에 발생하는 문제−옮긴이)를 겪고 있었던 셈이죠." 존이 전기공학 용어로 당시 경험을 비유하며 말을 이었다. "교수님 한 분이 공부에 별 흥미를 보이지 않는 저에게 물으시더군요. '유명해지고 싶지 않아?' 하지만 교수님의 '유명해진다'는 말에 담긴 뜻은 학술지에 열두어 명 정도나 읽을 만한 난해한 논문을 게재하는 일이었어요. 하지만 유명해지고 싶으면 지도 활동이나 창작 활동 등 다른 방법들도 널려 있어요." 존은 2학년을 다니던 중 자신의 개개인성과 학부의 따분한 코딩 방식 사이의 불일치를 견디다 못해 중퇴했다.

존은 한때 전도유망했던 컴퓨터 분야의 커리어가 끝장난 것 같아 낙담했다. "패배감이 들었어요. 몇 년이 지나도록 버클리 캠퍼스 근처를 지나갈 때면 속이 편치 않고 거북했어요." 하지만 학교를 중퇴하고 얼마 지나지 않아, 실리콘밸리 스타트업의 젊은 CEO 앞에서 면접을 보게 됐다. 새로운 유형의 PC를 설계하고 싶어 하던 이 CEO와의 면접 자리에서 존은 앞으로 컴퓨터 산업에서는 대다수 사람들이 생각하는 하드웨어 분야가 아니라 인간지향 소프트웨어 분야의 혁명이 가장 큰 영향을 미칠 것이라는, 비정통적 소신을 밝혔다. 그 말을 들은 스티브 잡스는 공감을 표하며 존을 고용해 애플 소프트웨어 부문의 제1대 부사장으로 임명했다.

얼마 후, 존은 최초의 상업적 그래픽 사용자 인터페이스뿐만 아니라 애플 II와 III 컴퓨터에 사용될 혁신적인 전략적 소프트웨어 구상을 설계하며 개인적 충족감을 발견했다. "이전까지 없던 소프트웨어였죠. 버클리 캠퍼스에서 배웠던 것과는 차원이 완전히 다른 코딩이었어요. 그때가 제 일생 최고의 순간이었죠."

잉그리드처럼 존 역시 자신의 개개인성을 활용해 개인적 충족감을 좇기로 결심했고 그 과정에서 직업적 우수성을 획득했다. 더그 호어도 마찬가지였다. 그는 30대 초반에 세계 최고의 실력자들에게 원예술을 배우기 위해 일리노이 주의 피오리아를 떠나 멋진 시골정원으로 명성이 높은 영국의 농촌으로 이주했다. "제가 만약 최고의 사람에게 블루스 연주를 배우고 싶었다면 시카고로 가서 버디 가이Buddy Guy(미국의 블루스 기타리스트이자 가수)를 찾아다녔을 겁니다. 당시의 저는 세계 수준급의 조경 설계사이자 노련한 원예가가 되고 싶었고 원예술을 배울 최고의 멘토들이 바로 영국에 있었죠." 영국 생활은 녹록치 않았다. 일반 노동자처럼 잡초 뽑기와 더블디깅double digging(두 삽의 깊이 즉, 60cm의 깊이로 땅을 갈아주는 것-옮긴이) 작업을 하고 외바퀴 손수레로 짐을 나르면서 거의 무보수로 일했다. 그렇게 하루하루 견딘 끝에 그곳 사람들의 신뢰를 얻어 정원 디자인의 고수들과 저녁을 먹으며 일 이야기를 나누는 단계로 올라섰다.

더그는 2년 뒤에 가진 돈이 바닥나자 일리노이 주로 되돌아와 자신의 에번스턴Evanston 소재 아파트 골방에 1인 조경회사를 차렸다. 그의 말대로라면 "영국에서 원예술 박사 학위를 따서 온 셈"이었다. 그렇게 터득한 기술을 써보고 싶은 의욕에 불타서, 가정용품 소매업체인 크레이트 앤 배럴Crate and Barrel의 CEO를 설득해 시카고 주력점포 입구 쪽의 화분조경 디자인 및 배치 일을 받아냈다. 더그의 대담한 화분조경은 시카고 시민들이 그동안 봤던 것과는 색다른 매력을 발산했다. 매장 방문객들과 조경 평론가들은 물론 당시의 시카고 시장 리처드 M. 데일리Richard M. Daley까지도 호평을 보낼 정도였다. 더그는 영국식 조경 원칙을 채택해 자신만의 색깔을 담아내며, 도시에서 차도와 보도를 가르는 연석의 개념을 재정의해 새로운 매력을 선사했다. 그의 과감한 조경이 어찌나 인상적이었던지 시에서는 시카고의 중심 상가인 미시간 애비뉴Michigan Avenue 중앙 길에 비슷한 화분조경 디자인을 의뢰하기까지 했다.

시에서 의뢰한 그 일은 더그가 꿈꿔 마지않던 도전이었다.

더그가 시카고 거리에 이색적으로 꾸민 경치는 일년생 식물과 다년생 식물, 구근 식물, 관상용 풀이 대조 효과를 내면서 계절에 따라 역동적이고 다채로운 색채로 변했다. 미국의 도시 조경에서는 접해본 적 없는 효과를 연출한 것이었다. 더그는 밝은 형광빛 녹색의 고구마 줄기, 청동색이다가 서서히 심홍색으로 변하는 아주까리, 그리고 특히 더 흥미를 자극했던 험블 케일humble kale같이 시카고 시민들에게는 완전히 생경한 식물들도 재료로 활용했다. 식물을 고를 때는 자동차 배기가스와 도시의 공해를 견딜 만한 환경 내성을 살피는 동시에, 각 화분 자리의 미세기후도 따져서 위치에 따른 햇빛과 바람, 습기에 맞춰야 했다. 미세기후가 블록별로 크게 다른 경우가 많았지만 이런 방면의 기술도 영국에서 익혀온 터라 문제가 없었다.

더그가 이 거리에 탄생시킨 역작은 이내 관광객들만이 아니라 식상함에 젖어 있던 지역 시민들 사이에서까지 시카고 시의 상징으로 부각됐다. 그 뒤로 20년에 걸쳐 더그는 그 유명한 '미시간 애비뉴 중앙 길'의 디자인을 쭉 맡아왔다. 그의 조경 콘셉트는 시카고 곳곳에서 그대로 모방되면서 현재는 이런 콘셉트의 화분조경 조성 거리가 160킬로미터를 넘어섰을 정도다. 시카고 외에 수십 곳에 이르는 세계의 또 다른 도시에서도 채택됐다. 현재, 21세기 도시 미화 프로젝트에서 빠지지 않는 기본요소 중 하나는 역동적이고 생동감 있는 디자인인데, 사실 그 근원을 거슬러가면 전적으로 더그의 선구적 창작품에 이른다.

모든 다크호스들의 구불구불 굽은 여정은 저마다 다르지만 그 여정의 첫걸음은 하나같이 똑같다. 바로 충족감을 우선시하려는 결심이다. 다크호스들은 결정할 때 얼마나 돈벌이가 될지 어느 정도나 실력을 쌓게 될지를 기준으로 삼지 않는다. 그보다는 자신의 개개인성과 잘 맞는 기회를 포착하여 그 기회를 붙잡을 뿐만 아니라, 그 이후에도 남들이 강요하는 자아상이 아니라 있는 그대로의 자아상에 따라 결정을 내린다. 꾸준히 이런 식으로 결정을 내리면서 부단히 우수성을 키워간다.

그렇다고 해서 전통적인 출세 경로를 따르는 사람들이 어리석거나 길을 잘못 든 것이라는 이야기는 아니다. 전혀 그렇지 않다. 목적지까지 일직선의 경로를 따라가기로 결정하는 이들도 존중과 지지를 받아 마땅하다. 그 길이 미리 정해진 경직된 여정이라고 해도 성공으로 이끌어주기는 한다. 우리는 한 개인이 성공에 이르기 위해 어떤 경로를 선택하든 비난할 생각이 없다. 다만 미지의 경로들이 펼쳐진 광대한 세계를, 다시 말해 표준 공식을 맹목적으로 따르는 바람에 흐릿하게 가려진 그 세계를 펼쳐 보이고 싶을 뿐이다.

표준화된 기회제공 기관은 충족감 추구를 위해 설계되지도 않았고 애초부터 그런 설계 자체도 불가능하다. 개개인성을 문제로 여기는 원칙을 바탕으로 삼아 세워진 시스템은 개개인성을 수용하도록 조정될 수 없다. 전함이 전투기로 개조될 수 없는 것과 같다. 우리의 경로를 표준화에서 벗어나도록 표준화할 수는 없다. 하지만 다크호스들이 증명하고 있듯이 표준화에서 벗어나 자신의 경로를 **개인화할** 수는 있다.

이 책의 뒷부분에서 사회 계약을 개선해 충족감을 바탕으로 삼은 더 바람직한 기회 시스템을 세우는 방법을 제시한다. 하지만 시스템이 이렇게 정비될 때까지 기다리지 않고도 실행 가능한 방법이 있다. 지금 당장부터 개인화된 성공을 추구하면 된다.

당신이 일직선 경로를 걸을 생각이든 구불구불 경로를 개척할 생각이든 간에, 이어질 2장부터 5장은 앞으로 전진할 방법에 대한 유용한 지침이 될 것이다. 각 장별로 다크호스형 사고방식의 요소를 하나씩 설명했다. 실용적이면서 실질적인 이 요소들은 모두 설득력 있는 개념 원리들을 그 근거로 삼고 있다. 부상 중인 개인화 시대를 가속화하고 있는 21세기 과학이자 이분야異分野 융합 학문이며 명칭마저 절묘한, 개개인학Science of Individuality의 개념 원리들이다.[6] 5장까지 쭉 읽다 보면 점차 이 4대 요소가 서로 결부되면서 어느새 세계와 그 세계 안에서의 당신의 위치를 새롭게 이해하게 될 것이다. 지금 당장, 지금 여기에서 당신 자신의 삶에 충족감을 설계할 수 있는 **방법**에도 눈뜨게 될 것이다.

이 다크호스형 사고방식은 너무 그럴 듯해서 믿기 힘들지도 모른다. 충족감을 우선시하면 어떻게든 당신을 안전하게 성공으로 이끌어줄 것이라고 믿고 싶어도, 이 책의 반직관적 조언에 여전히 의심을 떨치지 못할 수도 있다. '이런 처방은 특정 환경에 놓인 일부 사람들에게나 효과가 있지 모든 사람에게 다 효과가 있지는 않겠지. 나에겐 별 효과가 없어.'

다크호스형 사고방식의 4대 요소는 이처럼 선뜻 믿기 힘든 편이다. 그 주된 이유는 뭘까? 이런 요소들이 **당신**에게 과연 효과가 있을지 의문이 들기 마련인 이유가 뭘까? 표준화형 사고방식이라는 렌즈로 성공을 바라보도록 평생에 걸쳐 길들여진 탓이다. 우리는 '열정', '목표', '끈기', '성취' 같은 기본 개념의 이해에서조차 표준화 계약의 낡은 가치관에 철두철미하게 물들어 있다. 따라서 개인화된 성공의 여정에서 가장 힘든 난관은 새로운 사고방식의 채택이 아니다. 낡은 사고방식을 버리는 것이다.

새로운 우주의 등장

호모 사피엔스의 역사에서 가장 변혁적인 한 순간을 꼽자면 두 천체 사이의 관계에 대한 개념이 정반대로 뒤집힌 사건이었다. 억겁의 세월 동안 사람들은 지구가 우주의 중심이라고 믿었고 그에 따라 자연스럽게 태양을 지구에 종속된 위성으로 여겼다. 그러던 어느 날 코페르니쿠스가 반대 견해를 내놓으며 태양이 진정한 중심이고 지구는 종속된 존재에 불과하다고 주장했다.

이로써 모든 사람들에게 뻔히 알려진 상식과, 직관적 판단상 말도 안 되는 주장 사이에서 가정상의 충돌이 빚어졌다. 어쨌든 **눈으로 보기에는** 태양이 지구를 돌고 있는 것이 확실하다. 게다가 갑자기 튀어나온 이 태양중심적 사고방식은 증명되지 않은 별난 수학에 바탕을 두고 있었던 반면, 지구중심적 사고방식을 뒷받침하는 수학은 천 년도 더 전부터 신뢰할 만한 답을 제시하고 있었다. 서기 2세기에 그리스의 천문학자 프톨레마이오스가 지구 주위 천체의 운동을 규명할 복잡한 공식을 명확히 밝히면서, 수성, 금성, 화성, 목성, 토성이 언제 어디에 나타날지 신빙성 있게 예측했다.

모두가 태양이 지구를 돈다고 맹목적으로 가정하던 시대에 살았다면 당신은 어땠을 것 같은가? 모든 사람이 그것이 가정에 불과하다는 인식조차 제대로 못할 만큼 뇌리에 깊이 뿌리박힌 그릇된 가정에 연연하던 시대에 살았다면 어땠을지 궁금하지 않은가? 그렇다면 굳이 상상력을 동원하지 않아도 된다. 당신이 살고 있는 바로 지금도 그런 시대니까.

우리는 현재까지 1세기가 더 넘도록 **기관**이 당연한 사회의 중심이자 순종적인 개개인들의 삶을 지배하는 최상의 존재라는 것을 명백하고 자명한 사실로 수용해왔다. 사회라는 우주가 그 외의 다른 방식으로 운영되는 것은 상상조차 힘들어 한다. 그러니 누군가가 인간을 '사회'라는 우주의 중심으로 놓고 우수성과 성취를 새로운 관점으로 이해하자고 주장하면 받아들이기 힘들 만도 하다.

현재의 우리로선 코페르니쿠스가 새로운 태양중심적 사고방식을 제시한 순간 그의 뛰어난 논리와 증거에 호응해서 사회의 관점이 급격히 변했으면 좋았겠다는 생각이 들 것이다. 하지만 실제론 그러지 못했다. 가정에는 아주 완강한 면이 있다. 특히 일상의 현실에 촘촘히 얽혀 있는 가정일수록 더하다. 그런 탓에 코페르니쿠스가 우주의 새로운 모델을 발표한 뒤로 1세기가 지나도록 지구가 태양 주위를 도는 것일지 모른다는 견해에 대다수 사람들이 여전히 의혹을 품고 있었다. 갈릴레오 갈릴레이가 목성의 달 네 개를 발견하며 지구가 모든 궤도의 중심이 아니라는 것을 논쟁의 여지 없이 증명한 이후에 지구중심적 사고방식을 가진 동료 과학자들에게 직접 와서 망원경으로 그 달들을 보라고 권했을 때도 이들 대다수는 갈릴레오가 대체 뭘 보라는 건지 모르겠다고 우겼다. 괜히 봐서 머리만 아파졌다고 딴소리를 늘어놓은 이들마저 있었다.

표준화 계약은 우리 모두의 발목을 붙잡고 있다. 재능과 성공에 대한 표준화 계약의 관점은 이해하기 쉬운 데다 친숙해서 안정감을 주지만, 표준화된 우수성의 추구가 충족감으로 이끌어준다는 가정에 매진하는 사회는 미래가 없다. 반면 다크호스형 사고방식은 성취감과 환희를 선사하며 무한한 우주 같은 사회로 들어서게 한다. 피오리아의 한 농장 청년이 여러 도시를 정원처럼 화사하게 변모시키고, 스웨덴의 누군가가 마음 못 잡고 방황하다 뉴욕으로 건너와 꽃장식을 새로운 예술로 승화시키고, 한 고등학교 중퇴자가 백만 곱절의 생애가 걸려야만 닿을 거리에서 새로운 세계를 발견하는 등의 다양한 인간의 잠재력에 눈뜨게 해준다.

이 새로운 우주를 보고 싶다면 그저 망원경을 들여다보면 된다.

DARK HORSE

2 장

미시적 동기 깨닫기

결국 가장 중요한 것은 동기라고 본다.

사람이 뭔가를 정말로 하고 싶어지면

열심히 노력하게 되어 있다.[1]

– 에드먼드 힐러리, 세계 최고봉 에베레스트산을 최초로 등반한 뉴질랜드의 탐험가 –

DARK HORSE

가장 중요한 것

코린 벨록Korinne Belock은 텍사스 주 촌구석의 작은 도시 이스트 버나드East Bernard에서 자랐다. 그녀는 자신이 기억하는 아주 어린 시절부터 늘 남들을 돕고 싶었다. 텍사스 대학교의 신입생 때 지역 정치에 참여하면 지역 주민들에게 봉사하는 기회가 될 것 같아 주 상원의원을 보좌하는 인턴 일을 시작했다. 함께 일하는 사람들도 좋고 세상에 긍정적인 기여를 하고 있다는 느낌도 좋았다. 졸업 후에는 오스틴Austin(텍사스 주의 주도) 주의회에서의 경험을 발판 삼아 워싱턴 DC에서 밥 돌Bob Dole의 대선 캠페인 정치 부문 담당을 지낸 인물의 보좌관으로 일했다. 이곳에서 활동하던 중 마이클 블룸버그Michael Bloomberg에게 발탁되어 그의 첫 번째 뉴욕 시장 선거 캠페인에도 참여했다. 블룸버그가 시장으로 당선된 후에도 그를 계속 보좌하여 시청에서 정무 총괄자로 일했다. 그녀는 일을 믿고 맡길 만한 사람으로 정평을 얻으며 공화당 연방정부의 주목을 받았다. 그러다 얼마 후에는 시청에서 차출되어 조지 W. 부시 행정부의 백악관 정치 담당직을 제안받았다.

말하자면 28세의 나이에 국정에서 요직을 맡게 된 것이었고, 이는 험난한 정치판에서 부러움을 살 만한 커리어였다. 하지만 2009년에 블룸버그가 코린에게 다시 자신의 옆에서 시정을 보좌해달라고 제안했을 때 예기치 못한 갈림길에 놓이게 됐다. 뉴욕 정계에서 모두가 선망하는 여러 직책을 골라서 맡을 수 있는 그 상황에서, 정계 입문 후 처음으로 결정을 내리지 못했다.

사실, 코린은 번아웃 상태였다. 오랜 시간 전력을 다해 뛰어온 터였으니 휴식이 필요하다는 생각이 드는 것도 무리는 아니었다. 하지만 자신의 정신 상태를 성찰하면 할수록 단지 휴식을 원해서 주저하는 게 아닌 것 같았다. 본인도 이해하기 힘들었지만, 이제 더는 정계 활동을 하고 싶지 않았다.

예전만 해도 변화를 만들려는 사람들 주변에서 흥분된 상태로 분주하게 일하는 것이 늘 설레었다. 하지만 10년 넘게 쉴 새 없이 이런저런 정무 활동에 몸담고 보니 자신의 원래 동기가 예전에 생각했던 것과는 다르다고 깨닫기 시작했다.

사람들을 돕고 싶은 마음은 여전히 그대로였다. 그 점은 확실했다. 하지만 미국 정치의 양대 축인 선거 캠페인이나 정무는 더 이상 신나지 않았다. 동료들 대다수는 아드레날린이 솟구치는 선거

전과 정권을 차지하는 특권, 서로 주고받는 타협 과정에서 활력을 얻었지만 그녀는 그런 활동에서 동료들만큼 열의를 느낀 적이 없었다. 정치적 직무 중에 아주 재미있던 활동이 몇 가지 있었지만, 까놓고 말하면 그중 가장 좋아한 직무는 유권자 조사나 정책 토론, 공공봉사 사업이 아니었다. 훨씬 더 단순한 직무였다.

바로 정리 직무였다.

그녀는 딱 보면 구분하기 쉽게 모든 책에 색색의 라벨을 붙여 책장에 꽂아야 직성이 풀리는 사람이었다. 어지럽게 흩어져 있거나 너저분한 모습을 보면 다시 가지런히 정리하고 싶어서 몸이 근질근질했다. 상관이 생각나는 대로 두서없이 말을 늘어놓아도 그 요점을 민첩하게 정리하는 재주도 남달랐다. 그녀의 두뇌는 고속 원심분리기와 같아서 정보가 입력되면 중요한 내용과 쓸데없는 내용을 재빨리 분리할 줄 알았다.

정치적 직무에서 그녀가 특히 좋아했던 활동은 블룸버그의 시장 선거 캠페인 중에 대중집회를 준비하던 일이었다. 자율권이 주어져, 사람들을 배치하고 홍보를 구상하고 행사를 포괄적으로 기획하면서 정말 신이 났다. 워싱턴 DC에서 여러 잡다한 정치적 업무를 맡았던 기간 중엔, 현장방문 총괄직을 맡아 대통령의 현장방문 세부 일정을 편성하는 일은 즐거웠지만 정치관련 조사 업무를 맡거나 브리핑 보고서를 작성해야 했을 때는 그다지 열의를 느끼지 못했다.

가장 싫어했던 직무는 블룸버그가 첫 번째 시장 선거에서 승리한 이후에 시청에서 맡았던 일이었다. 여러 시 관청들과 함께 정무를 조정하는 직무라 정말로 중요한 요직이었지만, 정리 업무가 별로 없는 데다 다른 사람들이 일을 마치길 기다려야 하는 경우가 빈번해서 머리가 돌 지경이었다.

어느 순간부터는 어질러진 옷장 청소나 흐트러진 주방 치우기 같은 평범한 일이라도 좋으니 정계를 떠나서 정리하는 일에만 전념할까, 하는 생각을 할 때면 언제나 힘이 났다. 자신에게 **맞는다**는 기분이 들었다.

자신이 제일 하고 싶은 일과 정계에서 실제로 맡은 일이 서로 어긋난다는 것을 의식하면서 코린은 터닝포인트를 맞게 됐다. "비로소 깨달았어요. 나 자신을 위한 일을 시작하기 위해서라면 뭐든 못할 것이 없겠다고요. 수백만 달러 규모의 선거 캠페인을 성공리에 치러낸 자신감이 있으니 5,000달러로 사업을 구상하는 일도 거뜬히 해낼 것 같았어요."

코린은 카페에 자리를 잡고 앉아 정리 전문가가 되기 위해 해야 할 4쪽짜리 '세부 계획 리스트'를 작성하고 사업 개업 시간표도 꼼꼼히 짰다. 그 후 2010년 말에 정식으로 정계 활동을 접고 어번 심플리시티Urban Simplicity를 개업했다. 자신의 거처인 맨해튼의 작은 아파트를 사무실로 삼아 사람들이 편안한 삶을 살도록 돕는 활동에 전념했다. 사업 초반부터 현재까지 고객의 대부분은 여성이었다. 그중엔 재택근무 사무실의 능률성을 극대화하고 싶은 전문직종 종사자도 있고 워라밸work-life balance을 개선시키고 싶은 이들도 있다.

그런가 하면 이사를 하거나, 새로운 직장에 들어가거나, 아기가 생기거나, 결혼을 하거나, 이혼을 하는 등 삶에 큰 변화가 생겨서 그동안의 조직체계가 무너져 버거워하는 고객도 있다. 코린은 의뢰 고객들의 물리적 공간(사무실, 주방, 옷장, 식료품 저장실, 지하실, 차고 등)을 새롭게 꾸며주는 한편 생활리듬 유지에 유용한 일정체계를 새로 짜주면서 과중하고 스트레스 많은 일상생활을 마음 편하고 다루기 쉽게 바꾸도록 돕고 있다.

코린은 금세 사람들 사이에서 구세주로 떠올랐다. 브루클린의 한 고객은 이렇게 극찬하기도 했다. "코린이 제 매장에 와서 뒤죽박죽 어수선하고 잡동사니 천지인 사무실 책상을 정리해줬어요. 상대를 아주 편하게 해주는데다, 작업 중인 프로젝트의 속도를 현실성 있게 조절해주는가 하면 번뜩이는 아이디어를 제안해서 절차를 쉽게 지킬 수 있게 해줘요. 사실, 정리했다가 또 다시 어지럽히게 되면 기껏 책상을 치워봐야 무슨 소용이 있겠어요?" 평이 좋다 보니 의뢰가 쏟아졌고 혼자서는 다 감당할 수 없어서 얼마 후에는 직원들까지 고용해야 했다. 2018년에는 플로리다 주의 팜비치Palm Beach에도 새로 사무실을 열었다.

그녀의 친구들이나 이전 동료들 중에는 코린이 돌연 진로를 바꾼 것을 두고 여전히 어리둥절해 했다. "옷장정리 같은 일을 두고, 백악관 근무에 비해 무시하는 투의 이야기를 종종 들어요." 하지만 코린은 그런 이야기에 속상했던 적이 없다. 현재 자신은 상상 이상으로 행복하기 때문이다. 잘 나가는 회사를 직접 운영하고 고객의 삶의 질을 향상시키며 보람을 느끼고 있다. 매일매일 자신의 가장 뜨거운 열망을 성취하면서 부조화에서 조화를 이뤄내며 살고 있다. 코린은 자신에게 가장 중요한 것이 뭔지 깨닫고 나서 개인화된 성공을 이루었다.

진정한 동기

동기는 당신의 개개인성에서 정서적 핵심이다. 당신이 바라는 것은 (당신이 바라지 않는 것과 더불어) 독자적이면서도 지극히 개인적인 방식으로 당신 자신을 규정한다.

진심으로 개개인성을 중요시하고 싶다면 확실한 방법은 하나뿐이다. 당신의 가장 진실된 열망과 바람을 존중하면 된다. 진정한 동기와 일치하는 활동을 하면 당신의 인생행로는 흥미진진하고 만족스러워진다. 동기를 잘못 판단하거나 무시하면 삶이 지루하고 따분해지거나 그 인생행로를 되는대로 방치할 수도 있다.

진정한 동기 깨닫기는 충족감을 얻으려면 반드시 필요하다. 자기 고유의 동기를 활용해야만 진정성의 느낌과 의미, 완수감을 느끼기 때문이다. 다크호스형 사고방식의 기본 과제는 개개인성 이용하기이며, 이 과제는 진정한 동기를 찾아 나서는 순간에 비로소 시작된다.

동기 찾기쯤이야 식은 죽 먹기 아니냐고? 자신이 무엇에 의욕이 불붙는지 알아내는 것만큼 쉬운 일이 또 어디 있느냐고? 과연 그럴까? 안된 이야기지만 동기라는 풍경은 생각보다 둘러보기 어렵다. 표준화 계약이 자꾸만 모래를 걷어차 시야를 가리기 때문이다.

포괄적·보편적 동기의 단점

기회제공 기관은 당신의 개인적 바람이 뭔지 꼬치꼬치 알고 싶어하지 않는다. 우리의 학교와 직장은 그 설계구조상 당신이 어떤 것에 흥미를 자극받는지 깨닫도록 유도하지 않는다. 표준화 계약하에서는 그런 개인 정보는 별 쓸모가 없다. 기관에서 동기를 바라보는 관점은 비개인적이고 절차적이라, 최대한 많은 개인들이 최소한의 노력과 비용으로 표준화된 우수성을 획득하도록 동기를 부여하려 한다.

기관들은 효율성을 내세워 다양한 인간의 열정을 모조리 묵살하고 특색 없는 단 하나의 '포괄적 동기'로 뭉뚱그려, 높은 등급에서 낮은 등급까지 단순히 일차원적으로 측정한다. 포괄적 동기는 자제력, 결의, 끈기, 인내심, 야망, 투지 등 여러 가지 잣대로 평가된다. 하지만 이 모든 잣대들에 담긴 궁극적 메시지는 한마디로 '당신의 개개인성은 중요하지 않다'는 것이다.

표준화 계약하에서는 쭉 일직선의 길만 걷든 아니든, 둘 중 하나를 선택하도록 동기를 자극한다. 지루함에 빠지거나 마음에 다른 곳에 가 있거나 좌절감을 느낀다 해도, 기관에서는 웬만해서는 그런 사람들이 더 몰입하거나 더 잘 조화를 이루도록 조정하지 않는다. 조정하기는커녕 비장하게 마음 먹고 끝까지 버티라고 강요하기 일쑤다. 이를 악물고 버티라고! 분발해서 투지를 좀 보이라고!

하지만 사실을 말하자면 누군가의 개인적 동기를 무시하는 것은 그 사람의 동기를 자극하는 데 그다지 효과적인 방법이 아니다. 이는 표준화된 시스템에 오래 머물수록 동기가 점점 약해지는 사실로도 입증된다. 대다수의 사람들은 동기의 강도가 유치원 때 최고치였다가 이후로 꾸준히 낮아진다. 2016년의 갤럽 조사결과에서도 5학년생은 학교 수업에 제대로 집중하지 못하는 비율이 26퍼센트에 불과했으나, 8학년생은 55퍼센트로 나왔고 고등학교 상급생에서는 66퍼센트까지 뛰었다.[2] 졸업 후 돈벌이가 되는 취업을 하고 나면 동기가 다시 높아질 것 같겠지만, 갤럽 조사에 따르면 취업자 중 무려 67퍼센트가 직업생활에 잘 몰입하지 못하는 것으로 나타났다.[3]

학생들에게 동기를 제대로 자극하지 못하는 현실은 표준화 교육의 선봉장에 있는 이들도 그동안 분명히 의식하고 있었다. 2014년에 교육 전문 주간지 「에듀케이션 위크Education Week」에서 실시한 조사결과에서 교사와 행정관의 60퍼센트가 학생들 대다수의 학습 동기가 그리 높지 못하다는 점에 공감했다.[4] 얼핏 생각하기엔 이렇게 공감하고 있다면, 우리 교육기관들이 학생 개개인의 고유한 관심사와 열망을 헤아리려고 힘쓸 것 같겠지만 실상은 그렇지 못하다.

그러기는커녕 상당수 교육기관에서 일차원적인 포괄적 동기를 작은 단위의 '보편적 동기'로 바꿔놓고는 대다수 학생들이 열심히 노력하며 끝까지 버틸 만한 의욕을 자극받길 희망하고 있다.

예를 들어, 한 양육 웹사이트에서는 아이의 동기를 유발시키려면 "건전한 경쟁을 북돋워줘야" 한다며 "아이가 경주에서 다른 주자를 이기거나, 철자 맞추기 대회에서 상을 타게 응원해야 한다"고 주장하고 있다.[5] 미국 중서부 지역의 어느 대학에서는 학생들의 동기를 유발시키려면 "교실 책상을 U자 모양으로 배치해서 학생들이 상호작용을 나누게 장려하는" 것이 좋다고 조언한다.[6] 또 온라인의 어느 교육자 커뮤니티에서는 식욕을 잘 활용하라며 이렇게 강조하고 있다. "아이들은 먹는 것 앞에서 사족을 못 쓴다. 5학년생들이든 고등학교 상급생들이든 피자를 주면 효과 그만이다. 격려하며 꾸준히 동기를 유발하는 데는 먹을 것을 활용하는 방법이 제격이다."[7]

보편적 동기의 일부 사례인 이런 경쟁, 상호작용, 허기의 활용은 확실히 즉시 실행 가능하며, 얼핏 보기에 포괄적 동기보다 더 우수해 보인다. 하지만 여전히 **평균적으로** 동기를 끌어올리려고만 하면서 개개인의 학생과 관련된 중요한 부분은 모조리 무시하고 있다. 보편적 동기 역시 포괄적 동기와 다를 바 없이 개인적이기보다 기관적이고, 개별적이기보다 전반적이며, 상향식bottom-up이기보다 하향식top-down이다.

과학계도 누구에게나 다 동기를 자극시킬 만한 최상의 '보편적 동기'를 찾기 위해 고군분투한 역사가 있다. 알 만한 사람은 다 알겠지만 프로이트는 모든 인간 행동의 뿌리에 성욕이 있다고 주장했다. 반면에 그의 제자인 알프레드 아들러는 보편적인 권력욕을 강조했고, 프로이트의 제자 중 가장 유명한 인물인 칼 융은 삶의 보편적 욕망이 더 우선적 동기라고 주장했다. 정신과 의사 빅터 프랭클Victor Frankl은 의미를 갈구하는 욕망이 인간의 보편적 심리라고 밝혔는가 하면, 심리학자 에릭 에릭슨Erik Erikson은 발전을 향한 욕망을 중요하게 봤다. 물론, 이 모두가 정말로 보편적인 동기인 것은 맞다. 다만, 보편적으로 의욕을 북돋우는 동기는 아니다.

경쟁 상황에서 의욕이 불붙는 사람들이 많지만 오히려 사기가 꺾이는 사람들도 있다. 어떤 아이들은 U자형으로 배치된 교실의 강요된 상호작용에서 자극을 얻지만, 남들의 시선을 집중적으로 받는 것에 부담을 느끼는 아이들도 있다. 피자를 주면 더 열심히 공부하고 싶은 동기가 생기는 학생들도 많겠지만, 기름지고 좀 탄 듯한 피자의 유혹에 오히려 기분이 상하는 학생들도 있다. 어떤 사람에게 보편적이라고 추정되는 이런 식의 동기가 없다 해도 그것은 생물학적 변이도 아니고 도덕적 결함도 아니다. 단지 인간의 동기가 아주 아주 다양하다는 사실을 반영하는 것일 뿐이다.

기관들이 동기를 일차원적 단계나 단 몇 가지의 보편적 동기로 줄이려는 이유도 이해할 만하다. 표준화 시스템에서는 개개인성이 골칫거리이기 때문에 그렇게 줄여놓으면 해당 당국으로선 일상이 훨씬 수월해진다. 의자 자리를 재배치하거나 1부터 10까지의 등급으로 '투지 점수grit score'를 매기는 편이 학생 개개인의 독자적 동기 성향을 파악하려 애쓰는 것보다 훨씬 덜 번거롭다.

모든 표준화된 기관에서는 개념상으로나 설계상으로나 효율성에 가장 중점을 두고 있고, 포괄적 동기와 보편적 동기는 눈에 띄는 변화를 일으키기에 효율적인 방법이다. 적어도 평균적으로는 그렇다. 하지만 개인의 충족감이라는 관점에서 보면 끔찍한 방법이다. 표준화 관점의 동기에서는 개개인의 자아와 관련된 중요한 부분들을 죄다 무시한다. 게다가 표준화 계약은 어떤 경우든 우리의 관심을 기관이 정한 단 몇 개의 동기에만 온통 집중시키면서 개인적 동기가 존재한다는 사실을 생각하지 못하게 차단한다.

이런 와중에서 다행스럽게도 다크호스들이 동기에 대한 가려진 진실을 드러내고 있다.

다크호스형 사고방식 ㅣ

코린은 정리욕에 동기를 자극받는 사람이다. 이 동기에 관해서라면 이미 꽤 구체적으로 살펴봤지만 더 깊이 파헤쳐보면 그녀의 진정한 동기는 훨씬 더 구체적이다. 코린의 심장을 두근두근 뛰게 하는 진짜 근원은 **물리적 공간**의 정리다. "저는 지저분한 아파트나 사무실을 정리하거나, 주방이나 식료품 저장실을 깨끗하고 사용하기 편하게 정리하는 일이 제일 재미있어요. 체계성과 시각적으로 정연한 짜임새를 세우고, 그 공간의 인테리어 디자인과 잘 맞게 꾸미는 게 정말 좋아요. 하지만 제가 좋아하는 건 물리적 공간의 정리예요. 제 옷장을 열어 물건들을 다시 정리하면 삶에 대한 만족감이 더 커져요."

옷장을 정리하고 싶은 욕구는 인간의 근본적 동기는 고사하고 동기라고 부르기도 민망할 만큼 별나고 하찮은 욕구처럼 보일지 모른다. 하지만 코린에게는 지극히 개인적인 이 **미시적 동기**micro-motive가 진정성과 성취감이 깃든 삶으로 인도하는 길잡이다.

다크호스들의 삶은 그 자체로 미시적 동기의 특이성을 그대로 보여준다.[8] 예를 들어, 다이애나 스미스Dianna Smith에게는 생물들을 가려내 분류하고 싶은 욕구가 동기를 자극한다. 현재 저명한 균류학자이자 파이오니아밸리균류학협회Pioneer Valley Mycological Association의 수석 감정사로 활동하면서 특이한 균류 표본의 식별 의뢰도 자주 받는다고 한다. "북동부 지역의 버섯류가 제 전문입니다. 버섯을 보면 어떤 버섯인지 알아맞히면서 주요 서식지, 땅속에 숨거나 나무에 붙어서 자라는 생장 습성 등을 자세히 이야기해줄 수 있어요."

파멜라 해치필드Pamela Hatchfield는 문화 유물과 개인적 교감을 맺는 일에 마음이 끌린다. 현재 예술품 보존관리의 일을 맡고 있고, 보스턴 미술관에서 소장품 보존팀의 수장으로 활동하던 중 최근엔 미국에서 가장 오래된 타임캡슐을 여는 기쁨을 누리기도 했다. 그것도 폴 리비어Paul Revere(미국 독립혁명 당시의 우국지사이자 은세공업자―옮긴이)와 새뮤얼 애덤스Samuel Adams(미국의 독립혁명 지도자―옮긴이)가 매사추세츠 주 의사당에 묻어뒀던 캡슐이었다. "유물을 다루다 보면 어느 시점엔가 개인적 교감의 순간이 와요. 동료들과 논의하고 다른 사람들의 조사를 참고하며 그 유물의 소재와 제작된 방법, 세월을 거치며 손상 정도를 파악하다 보면 어느 순간부터 그 유물과 아주 친밀한 교감을 나누게 돼요. 그때가 저에겐 아주 의미 있고 소중한 순간입니다."

하지만 이 단편적 사례만으로는 미시적 동기의 특이성을 제대로 포착하기에 불충분하다. 다이애나는 생물들을 가려내 종류를 알아내는 일을 하면서, 종류를 알아내고 파악해서 다른 사람들에게 이야기해줄 수 있는 것에서 재미를 느낀다. 그것이 균류에 끌리게 된 이유였다.

알바로 하라미요Alvaro Jamarillo는 생물을 가려내 분류하고 싶은 욕구에서는 다이애나와 같지만, 이동성이 있고 빛깔이 알록달록하고 붙잡기 힘든 생물의 분류에 끌린다. 그는 현재 야생조류 전문 관찰자로 활동 중이다. "저는 줄곧 새를 좋아했는데 생물학 박사 과정 중에 조류는 재미가 없으니 대충 넘어가자는 이야기를 들었어요. 생물학 교수님은 조류 대신 에콰도르의 가위개미 연구를 과제로 내주셨죠. 그래서 그곳 정글에 들어갔는데 그 개미에 도통 흥미가 생기지 않았어요. 도리어 주위의 온갖 열대 조류에 눈길이 가서 쳐다보지 않으려 애쓰느라 시간을 다 보내다, 마침내 깨달았죠. 저는 새들을 좋아하는 사람이었던 겁니다. 학구적 프로그램에서 공부하는 것보다 조류를 관찰한 후에 일반인들에게 이야기해주는 것에서 더 큰 충족감을 느꼈어요." 결국 알바로는 자신에게 가장 의미 있는 이상을 따르기 위해 박사 학위 과정을 중도에 그만뒀다. 그 뒤에 직접 알바로의 모험Alvaro's Adventures이라는 회사를 차려 전 세계 곳곳을 도는 탐조 관광상품을 취급하면서 사업을 성공시켰다.

보존복원가인 파멜라 해치필드의 미시적 동기 역시 아주 특이하다. 그녀는 자기류, 작은 입상立像, 탈(가면) 같은 **3차원 입체** 유물과 관계를 맺는 것에 동기를 자극받는다. 문서와 사진 같은 **2차원** 유물에는 별 관심이 없다. "저에겐 종이 위의 평면적 유물은 어쩐지 복제물 같고 3차원 유물은 창조물처럼 다가와요." 하지만 또 한 명의 일류 미술품 보존관리자, 마가렛 홀벤 엘리스Margaret Holben Ellis는 파멜라와 상보 관계의 미시적 동기를 갖고 있다. 그녀만의 특별한 흥밋거리는 뉴욕 예술 대학교 **종이** 문화재 보존복원학부의 유진 토오Eugene Thaw(미국의 아트 딜러이자 컬렉터) 교수라는 학계 내 직함만 봐도 잘 드러난다. 스스로도 "2차원적인 사람"이라고 말하는 마가렛은 17세기 동판화와 중세 필사본, 고대 이집트의 파피루스 고문서를 보존 및 복원하는 작업에 수반되는 높은 부담감에서 오히려 흥미를 느낀다. 이런 작업에서는 단 하나라도 소홀히 결정해서는 안 된다. 종이가 변형되기라도 하면 대체로 회복이 불가능하기 때문이다. 유능한 종이 보존복원가가 되려면, 집중력과 더불어 세세한 부분까지 강박적일 만큼 꼼꼼히 살펴야 할 뿐만 아니라, 그와 관련된 배경지식에도 조예가 깊어야 한다. 하지만 마가렛이 종이 문화재에 애착을 갖는 데는 가장 개인적인 유대감이라는 또 다른 원인이 있다. "저는 위대한 미술품이라고 하면 2차원 작품이 먼저 떠올라요. 렘브란트의 동판화, 뒤러의 판화, 윈슬러 호머Winslow Homer의 수채화 같은 작품이요. 그리고 아무것도 없는 빈 종이만 봐도 흥미가 생겨요."

하지만 미시적 동기의 세계를 제대로 이해하려면 아직도 더 깊이 파고들어가야 한다. 조류 관찰자인 알바로는 아주 짧은 순간에 스쳐 지나간 빛깔을 흘끗 보고 나서 **시각적으로** 새의 종류를 구분하는 것에서 쾌감을 느낀다. 하지만 같은 조류 관찰자이자 미국탐조협회의 주력 잡지인 「버딩Birding」의 편집장 테드 플로이드Ted Floyd는 새들의 지저귀는 소리를 듣고 **청각적으로** 어떤 새인지 구분하는 방식에서 강한 동기가 생긴다. 머릿속으로 새소리의 특징을 감별하는 그의 능력은 굉장히 수준이 높아서 어떤 새소리가 들리든 간에 음의 파형까지 그려낼 수 있다. 그가 그려낸 음파는 초음파 장비에서 기록된 실제 파형과 어긋나는 경우가 없다. 테드는 노랫소리를 듣고 새를 알아맞히는 일에서 실존적 의미를 느낀다. "저는 새의 소리가 새의 모습 못지않게 실존적이라고 생각해요. 그것이 눈에 감지된 광자光子든 우리 달팽이관에 감지된 공기 분자의 진동이든 간에 모두 실존함을 보여주는 여과적 상징이라고 생각해요. 그런 생각이 들 때면 정말 흥미진진해집니다."

폴 메시어Paul Messier 역시 미술품 보존복원가로 2차원 유물 분야, 즉 사진을 다루는 것을 좋아한다. 현재 예일 대학교의 렌즈미디어 연구소 소장이자 러시아 상트페테르부르크 소재 예르미타시 미술관Hermitage Museum 사진복원 사업부 공동 총괄단장을 맡고 있다. 하지만 종이 문화재 보존복원가인 마가렛이나 입체 유물 보존복원가인 파멜라와는 달리, 유물과의 교감이 그의 주된 욕구가 아니다. 그의 동기를 가장 자극하는 것은 탐정 수사의 스릴이다. 폴은 사진의 진위성을 가려내는 방면에서 최고의 권위자로 꼽히며, 위조를 밝혀내는 실력으로 세계적 인정을 받고 있다. 게다가 조작된 사진을 찾는 최고의 실력자가 되고 싶어서 참고자료로 사진 원지를 수집해왔는데, 그 규모가 세계 최대 수준에 이를 정도다.

평면적 유물에 동기가 샘솟는 또 한 명의 전문가인 키스 클라크 Keith Clarke의 경우는 또 다르다. 그는 어린 시절부터 아주 특별한 2차원적 대상, 즉 지도에 흥미를 느꼈다. 평면적 유물에 끌리는 보존복원가들과 어느 정도 비슷하게 감각적 색채, 깔끔한 윤곽, 시각적으로 흥미로운 구도 등의 특징에서 매력을 느끼기도 했다. 하지만 가장 심취한 부분은 **정보적** 특징이었다. 지식과 자료를 고밀도로 압축시킨 지도의 특징에 푹 빠져들었다. 현재 키스는 세계적으로 알아주는 지도 제작자이자, 보다 정교하고 추상적인 정보를 보여주는 면에서 종이 지도를 밀어낸 디지털 지도 제작의 선구주자다. 지금까지 다양한 조사도 진행했다. 그 대표적인 사례로는 냉전 체제의 위성 이미지, 빙하의 이동, 숨겨져 있던 고고학 유적지의 발견, 브라질 삼림대의 고갈, 세계 최고最古 지도의 발굴 등이 있다.

다크호스들은 '경쟁욕'이나 '창조욕' 같이 사람들이 흔히 끌리는 보편적 동기와 자신만의 고유한 열망, 취향, 끌림에 따라 미세하게 조율된 특별한 동기 사이의 극명한 대비를 잘 부각시킨다. 충족감을 얻고 싶다면 남들이 강요하는 열정이 아니라 당신의 항해에서 순풍을 타게 할 열정이 **정확히** 무엇인지 알아야 한다. **자신의 미시적 동기 깨닫기**Know Your Micro-Motives가 다크호스형 사고방식에서 첫 번째 요소이자 가장 중요한 요소인 이유가 여기에 있다. 표준화 계약에서 강요하는 바를 위해 자신만의 고유한 흥미를 평가절하하면 결국엔 결과가 좋지 않다.

사울 샤피로Saul Shapiro가 그것을 뼈저리게 느낀 장본인이다.

지극히 사소한 동기의 위력

사울은 특이해 보이는 미시적 동기에 빠진 사람이다. 물건들을 자신의 손으로 직접 가지런히 정렬해야 직성이 풀린다. 쇼핑카트의 비틀거리는 바퀴나 기울어진 그림 액자와 같이 어긋나 있는 물건을 보면 어떤 보이지 않는 도르래에 잡아끌리듯이 그 틀어진 부분을 바르게 맞추고 싶은 마음이 절로 생긴다. 이와 같은 물건의 정렬 욕구는 보편적 동기에는 포함되지 않을 테지만 사울에게는 진정하고 강렬한 욕구이자 지극히 개인적인 욕구다.

사울이 대학 재학 시절에 가장 충족감을 느꼈던 추억 중 하나는 목공 디자인 수업이었다. 그 수업에서 교수님이 나무 토막을 손으로 직접 조각해서 구형을 만들라는 과제를 내준 적이 있었는데, 사울은 그 과제에 푹 빠져들었다. 정육면체를 끌로 파내 대략적인 구

모양을 잡은 후에 가방에 넣어 어딜 가든 가지고 다녔다. 하루 종일 가방 안에 손을 넣어 울퉁불퉁한 부분이 없는지 더듬더듬 만져봤다가 나중에 사포로 그 부분들을 매끄럽게 다듬었다. 그렇게 불완전한 부분을 제거할 때면 만족감이 밀려들었다. 사울이 그 구형 조각품을 완성시켜 제출하자 교수님은 놀라움을 감추지 못했다. 곡도를 꼼꼼히 살펴본 교수님은 기계를 쓴 게 아니라는 사울의 말을 믿지 못했다. 사울이 어떤 식으로 정성을 들여 그런 구형을 만들었는지 자세히 이야기하자 그제야 그런 조각품은 처음 봤다며 감탄했다. 사울이 조각한 구형은 그야말로 완벽했다.

'대단하군…… 그런데 그딴 별난 동기거리를 어디에 써먹지?' 혹시 이런 생각을 하고 있다면 오판이다. 한 예로 사울의 이런 특이한 동기는 환자들의 휘어진 치아를 가지런히 맞추는 것이 주된 일인 치과교정학에서 유용할 것이다. 사울이 선택한 직업에서도 유용한 동기다. 그는 1980년대에 기술적 난제를 해결하지 못해서 애먹고 있던 기업에 엔지니어로 고용됐다. 그 난제란 구식 동선銅線의 전기신호를 광섬유 케이블의 레이저 신호로 전환시킬 물리적 인터페이스를 만드는 문제였다. 이런 공학적 문제가 상당히 까다로웠던 이유는 모래알 크기의 반도체 칩을 인간의 모발 굵기인 섬유와 정확히 정렬시켜야 했기 때문이다. 그것도 100만 분의 1미터 이하 오차 내의 정확도가 요구됐다. 사울이 채용될 당시에 그 회사를 비롯해 어느 곳에서도 정확한 정렬 작업을 위한 돌파구를 뚫지 못하고 있었다. 하지만 사울에게는 그것이 자신의 가장 강렬한 미시적 동기에 호소하는 문제였다. 사울은 결국 남의 도움 없이 자신의 두 손으로 문제를 해결했다.

사울의 인터페이스는 통신업계 전반에서 폭넓게 채택됐다. 그의 말마따나 "사람들이 스프린트ₛₚᵣᵢₙₜ(이동통신사)의 네트워크를 이용할 때 대개는 제가 만든 기기로 통화하는 셈일 때도" 있었다.

사울의 기기 덕분에 그의 고용주는 떼돈을 벌어들였다. 하지만 사울이 받은 보너스는 얼마 되지 않았다. 이전까지만 해도 사울은 공학 분야의 일에 만족했지만 슬슬 자신의 역할에 의문이 생겼다. "MBA 학위 소지자들이 프리젠테이션을 하고 저보다 훨씬 많은 돈을 벌면서 회사를 운영하는 모습도 보게 되자 어느 순간부터 저도 그런 사람들처럼 되어야겠다는 마음이 생기더군요."

그래서 충족감을 느끼던 공학 분야의 커리어를 접고 중간관리직으로 전업했다. 솔직히 말해서 사울의 미시적 동기들은 종합적으로 볼 때 관리직과는 어울리지 않았다. 그는 남들을 감독하거나 남들을 믿고 일을 맡기는 업무를 즐기는 사람이 아니었다. 친화력 있고 성격이 좋긴 했지만 인맥 쌓기, 사내 정치, 남들에게 아이디어 설명하기, 남들을 설득하여 자신의 견해에 동조시키기 따위에는 별 흥미를 느끼지 못했다. 그의 가장 강렬한 미시적 동기는 손을 써서 일하기, 전기장치와 기계장치 만지작거리기, 수학 계산하기, 혼자 일하기, 그리고 물건 정렬하기 같은 것이었다. 이런 동기들은 관리자로 일하는 동안 뒷전으로 밀려나다시피 했다. 사울은 이런 다양한 미시적 동기들을 두 가지 욕구(더 많은 수입을 받고 싶은 욕구와 회사 전략에 대한 발언권을 높이고 싶은 욕구)와 맞바꿨다.

사울은 MIT 슬론경영대학원에서 MBA에 상응하는 학위를 딴 후 미디어 및 기술관련 업체 몇 곳에서 중간관리자로서 잇따른 우여곡절을 겪으며 16년의 세월을 보냈다. 그러다 50세에 접어들면서부터는 부침이 심하고 만족감이라고는 별로 없는 기업 관리자로서의 여정도 막을 내렸다. 난생 처음으로 취업에 어려움을 겪었다.

안타깝게도 사울은 예전 직업으로 복귀할 수도 없었다. 공학 분야에서 손을 놓은 지 20년이 넘었고 그 사이에 인터넷의 급격한 발달로 업계 판도가 확 바뀌어서 그의 공학 기술은 시대에 뒤처져도 한참 뒤처져 있었다. 사울은 50대 초반의 나이에 세무대행업체 H&R블록H&R Block에서 세무사 겸 영세 온라인 세무대행업체의 신규 고객 모집자로 일하게 됐다. 애초에 직업을 바꿨던 이유가 무색하게도 삶을 뜻대로 펼치지도 큰 돈을 벌지도 못한 채였다.

바로 이때 터닝포인트가 찾아왔다.

그는 아주 의미 있는 삶을 사는 한 가지 방법이 스스로가 사장이 되는 것임을 잘 알았다. 하지만 마케팅과 홍보에는 별 흥미가 없었기 때문에 무턱대고 사업 세계에 뛰어들고 싶진 않았다. 그래서 자신의 재력으로 가능하면서도 입증된 사업 모델로 창업할 생각으로 적당한 프랜차이즈를 찾아보기로 했다.

사울은 가맹 중개인을 만나 자신의 예산에서 뉴욕 시 인근에 입점할 만한 프랜차이즈 여러 곳을 소개받았다. 그중 한 곳은 노년층 대상의 실버산업업체였는데 영 마음이 끌리지 않았다. 직업소개업체도 있었지만 인력 모집과 직원 채용은 사울이 질색하는 분야였다. 그런데 사울의 눈을 확 사로잡는 프랜차이즈가 하나 있었다.

업홀스터리 가구(업홀스터리는 보통 천이나 가죽으로 소파나 침대를 씌우는 가구 제작 방식을 일컫는 말—옮긴이) 수선업체였다.

사울은 그런 일을 해본 적이 거의 없었지만 이내 감이 왔다. 업홀스터리 가구 수선에서 성공하려면 기존의 천과 질감, 색감에 잘 조화되게 수선하는 능력이 중요할 것 같았다. 그런 일이라면 자신이 즐겁게 할 만한 분야였다.

직원들을 감독할 필요 없이 '1인 사업체'로 운영할 수도 있었다. 자신이 직접 일을 하면서 노동의 결실을 바로 볼 수 있다는 점도 마음에 들었다. 고객의 거주지나 사무실로 가서 수선 작업을 하면 되니 사무실을 따로 얻지 않고 자택에서 사업체를 운영할 수도 있었다. 게다가 뉴욕 시 곳곳을 돌아다닐 테니 이동할 때는 자신이 즐겨 타는 오토바이를 이용하면 될 것 같았다.

사울은 2013년 57세의 나이에 맨해튼에 파이버뉴업홀스터리리페어Fibrenew Upholstery Repair 가맹점을 열었다. 집안에서 대대로 써온 암체어의 해진 귀퉁이를 수선하거나, 가죽소파의 얼룩을 제거하거나, 자동차 시트의 인조가죽이 찢어져서 기워야 한 적이 있다면 잘 알 것이다. 티 나지 않게 감쪽같이 수선하기란 여간 힘든 일이 아니다. 하지만 사울은 자신의 가장 열렬한 동기들을 총동원할 수 있었던 덕분에 이런 수선 작업에서 금세 뛰어난 실력을 키웠다.

현재 사울은 빼어난 수선 실력에 힘입어 끊이지 않고 의뢰를 받고 있으며 고객들에게 호평을 받고 있다. 의뢰 고객들 중에는 브로드웨이 공연장과 TV에 출연하는 유명인, 타임스퀘어 소재의 여러 호텔, 산업체 거물들도 있다. 또 2015년에는 「뉴욕New York」지에서 가죽소파 수선의 뉴욕 최고 장인으로 선정된 바 있다.

"저를 제일 잘 아는 사람들이 들으면 다들 맞장구칠 테지만 현재 저는 다른 일들을 하면서 살 때에 비해 더 행복합니다. 거의 매일 즐겁게 일하고 있고 금전상으로도 안정적입니다. 생계를 저의 본성과 정렬시킬 방법을 마침내 찾아낸 셈이죠."

비판 게임

자신의 미시적 동기 깨닫기가 중요하다는 사실을 인정한다고 해도 그런 동기를 헤아리는 일은 불가능한 과제처럼 느껴지기 쉽다. 말하나 마나 뻔한 이야기지만 그런 동기들은 나 여기 있소, 하면서 스스로 모습을 보이지 않는다. 그나마 다행이라면 내면에 숨겨진 미시적 동기를 움켜잡아 밝은 곳으로 꺼내기 위해서는, 당신이 날마다 하는 본능적 활동을 활용하는 것도 한 방법이다.

우리가 '비판 게임the game of judgment'이라고 이름 붙인 방법이다.

지난주에 동료들이나 케이블 뉴스의 앵커든, 아니면 호텔의 체크아웃 대기줄에서의 어떤 낯선 사람이든 간에 그 사람을 지켜보다 비판한 적이 몇 번이나 되는가? 대체로 사람들은 이런 즉흥적 비판을 남들의 됨됨이를 판단하는 방법으로 주로 활용한다. 이제부터는 이 비여과적 반응을 당신 자신을 이해하기 위한 방법으로도 활용해보자.

당신의 미시적 동기는 무의식 속 자아에 뿌리박힌 강하고 지속적인 감정들의 집합이다. 이런 감정 중에는 미묘한 선호와 솔직한 욕구, 내적인 열망도 있다. 비판 게임을 펼치는 목적은 남들에 대한 본능적 반응 방식을 이용해 이런 감정선에 실시간으로 초점을 맞춰 그 근원을 추적하려는 것이다.

비판 게임은 3단계로 나뉜다. 첫 단계는 누군가를 비판하려 드는 순간을 의식하는 일이다. 우리는 누구나 늘 누군가를 비판한다. 남들에게 반응하는 것은 인간의 본성이다. 그 대상이 상황에 따라 우편 집배원이든, 경찰관, 안마사, 이웃, 매장 점원, 트위터에 정치 견해를 밝힌 누군가 등으로 바뀔 뿐이다. 이제부터는 남들을 비판하려는 **그 순간**을 의식해서 의식적으로 자신의 반응을 살펴보자.

두 번째 단계는 반사적으로 누군가를 비판할 때 일어나는 감정을 살펴보는 일이다. 미시적 동기의 단서를 포착할 만한 적기는 이렇게 뚜렷한 반응이 일어나는 순간이다. 그 반응이 긍정적이든 부정적이든, 또 칭찬을 하든 비난을 하든 그것은 중요하지 않다. 감정이 뚜렷하게 드러나기만 하면 된다. 명심하기 바란다. 이때의 의도는 당신의 진정한 마음 속 감정에 닿으려는 것이다.

세 번째 단계에서는 그런 감정을 느끼는 **이유**를 자문해보면 된다. 이제는 스스로에게 솔직해질 시간이다. "자신을 속여서는 안 된다. 이 세상에서 당신 자신만큼 속이기 쉬운 상대도 없다." 물리학자 리처드 파인만Richard Feynman이 이 예리한 명언으로 잘 표현한 바 있다. 당신이 그 사람의 삶을 살았다면 뭘 좋아하고 뭘 싫어했을지 생각해봐라. 예를 들어, 유명인의 인터뷰 장면을 보다가 '부나 명성을 좇으면 진정한 행복을 얻을 수 있을까?', 라는 생각이 든다면 돈과 세상의 갈채는 당신에게 강한 동기 요인이 아닐 것이다. 반면에 사울 샤피로의 사례를 보고 '뭐야…… 이 사람은 업홀스터리 가구 수선 일을 하잖아. 이런 걸 성공이라고 할 수 있을까!', 라는 반응이 나온다면 당신 자신에 대해 중요한 사실이 한 가지 드러난다. 당신에게는 지위와 갈채가 아주 중요한 의미인 것이다. 어떤 반응이 나오든 거리낌 없이 그대로 인정해야 한다. 충족감을 얻기 위해서는 그것이 무엇이든, 당신의 열정에 불을 붙이는 것이 무엇인지에 대해 솔직해져야 한다.

명심하기 바란다. 비판 게임의 목적은 다른 사람들의 장단점을 냉정히 평가하는 것이 아니다. 초점 대상은 **남들**이 아니다. 객관적인 척 꾸며서도 안 된다. 그러면 목적에 어긋난다. 여기서 목적은 강하게 일어나는 감정 반응을 이용해 당신 자신의 숨겨진 욕구의 윤곽을 찾아내는 것이다.

표준화 계약이 너무 만연되어 있고 입지가 굳건하다 보니, 이 비판 게임에서 가장 큰 난관은 보편적이라고 여겨지는 특정 동기들에 자극을 받아야 **마땅하다**는 인식을 뿌리치는 것이다. 이 인식을 뿌리치지 못하면 자신만의 욕구를 간과하거나 얕보게 된다. 하지만 비판 게임은 표준화 게임이 걸어놓은 그런 주문을 깨는 데도 유용하다. 단, 그러려면 주의력과 세심함을 발휘해야 한다. 예를 들어 다음과 같이 해보면 된다. 어떤 공원 경비원을 유심히 살펴보면서 '하루 종일 밖에 나와 자연 속에서 지내면 정말 근사하겠다!'라는 생각부터 떠오를지 모른다. 아니면 빚수금 대행업자를 보고 '우와, 빌린 돈을 떼어먹은 사람들을 찾아내 돈 갚으라고 채근하는 것도 정말 할 만한 일이겠어!' 하는 반응이 가장 먼저 나올 수도 있다. 이쯤에서 게임을 접어선 안 된다. 계속해서 자신의 감정을 최대한 꼼꼼히 살펴야 한다. 공원 경비원을 비판하다 보면 이런 느낌이 들 수도 있다. '야외에서 일하는 게 근사하긴 하겠지만 외로울 것도 같네. 나는 매일같이 혼자 일하는 건 못 견딜 것 같아.' 그러면 이제 두 개의 잠재적인 미시적 동기를 찾아낸 셈이다. 자연에 둘러싸여 있고 싶은 욕구와 지속적인 사회적 유대감을 맺고 싶은 욕구를 깨달은 것이다. 빚수금 대행업자를 비판한 사례의 경우엔 빚을 떼먹은 사람을 추적하는 과정이나 빚을 갚게 채근하는 행동 중 어느 쪽에 심장이 더 빠르게 뛸지 따져볼 만하다. 잡히지 않으려고 피해다니는 사람들을 잡는 일에 가슴이 설렐 것 같은지, 아니면 아무도 나서지 못할 때 자신이 나서서 정의를 집행하며 페어플레이의 대행자 역할을 하는 것에서 희열을 느낄지 곰곰이 생각해보면 된다. '자신의 미시적 동기 깨닫기'의 문제에서는, 어떤 경우든 세심히 파헤치는 것이 관건이다.

비판에서는 으레 상황보다 사람을 먼저 비판하기 십상이다. 타인은 뇌에 자동적으로 뚜렷한 감정을 촉발시키는 반면, 상황은 (친숙한 상황일수록 특히 더) 스스로를 의식적으로 자극해 주의하지 않는 한 뚜렷한 감응이 일지 않는 경우가 많기 때문이다. 하지만 일단 타인에 대한 즉흥적 반응을 활용할 줄 알게 되면 비판 게임을 모든 경험 상황으로까지 확장시킬 수 있다.

새로운 상황에 맞닥뜨려 있든 거의 매일 마주치는 상황에 놓여 있든 간에 당신이 그 상황에서 **정확히** 어떤 점을 좋아하거나 싫어하는지 주의 깊게 살펴봐라. 가령 당신이 학생이라고 해보자. 따분함을 느끼거나 수학 수업에서 쩔쩔매고 있다면 그 감정의 정확한 근원에 초점을 맞춰보면 된다. '난 수학이 싫어'처럼 간단히 생각하고 끝내선 안 되고 다음처럼 자세히 따져봐야 한다. 선생님의 단조로운 말소리 때문에 수업 내용이 귀에 잘 들어오지 않아서 차라리 교재를 읽는 편이 낫겠는가? 다른 학생들과 너무 가깝게 앉아 있는 것이 거북해서 좀 더 떨어져 앉고 싶은가? 오랜 시간 아무 말 없이 앉아 있으려니 힘들어서 다른 사람들과의 교감하고 싶은가? 사실과 방정식보다는 이야기를 듣고 싶은가? 이런 반응 하나하나가 아주 다양한 미시적 동기를 내비치는 것이다.

감정 반응을 잘 의식할 줄 알게 되면 삶 전반이 자기이해self-understanding의 실험장이 될 수도 있다.

비판 게임은 요령을 터득하기까지 시간이 좀 걸리지만 표준화 계약이 공식적 대안으로 제시하는 방법인 표준화 시험보다 신뢰성과 효율성이 훨씬 높다. 현재 고용주들과 진로지도 교사들이 해마다

수천만 명의 직원과 학생들의 동기를 평가하는 데 이용하고 있고 저명한 사회과학자들의 지지를 받는, '진로 테스트'가 수백 개에 이른다. 진로 테스트 제작자들이 어떤 주장을 하든 간에, 이 테스트는 당신만의 고유 동기 패턴을 찾아줄 목적으로 설계되는 것이 아니라 당신의 응답이 해당 분야의 '평균적 전문가'의 응답과 얼마나 비슷한지 가려내기 위해 설계된다. 진로 테스트는 잘해봐야 보편적 동기나 평가하고 시답잖으면 포괄적 동기나 평가할 뿐이다.

게다가 동기의 표준화식 평가에서는 예외 없이 당신의 동기 성향에서 가장 중요한 특징을 잘못 해석하거나 외면하기 마련이다. 즉, 한편으론 타인들과 어울리고 싶으면서도 또 한편으론 혼자 있고 싶은 경우처럼 서로 모순된 동기들의 존재를 등한시한다.

끈기, 투지, 용기 같은 일차원적 평가 기준을 받아들이면 모순적 동기들은 쓸데없는 것으로 취급받는다. 순응하고 싶은 바람 못지않게 반항하고 싶은 바람도 강할 경우 투지를 어떻게 평가하겠는가? 반면에 미시적 동기의 다양성을 인정하고 받아들이면 지극히 상반되는 열망들조차 하나의 목표의식으로 통합되어 적절히 활용할 수 있다.

미시적 동기의 다양성

킴 다우Kim Dau는 애틀랜타 교외의 로스웰에서 자랐다. 그녀의 아버지는 베트남 난민으로 사이공의 몰락 이후인 1975년에 미국으로 이민왔다. 미국 태생의 어머니는 독실한 가톨릭교 집안 출신이었다. 아버지와 어머니는 비교적 엄한 편이었고 학업적 성공이 경제적 안정을 얻는 가장 확실한 방법이라고 믿었다. "저는 학교생활을 잘하는 일이 정말 중요하다고 생각했어요. 수업시간에 선생님의 말씀을 열심히 듣고, 숙제를 잘해가고, 규칙도 잘 따랐죠." 그 결과 그녀는 꾸준히 평균점수 A를 받으며, 공부 잘하고 근면하고 말을 잘 듣는 모범생으로 칭찬받았다.

킴은 특히 생물 과목에 흥미를 느꼈다. "생물 수업 중에서도 소화계 부분이 너무 흥미진진해서 푹 빠져들었어요. 처리기관과 보조 처리기관들이 서로 복잡미묘하게 맞물려 있는 복잡한 소화계 말이에요. 그 동작 부위들을 하나하나 떠올리면서 이 정교한 소화계의 절묘함과 수수께끼를 생각하는 게 재미있었어요." 그녀는 생물학에 쏠리는 흥미를 살리기 위해 의사라는 전통적 진로를 택했고 부모님은 기쁜 마음으로 응원해줬다.

킴은 권위자들에게 좀처럼 이의를 달지 않는 모범생이었다. 적어도 고등학교 1학년에 올라가기 전까지는 그랬다. 그때 어떤 음악을 듣고 나서 세상에 대한 새로운 인식에 눈뜨게 됐다. "열네 살 때 토리 에이모스Tori Amos(미국의 싱어송라이터-옮긴이)의 풍부한 성량과 가공되지 않은 가사가 마음에 와닿았어요. 그 뒤에는 아니 디프랑코Ani DiFranco와 코트니 러브Courtney Love의 노래도 듣기 시작하면서 흡인력 강한 노래를 통해 자신들의 고통과 인간애를 전하는 정체성 강한 두 여성 가수에게 빠져들었어요. 그러다 태어나서 처음으로 정치 문제를 진지하게 의식하게 되었죠."

킴의 고등학교 친구들 대부분은 그녀처럼 높은 성적을 받는 책벌레들이었다. 하지만 음악을 계기로 각성한 이후부터 그녀는 다른 부류의 아이들에게 마음이 끌렸다. 밴드 활동을 하면서 툭하면 수업을 빼먹고 마리화나를 피우던 반항적이고 성적이 부진한 무리였다. 그중에는 끝내 고등학교를 중퇴한 아이들도 있었다. "저는 마약은 하지 않았어요. 수업을 땡땡이친 적도 없고요. 하지만 그 애들과 자주 어울렸어요. 전혀 다른 두 세계를 넘나들 수 있다는 것에 어쩐지 마음이 끌렸어요."

서로 다른 두 세계에 머물고 싶은 생각은 의학을 대하는 자세에도 파고들었다. 킴은 과학의 계몽적 영향력을 진심으로 신뢰했지만, 자신의 베트남계 뿌리에 대한 개인적 호기심도 점점 커졌다. 어렸을 때는 아버지가 고국 이야기를 좀처럼 들려주지 않아 잘 몰랐는데, 고등학교 졸업 무렵엔 자신이 태어나기도 전에 세상을 떠난 할아버지가 약초와 침술로 병을 치유하던 분이었다는 것을 알게 됐다. 알고 보니 프랑스에 살고 있는 삼촌 역시 침술사였다. 그녀는 어느 순간부터 대체의학에 대한 관심이 부쩍 높아지면서 보건과 건강을 바라보는 대체의학의 관점이 서양의학과는 크게 다르다는 사실을 의식하게 됐다.

하지만 대체의학의 가치를 느꼈던 이 초반의 인상은 진로 계획을 흔들 정도까지는 아니었다. 킴은 듀크 대학교에 지원해서 합격했다. "저는 의대에 진학해 의사가 되려는 확실한 목표에 따라 의예과 과정으로 생물학을 전공했어요. 하지만 1학년 과정이 끝나갈 무렵 또 다른 흥미에 끌려서 목표의 방향이 바뀌기 시작했어요."

킴은 2학년 때 초빙 강사진에 에이미 맥도날드Amy McDonald가 포함된 의학 과정을 수강했다. 에이미는 듀크 의과대학 학부의 간호사였으나 조산사도 맡고 있었다. 자격증을 소지한 공인 간호·조산사certified nurse-midwife, CNM였다. "에이미 덕분에 새로운 관점에 눈뜨게 됐어요. 당시에 에이미는 의료 시스템의 일원으로 일했어요. 명망 높은 대학에서 명망 높은 의료 전문가로 활동하면서 높은 급여를 받고 유리한 퇴직급여까지 보장받고 있었죠. 하지만 그 시스템에 반기를 들어 변화를 이끌기 위해 힘쓰고 있기도 했어요. 저는 도서관에 가서 조산술 관련 자료를 찾아보다가 금세 뭔가 통하는 느낌을 받았어요. 시스템의 일원이 되고 싶으면서 또 한편으론 그 시스템을 변화시키고 싶어졌어요."

에이미는 주류 의료조직의 일원이었지만, 당시엔 아직까지 조산술을 정당하게 인정하고 꼭 필요한 역할로 보는 공감대가 자리잡혀 있지 않았다. 대다수 의사들은 조산사를 분만이라는 중대한 분야를 주제넘게 침범하는 존재쯤으로 탐탁잖게 바라봤다. 에이미를 비롯한 조산사들은 그런 태도를 바꾸기 위해 열심히 노력했고, 자신들이 임산부들에게 가부장적인 의료조직에게 침해된 자존감과 자결권을 어느 정도 회복시키고 있다는 자부심을 가졌다.

킴은 우리와의 인터뷰에서 몬티 파이튼Monty Python(코미디에서 비틀스에 비견될 만큼 영향력을 가졌던 영국의 6인조 코미디언 그룹—옮긴이)의 코미디 영화 〈삶의 의미The Meaning of Life〉에 나오는 한 장면을 거론했다. 그 장면이 현대식 분만 과정에 대한 자신의 각성적 인식을 그대로 대변하고 있다고 말했다. 해당 장면은 배우 존 클리즈John Cleese와 그레이엄 채프먼Graham Chapman이 병원의 산과의사로 나오는 부분이다. 두 사람은 분만을 돕기 위해 분만실로 호출된다. 분만실에는 갖가지 대형기계들이 갖춰져 있는데도 채프먼은 투덜거린다. "이 분만실은 장비가 왜 이렇게 빈약해."라면서 뒤이어 요청한다. "간호사, 장비 좀 더 가져다 줘요!" 간호사들은 그 즉시 카트에 삑삑대고 번쩍거리는 장비들을 잔뜩 싣고 오고 이제 분만실은 우주왕복선의 비좁은 조종석을 방불케 한다.

"됐어. 이제 훨씬 훨씬 나아졌군." 클리즈가 만족스러운 기색을 내비쳤다가 다시 덧붙인다. "그래도 아직 뭐가 빠진 것 같은데?" 두 의사는 주위를 빙 둘러보다가 동시에 말한다. "맞다, 환자!"

간호사가 기계들이 높은 벽처럼 둘러싸인 곳 뒤에서 임신부를 찾아낸다. 두 의사는 분만실에서 남편을 내쫓고("이 방엔 관련자가 아니면 출입금지입니다!") 임신부가 마땅히 할 만한 요구를 하는데도 입 다물고 조용히 하라고 한다("부인, 아무 말 마십시오. 그건 안 됩니다"). 그러다 의료진이 가만히 지켜보고 있는 가운데 채프먼이 서둘러 아기를 꺼내더니 산모의 얼굴 앞으로 갓난아기를 아주 잠깐 흔들어 보인 후 냅다 소리친다. "아기를 진정시켜!" 간호사들은 아기를 바퀴 달린 아기침대에 눕혀 데리고 나가고, 채프먼은 졸고 있는 산모에게 출산 모습은 집에서 비디오로 감상하게 해주겠다고 말한다.

킴은 여자들이 자신의 몸을 통제하고 자신의 출산 과정을 결정하는 데 보다 큰 자유를 누리면서 그 아기를 돌봐줄 사람들이 곁에 있는 분위기에서 출산하도록 돕고 싶었다. 킴의 미시적 동기 몇 가지는 간호·조산사가 되려는 새로운 목표에서 잘 활용됐다. 출산 과정은 일종의 복잡한 생리체계이며, 바로 그런 체계가 이 분야를 탐구해 통달하고 싶게끔 킴을 끌어당긴 동기였다. 규칙에 따르는 조직의 일원이 되고 싶은 욕구도 이 목표를 통해 충족됐다. 여전히 의료조직과 학계의 일원이 되고 싶은 마음은 변함없이 강하기 때문이다. 하지만 얼핏 보기에 서로 모순적인 욕구, 즉 조직을 개혁시키고 싶은 욕구도 충족됐다. 말하자면 강한 정치적 메시지가 담긴 토리 에이모스 같은 뮤지션의 가사를 들으며 처음 각성됐다가 대체의학에 관심을 갖도록 자극했던 그 욕구도 충족된 것이었다. "저에게 간호·조산사가 되려는 꿈은 변화를 이끄는, 그러니까 의미 있는 변화를 유도하는 한 방법이었어요."

킴은 듀크 대학교를 졸업한 후에 캘리포니아 대학교 샌프란시스코 캠퍼스의 간호 프로그램 과정에 합격하며 CNM이 되기 위한 첫걸음을 떼었다. 합격 후에 그녀는 북미의 여러 조산 시설을 돌아다니며 실습생으로 일하고자 1년 동안 등록을 연기했다. 하지만 청소년기에 '반항아들'과 우정을 쌓았던 것처럼 그 1년의 상당 기간 동안 CNM들이 아닌 공인 조산전문가certified professional midwife, CPM들에게 배움을 얻었다. CPM은 다수의 주에서 인정받지 못하고 있으며 대체로 주류 의료기관이 아닌 곳에서 활동하고 있다. 이들은 CNM들보다 더 반체제적인 성향을 보이는 편인데, 킴은 탐방을 다니며 이들의 독자적인 문화와 자율적 생활방식을 적극 체득했다.

킴은 멕시코, 뉴멕시코 주, 텍사스 주, 오리건 주, 워싱턴 주의 여러 시설에서 시간을 보내다가 마침내 샌프란시스코의 간호대학원에 입학해 간호·조산술 및 여성보건 부문의 석사 학위를 취득했다. 졸업 후 CNM이 된 킴은 듀크 대학교 메디컬 센터로 돌아와 옛 스승인 에이미 밑에서 의료진으로 일했다. 이곳에서 '아기를 받는' 산파 일을 일상적으로 수행하면서 차츰 자신의 미시적 동기들에 담긴 의외의 미묘한 차이를 더 잘 이해하게 됐다. 아기를 받는 일에 대한 존경심은 예나 지금이나 진심이었지만, 다른 분야에 더 열정이 있다는 사실을 깨달았다. 임신부들의 자율성이 더 많이 존중받고 가족들의 건강과 만족감, 존엄성에 중점을 맞추도록 의료계에 대폭적 변화를 유도하는 일이었다. 그녀는 여전히 복잡하게 얽힌 시스템에 흥미가 있었고, 이런 흥미를 활용할 최선의 방법은 미국의 입법 과정에 적극 참여하는 것이었다.

"저는 새크라멘토(캘리포니아 주의 주도)에서 출산과 조산 관련 보건의료 법안들의 통과를 위해 활동했어요. 그중 한 법안은 부결되었고, 한 법안은 여전히 논의 중이고, 또 한 법안은 법제화되었죠."

현재 킴은 샌프란시스코의 캘리포니아 대학교에서 간호·조산 교육 프로그램 학과장으로 재임 중이다. 이 학과장 직위는 장차 의료조직에 진출해 독자적 변화를 이끌어갈 새로운 세대의 조산사들을 교육하는 책무가 맡겨진 만큼, 그녀의 삶에서 가장 충족감을 안겨주는 자리다. 킴은 캘리포니아 간호·조산사협회의 보건정책 위원회 의장으로 활동하면서 조산 관련 입법 활동도 꾸준히 이어가고 있다. 2013년에는 미국 간호·조산 대학교American College of Nurse-Midwives로부터 공공정책상을 받았고, 2014년에는 주내 입법 활동에 힘쓴 공로를 인정받아 캘리포니아 간호·조산사협회로부터 보건정책상을 수상했다.

킴은 진정성과 성취감으로 충만한 삶을 살고 있다. 또 비주류층과 주류층, 그리고 실사회와 동떨어진 학계와 현장에서 뛰는 실무진으로부터 두루두루 큰 존경을 받고 있다. 표준화된 관점에서는 킴의 동기가 상반되는 두 목표 사이에서 오락가락하는 우유부단하고 모호한 태도로 보일 것이다. 하지만 그녀의 개인화된 성공은 상충하는 미시적 동기들을 고급 연료로 전환해 동력으로 쓸 수 있음을 잘 보여준다.

열정의 설계와 조합

서양 사회에서는 툭하면 **열정을 좇으라**follow your passion고 강요한다. 이런 식의 강요에서는 열정을 우리 내면의 깊숙한 에너지원에서 솟아나는 단방향성 원동력처럼 간주한다. 언제나 북쪽을 가리키는 지구 외핵에서 발생되는 자기장처럼 말이다. 이런 관점에 따르면 열정을 억누르거나 다른 방향으로 돌려선 안 된다. 흔들림 없이 날아가는 열정의 화살과 조율시키는 경우가 아니라면 삶의 방향을 바꿔선 안 된다.

이런 방식은 표준화 계약 내에서 찰떡궁합을 이룬다. 표준화 계약에서는 전문직을 꿈꾸는 이들이 단순한 일차원적 동기에 주목하는 것을 선호하기 때문이다. 표준 공식에서는 목적지를 의식하도록 강요한다. 즉, 일단 동기 성향을 하나의 불타는 원동력으로 정리한 후에, 고정불변의 열정 진로를 따라 나란히 뻗은 까마득한 커리어 목적지를 정하도록 강요한다. 예를 들어 의료 분야에 열정이 있다면 의대 진학을 위한 사다리에 올라타라고 강요한다. 컴퓨터 분야에 열정이 있다면 실리콘밸리에 일자리를 얻기 위한 교육 궤도를 세우라고 지도한다.

다크호스형 사고방식은 이런 식의 관점을 거부한다. 다크호스들에게는 열정이 다차원적이고 역동적이다. 그리고 무엇보다도 자신의 의도적 통제에 따른다. 다크호스들은 열정이 좇아갈 대상이 아니라 **설계 가능한** 대상임을 깨우쳐 보여준다.

열정 설계에서 관건은 내면에서 가장 뜨겁게 불타오르는 하나의 동기를 좇는 것이 아니라, 가능한 한 여러 다양한 동기를 의도적으로 활용하는 것이다. 찾아내서 활용할 수 있는 미시적 동기들이 뚜렷할수록 삶의 몰입도도 그만큼 높아진다. 코린은 정리 전문가가 되려는 열정이 있는 사람이라고 말해도 되지만 단순히 그렇게만 볼 수는 없다. 그것은 그녀의 동기 성향의 다채로운 범위를 간과한 것이다. 코린이 자신의 일에 열정을 느끼는 이유는 그 일이 여러 다양한 개인적 열망을 충족시키기 때문이다. 물리 공간의 정리 열망과 남들을 돕고 싶은 열망(코린은 재택근무하는 전문직종 엄마들을 돕는 일에서 특히 더 즐거움을 느낀다), 날마다 다른 뭔가를 하고 싶은 열망, 사장으로서 사업을 주도하고 싶은 열망, 성장시키고 변화시킬 수 있는 독자적 사업체를 세우고 싶은 열망을 두루두루 채워주기 때문이다. 이런 다양한 미시적 동기들이 한데 어우러질 때의 시너지 효과는 그녀의 열정에 불을 붙이는 데도 일조한다.

다크호스들에게는 열정이 일종의 화염장치다. 어떤 미시적 동기들을 활성화시킬 것인가에 따라 불붙일 대상을 결정할 수 있다. 그리고 언제든지 불길을 더욱 활활 불태울 수도 있다. 연료로 삼을 만한 새로운 미시적 동기들을 언제든 찾을 수 있기 때문이다.

열정 좇기에는 별 노력이 들지 않는다. 반면에 열정 설계에는 더 많은 생각과 관심이 필요하다. 스스로를 더 깊이 이해하기 위해 노력해야 한다. 열정 설계는 힘든 일이지만 그 이점은 막대하다.

미시적 동기를 알면 열정은 무한대의 유연성을 발휘한다. 여러 다양한 기회에 따라 다양한 미시적 동기들이 활성화되기 때문이다. 이런 유연성은 표준화형 사고방식에서는 결여된 뭔가를 열정에 불어넣기도 한다. 바로 **지속가능성**이다.

당신의 동기들은 뿌리 깊고 지속적이지만 시간이 지나면서 점차 변한다. 20세 때 가장 뜨거운 미시적 동기들이 50세가 되면 그때처럼 활활 불타지 않을 수도 있다. 이때는 설계된 열정의 유연성이 그 진가를 발휘한다. 새로운 조합의 미시적 동기들을 활용할 만한 새로운 기회를 찾아내는 식으로 동기 성향을 변화에 맞춰 조절할 수 있기 때문이다. 업홀스터리 가구 수선과 전기설계는 언뜻 생각하기엔 서로 별 연관이 없어 보이지만, 사울에게는 물리적 정렬, 손을 써서 하는 활동, 혼자 하는 일이라는 공통된 미시적 동기들이라는 점에서 통합된다.

물론 각각의 활동이 또 다른 동기들을 활성화한다 해도 공통점은 여전히 유지된다. 반면 열정을 고착화시킬 경우엔 이야기가 달라진다. 이를테면 컴퓨터 분야에 쏠리는 열정에 맞춰 삶을 고착화할 경우, 다시 말해 컴퓨터 산업에서 표준화된 성공으로 올라서는 사다리를 충실히 밟아 올라갈 경우엔 어느 날 컴퓨터 앞에 앉아 하는 활동에 별 흥미가 끌리지 않게 되더라도 표준화 계약에서는 간편한 해결책을 전혀 제시하지 못한다.

하지만 스스로 설계한 열정에는 더 근본적인 이점도 있다. 즉, 안정적인 활동 에너지원일뿐만 아니라 진정한 자아의 원천도 된다. 당신의 미시적 동기들을 하나도 빠짐없이 모두 포용하면, 세상에 '이것이 진정한 나'임을 알리는 말뚝을 세우는 것이다.

DARK HORSE

3 장

선택 분간하기

운명은 기회의 문제가 아니라 선택의 문제다.

기다리는 것이 아니라 성취하는 것이다.[1]

– 윌리엄 제닝스 브라이언, 세 차례 민주당 대통령 후보와 국무장관을 지낸 미국의 정치인 –

DARK HORSE

선택 찾기

    수잔 로저스Susan Rogers는 보스턴 버클리 음대의 정교수로 활동하며 음악지각인지 연구소의 소장도 맡고 있고, 버클리 음대 학생들과 함께 보내는 시간을 특히 즐거워한다. 반박 불가한 자신의 말처럼 그녀는 "세계에서 가장 촉망받고 가장 재능 있는 젊은 음악예술가들"과의 시간이 정말 즐겁다. 이런 감정은 그녀만의 일방적인 감정은 아니다. 수잔은 버클리 음대에서 가장 인기 있는 교수로 손꼽히는 데다 2012년에 최우수 교수상을 수상한 바 있다. 그녀가 왜 이렇게 인기가 있는지 납득이 된다. 그녀의 관대함과 낙관주의, 자신을 포장하지 않고 낮추는 솔직함은 어떤 주제로 대화를 나누든 상대가 빠져들 수밖에 없는 진정성을 느끼게 해준다.

    수잔은 대학 소속의 과학자로서 현재 부러움을 살 만한 지위에 있다. 수많은 STEM(과학Science, 기술Technology, 공학Engineering, 수학 Mathematics의 앞글자를 딴 약자로 이공계 전공자를 일컫는 말이다. 미국과학재단이 사용하기 시작한 용어로 융합형 인재를 키우기 위한 학제다—옮긴이) 학생들이 장래 일자리로 선망하는 자리다. 학계에서 성공하기 위해서는 표준적인 진로 궤도가 정해져 있지만, 수잔이 거쳐온 궤도는 그와는 다르다. 표준적 궤도가 아닌 구불구불한 길을 따라왔다.

수잔은 14세에 암으로 어머니를 잃었다. 그 뒤로 캘리포니아 주 애너하임에서 해충박멸 일을 하던 아버지 밑에서 세 명의 남동생들과 함께 자라며, 집안 살림, 요리, 청소를 떠맡았다. 해도 해도 끝이 없는 고된 집안일에서 도망치고 싶은 마음이 굴뚝같았다. 그런데 아버지의 재혼 후에는 갈등과 싸움이 일상이 되어 버렸다. 결국 수잔은 고등학교를 중퇴하고 21세의 남자친구와 결혼했다. "도망치고 싶은 생각뿐이었요. 결혼을 하면 집에서 독립도 하고 나보다 나이 많은 남자의 보호도 받을 수 있을 것 같았어요. 그때는 그게 얼마나 순진한 생각인지 몰랐죠."

수잔의 남편은 질투에 눈이 뒤집히기 일쑤였다. 그녀가 딴 남자를 보고 있다는 의심이 들면 화를 내며 사납게 돌변했다. 유감스럽게도 걸핏하면 이런 의심을 했다. 수잔은 그칠 줄 모르는 폭력으로 피폐해진 마음을 달랠 의지처를 찾다가 음악에서 위안과 은총을 느꼈다.

기억이 닿는 한 아주 어린 시절부터 수잔은 레코드 플레이어 턴테이블에서 흘러나오는 멜로디에 언제나 전율을 느꼈다. 록이나 블루스 등 다양한 장르의 음악 예술가들을 좋아했지만, 제임스 브라운James Brown(소울 가수), 마빈 게이Marvin Gaye, 스티비 원더, 슬라이 스톤Sly Stone(정치적 색깔이 강했던 소울 밴드 슬라이 앤 더 패밀리 스톤Sly & The Family Stone의 리더를 맡았던 천재 펑크 뮤지션-옮긴이) 같은 뮤지션의 곡을 특히 즐겨 들었다. "소울은 삶의 양식과도 같았어요. 저에게 가장 큰 울림을 주었죠."

남편은 수잔이 음악에 관심을 갖는 것까지도 질투했다. 레코드판을 숨기거나 아예 박살을 내버리기 일쑤였다. 급기야 그녀의 음악 사랑을 성내며 모욕하던 남편에게 받는 여파가 집 밖에까지 미쳤다. 수잔이 로스앤젤레스 포럼Los Angeles Forum에서 열린 레드 제플린Led Zeppelin 콘서트에 갔던 어느 날 밤의 일이었다. "제가 주도해서 직장 동료들과 함께 콘서트장에 갔어요. 남편은 마지못해 허락했지만 10시 30분까지는 돌아와야 한다는 조건을 걸었죠. 레드 제플린 공연은 9시가 되어서야 시작했고, 10시쯤 되자 제 평생 최고의 공연으로 꼽을 만큼 감격적이었어요. 그런데 중간에 일어나서 나가려니 이 황홀한 순간을 놓치면 어린 애처럼 속상할 것 같았어요. 하지만 그대로 앉아 있자니 남편이 주먹으로 얼굴을 때릴까 봐 겁도 났어요." 수잔은 말을 끊고 한숨을 푹 내쉬었다가 다시 말을 이었다. "전 얼굴 얻어 맞을 일은 피하자고 결정했어요."

하지만 수잔은 로스앤젤레스 포럼을 나가려던 순간 갑자기 감정이 복받쳐 오르면서 충동적인 맹세를 했다. "스칼렛 오하라의 대사처럼 들릴지도 모르겠지만 그때 제가 정말로 그랬다니까요. 서까래를 올려다보면서 전능하신 하느님께 맹세했어요. 언젠가 다시 이곳으로 돌아와 라이브 사운드를 믹싱하겠다고요."

그것은 어림도 없는 다짐이었다. 수잔은 음악계에 아무 연고가 없었고 사운드 믹싱에 완전 문외한이었다. 음악과의 연관성이라곤 열성적인 팬으로서 콘서트장에 다니고 녹음된 곡을 듣는 열정 정도에 불과했다. 직업도 생물의약품 제조공장에서 심장병 환자들에게 이식될 스텐트(혈관 폐색 등을 막기 위해 혈관에 주입하는 원통형의 의료용 재료−옮긴이)에 심장 판막을 공들여 꿰매는 일이었다. 악기를 연주한 적도 한번 없었고 음악기기라고는 뭐든 만져본 적도 없었다. 사운드 믹서가 되려면 어떻게 해야 하는지도 몰랐을 뿐만 아니라 사운드 믹서가 정확히 어떤 일을 하는지조차 아주 막연하게만 알았다.

더군다나 남편이라는 사람은 매일같이 그녀의 음악적 흥미를 업신여겼다. 레드 제플린 콘서트에 다녀온 지 얼마 후, 식탁에 앉아 별 생각 없이 되는대로 낙서를 하고 있을 때였다. 갑자기 남편이 옆으로 걸어와 버럭 소리를 내질렀다. "록스타의 거시기나 크게 그려서 빨지 그래?"

이때가 수잔의 터닝포인트였다.

남편은 예전에 그보다 더 심한 말도 했지만 이번엔 속에서 부글부글 끓고 있던 그동안의 아픔과 분노가 폭발하고 말았다. "듣다 보니 너무 비열하고 너무 부당하고 너무 가증스러웠어요. 그런 말을 내뱉고선 그냥 휙 돌아서서 밖으로 나가더군요. 그 순간 생각했어요. '이제는 정말 선택을 내려야 할 때야.'"

수잔은 의자에서 일어나 지갑을 집어 들고 집 밖으로 나와 캘리포니아 롱비치의 거리를 하염없이 걷다가 어느 모텔로 들어갔다. 그리고 다시는 집으로 돌아가지 않았다. 일주일 후에는 이혼 소송도 냈다.

"진정한 제 자신을 찾기로 마음 먹었어요. 저 자신이 원하는 선택을 하자고요."

선택 기회의 박탈

선택은 개개인성을 실행으로 옮기는 일이다. 열정을 목표로 전환시키는 수단이다.

현재는 개인화 시대가 점차 대세로 자리잡히면서 선택의 폭이 폭발적으로 증가하는 시대로 진입하고 있다. 적어도 소비주의 부문에서는 그 현상이 뚜렷하다. 불과 30년 전만 해도 미국 대다수 지역의 TV 상업방송은 ABC, NBC, CBS, Fox의 네 곳뿐이었다. 현재는 컴캐스트Comcast(유선방송, 광대역 인터넷, 인터넷 전화, TV, 라디오 방송 등을 제공하는 미국의 다국적 미디어 기업─옮긴이)에서만 무려 600개가 넘는 채널을 제공한다. 과거만 해도 이른바 탄산음료 전쟁은 단 두 곳의 경쟁사인 코카콜라와 펩시콜라의 각축전이었다. 그런데 이제는 편의점에 들를 때마다 일상음료 코너에서 못 보던 새 브랜드들이 눈에 띄는 것 같다. 하지만 폭발적인 소비자 선택 범위 면에서 따지자면 절대 강자는 인터넷 세상이다. 아마존 한 곳에서만 5억 개가 넘는 상품을 제공하고 있다.[2] 남부럽지 않을 만큼 돈 많은 소비자들조차 물건을 사려면 차를 타고 오프라인 매장으로 나가야 했던 시대에 구입할 수 있었던 상품의 수와는 감히 비교도 안 된다.

우리는 현재 소비자 선택 부문에서 황금 시대를 맞고 있다. 하지만 삶과 직결된 중요한 선택의 문제에서는, 다시 말해 학교와 커리어의 문제에 관한 한 1세기가 넘도록 거의 변화가 없다. 왜 그럴까? 표준화 계약이 당신에게서 **의미 있는** 선택을 빼앗아 시스템의 손아귀에 단단히 쥐어줬기 때문이다. 시스템의 효율성을 높이기 위해 노동자들과 학생들에게서 결정권을 모조리 박탈해 관리자들과 행정가들에게 나눠주는 것이, 어쨌든 표준화를 견인하는 전제 조건이었다.

'남들 모두와 똑같되 더 뛰어나기'에서는 개인적인 선택을 요구하지 않는다. 오히려 그 반대를 요구한다. 우리의 표준화된 교육 시스템에서는 과목의 학습 시간, 지도방식, 학습 교재, 학습 속도는 물론 심지어 선택과목까지도 고를 여지를 주지 않는다. 대부분의 경우 지도교사, 학습 인원수, 수업 시간, 필수과목 학습비도 선택하지 못한다. 의료계, 과학계, 공학계, 법조계 같은 수입 최상위권의 직업 세계들은 대부분 정형화된 필수교육 단계를 모두 마치기 전까진 아예 채용 대상이 되지도 않는다. 비즈니스 세계라고 해서 더 낫지도 않다. 회사 내 서열이라는 말이 괜히 생긴 게 아니다! 대다수 대기업에서는 승진만이 유일한 선택이다. 승진하지 못하면

쫓겨난다. 사실, '승진 아니면 퇴출up or out'은 학계, 회계업계, 경영 컨설팅업계, 군대, 외교부, 실리콘밸리를 비롯한 대다수 업계의 정형화된 방침이다.

선택 기회를 박탈하는 것, 이것은 표준화가 효율적으로 개개인성을 소멸시키는 가장 암묵적인 방법이다.

선택 '고르기'

기회제공 기관들에게 일직선 진로에서 개인적 선택이 결핍되어 있다고 이의를 제기하면, 기관들이 단골로 들먹이는 말이 있다. 당신이 가진 몇 안 되는 선택권을 지적하는 것이다. '자, 들어봐. 당신은 어느 대학에 들어갈지 선택할 수 있어! 뭘 전공할지 선택할 수 있고! 대학 졸업장으로 뭘 할지도 당신 선택에 달려 있잖아!'

표준화 계약하에서는 확실히 이런 선택이 일생일대의 중요한 결정에 든다. 하지만 이런 선택들을 **선택**이라고 부르는 것은 다소 과장이다. 표준화된 기관들은 오히려 **선택**choosing을 **고르기**picking로 대체했다고 봐야 맞다.

예를 들어 당신에게 진학 대학을 미시간 대학교나 노스캐롤라이나 대학교 중에서 정할 자유가 있다고 치더라도, 이 결정은 어떤 대학이 실제로 당신을 받아줄지에 따라 전적으로 좌우되는 문제다. 당신은 들어갈 대학을 **선택하는** 것이 아니다. 입학을 허락한 대학들 중에서 한 곳을 **고르는** 것일 뿐이다. 레스토랑 메뉴에서 메인 요리를 고르는 것과 뭐든 마트에서 구할 수 있는 식재료로 어떤 저녁 음식을 준비할지 선택하는 것은 엄연히 다르다.

선택은 **적극적** 행위다. 선택의 자유가 있으면 자신의 기회를 스스로 만들 수 있다. 심지어 아무도 주목하지 못할 만한 기회들까지도 가능해진다. 고르기는 **수동적** 행위다. 제공된 선택지에서 고를 때는 다른 누군가는 이미 선택다운 선택을 했는데 당신은 그저 제공받은 초콜릿 상자에서 초코 캔디 하나를 고르고 있는 셈이다.

이런 자율성의 축소가 당신을 위한 것이라고 납득시키려 애쓰며 선택권을 경시하는 권위자들도 많다. 최근에 우리 두 사람은 학계 인사들이 청중으로 참석한 자리에서 개인맞춤형 학습을 주제로 강연한 적이 있다. 그때 유명 대학의 한 행정관이 자리에서 일어나 학생들에게 더 많은 선택권을 주는 것은 지나친 이상주의라고 반박하고 나섰다. "실제로 대학생들을 상대해보고 그런 말씀을 하시는 겁니까? 교육 진로에 대한 선택의 자유를 주어선 안 됩니다. 선택의 자유를 주면 아무것도 안 하기로 선택할 테니까요."

이 신사께서는 자신의 반박 견해를 뒷받침하기 위해 일명 '선택의 역설'이라는 현상을 거론했다. 그의 말을 듣다 보니 우리로선 '샴푸 문제'라고 이름 붙일 만한 논지였다. 그는 먼저 확실한 연구 결과를 인용하며, 사람들이 너무 많고 다양한 선택지 중에서 골라야 하는 상황에 놓이면 대체로 부담감에 무기력해져서 되는대로 결정을 내린다고 했다. 그는 사람들이 가장 눈에 확 띄는 선택지를 고르거나 아예 결정을 포기하고 만다고 지적한 후에 주장을 이어갔다. "대폭적 제한도 없이 학생들에게 교육 과정을 선택하게 하는 것은 백여 개나 되는 브랜드의 상품으로 빼곡한 진열대에서 샴푸 하나를 고르게 하는 것과 다름없습니다. 이때는 그냥 가장 싼 가격의 샴푸를 집기 마련이죠. 하지만 현명한 소비자라면「컨슈머 리포트Consumer Reports」에서 최고의 제품으로 선정된 샴푸를 고르겠죠. 선택지가 너무 많을 땐 권위자가 좋은 것으로 인정한 기준을 따르는 것이 가장 현명하니까요."

정말로 그의 말이 맞을까? 이 '샴푸 문제'에 또 다른 해결책은 없는 걸까?

다크호스형 사고방식 II

당신이 새라면 어디를 서식지로 선택하고 싶겠는가? 아마존 분지의 열대 우림? 티베트 고원의 고지대? 미네소타 주의 쌀쌀한 호숫가? 거주 가능한 서식지가 아주 많으면 그중 하나를 선택한다는 것이 부담스러울 수도 있다. 하지만 당신이 새라면 전혀 어렵지 않을 것이다. 그냥 당신이 속한 **종**에게 잘 맞는 서식지를 선택하면 그만이다.

당신이 펭귄이라면 맛 좋은 작은 물고기들 천지인 바다 근처의 추운 연안을 선택할 것이다. 벌새라면 꿀을 가득 머금은 꽃들이 지천으로 널린 따뜻한 기후의 서식지를 선택할 것이다. 송골매라면 산악 지대에서도 둥지를 짓기에 좋게 바위가 많으면서 둥지 아래로 휙 덮쳐서 잡아챌 만한 작은 새들이 많이 사는 곳을 선택할 것이다. 서식지에 관한 한, 새들은 몸집이 크건 작건 간에 종별로 저마다 고유한 여러 가지 욕구와 성향을 충족시키는 곳을 선택한다.

이것은 개개인학의 '**적합성**fit'이라는 개념을 잘 보여주는 사례다.[3] 적합성은 자신의 개개인성과 환경을 조화시키는 것으로, 샴푸 문제의 해결책이기도 하다.

물론, 100여 종의 다양한 샴푸 제품 중 하나를 선택하려면 주눅이 들 수도 있다. 단, 자신이 어떤 사람이거나 무엇을 원하는지 잘 모르는 경우의 이야기다. 모발에 관련해서 자신의 욕구와 성향이 어떤지 잘 알수록 자신에게 가장 적합한 샴푸를 선택하기 쉽다. 염색한 지성 모발에 두피가 가려운 편인데다 100퍼센트 천연성분의 샴푸를 원하고 동물실험 제품을 싫어한다면 메이플 홀리스틱스Maple Holistics의 디그리스 샴푸Degrease Shampoo 같은 제품을 선택할 수 있다. 건성에 손상된 웨이브펌 모발이라 오메가 비타민 성분이 함유된 보습 샴푸가 필요하다면 시어모이스처SheaMoisture의 레스큐 + 리페어 클래러파잉 샴푸Rescue + Repair Clarifying Shampoo 같은 제품을 써볼 수 있다. 비듬이 있는 모발인데 싸면서도 가성비 좋으면서 꽃이나 과일 향이 나지 않는 샴푸를 원한다면 헤드 앤 숄더Head & Shoulders의 클래식 클린Classic Clean을 집어들 수 있다. 이렇듯이 샴푸를 선택하는 것처럼 간단한 문제에서조차 당신의 개개인성은 중요하다.

반면에 샴푸 문제에 대한 기관의 해결책은 행정관들에게는 평균적으로 어떤 샴푸가 가장 좋은지 (어쩌면 어떤 샴푸가 공급하기 가장 편리하고 저렴한지까지도) 결정하게 한 후에 당신에게 기관에서 승인한 그 브랜드를 쓰게 강요하는 식이다. 기관에서 몇 안 되는 선택지를 제공하는 경우라 해도 더 낫지는 않다. 이런 하향식 시스템은 결국 당신이 아닌 기관에 유리하게 설계된다.

선택의 진가는, 자신만의 미시적 동기들을 최대한 많이 활성화할 기회들을 찾아내 선택할 때 발휘된다. 선택의 힘은 **목표**의 설계에서 발휘되며, 따라서 충족감을 이루기 위한 힘이기도 하다. 자신의 개개인성에 적합한 선택들을 자유롭게 찾을 수 있으면 아무도 주목하지조차 못한 기회를 발견할 수도 있다.

송골매에게는 적합한 서식지는 캘리포니아 주의 해안 절벽, 중앙 아시아의 힌두쿠시 산맥Hindu Kush, 호주의 서던 테이블랜드Southern Tablelands를 비롯해 여러 곳에 아주 많다. 하지만 다소 의외의 장소에서도 잘 서식하고 있는데 바로 맨해튼의 섬이다. 뉴욕 시는 아주 높은 고층건물들이 많아 송골매가 안전하게 둥지를 짓고 아래쪽의 공원과 도로를 둘러보기 적당하다. 도시 곳곳에 통통한 비둘기, 찌르레기, 지빠귀, 큰어치 들이 떼지어 날아다니는 데다 경쟁 포식자도 없다. 송골매들이 이곳으로 서식지를 옮겨왔을 때 전문가들조차 놀라워했지만, 송골매들이 유리와 철골 건물이 늘어선 도시에서 살기로 선택한 이유는 송골매의 취향과 맨해튼 도시 환경 사이에 적합성이 높기 때문이다.

배우고, 일하고, 살아갈 방법에 대해 스스로 선택을 내릴 수 있으면 적당한 서식지를 찾아 탐색하는 송골매와 같아진다. 당신은 히말라야 산맥 지대에 잘 맞을지도 모른다. 월스트리트에 잘 맞을 수도 있다. 어쩌면 양쪽 다 잘 맞을 수도 있다. 하지만 어디가 잘 맞는지 확실히 알기 위해서는 스스로 적극적인 선택을 내리는 방법밖에 없다. 자신에게 잘 맞는 것이 뭔지 남들이 알려주길 기대한다면, 맹목적으로 일직선의 길을 따라간다면 결국엔 잘못된 목적지에 도달하고 말 위험이 있다. 그런 이유로 다크호스형 사고방식의 두 번째 요소는 **자신의 선택 분간하기**Know Your Choices이다.

물론, 천문학이나 조경 설계, 음악에 대해서는 기관이 당신보다 더 잘 알 수도 있다. 하지만 **당신**에 대해서는 그 어떤 기관보다도 당신이 더 잘 안다. 다크호스들은 이런 자기이해가 훨씬 더 효과적이라는 사실을 실제로 증명한다.

적극적 선택

수잔 로저스는 남편을 떠나온 후에 자신의 개개인성에 적합한 커리어를 선택할 진짜 기회를 처음으로 얻게 됐다. 이제야 비로소 깨닫게 됐다. 자신은 중단했던 학교 공부를 다시 시작하고 싶지 않았다. 제조업 일을 계속 하며 살고 싶지도 않았다. 어떤 사람들에게는 이 정도의 고르기만으로 동기가 자극되었을지 모르지만 수잔을 충동질한 가장 큰 동기는 음악에 끌리는 관심이었다. 자신에게 열려 있는 음악의 길을 찾고 싶었다.

그 답을 찾기 위해 수잔은 자신의 미시적 동기들을 하나하나 전부 따져봤다. 젊은 나이에 음악에 열정을 품으면 록스타가 되는 환상에 젖기 십상이다. 수잔은 그런 환상에는 끌린 적이 없었다. 노래를 부르는 쪽으로는 흥미가 없었다. 악기를 배워 연주하고 싶은 열의도 없었다. 수많은 관중 앞에서 무대에 올라 공연하는 상상을 해도 아무런 끌림이 없었다. 그런데 이리저리 생각하다 보니, 그 수년의 세월을 가족과 남편을 뒤치다꺼리하며 살아오고도 수잔은 다른 사람들을 보살피는 일에서 즐거움을 느끼는 사람이었다. 다만, 아무도 자신의 수고를 제대로 인정하지 않는다고 느낄 때만 그 역할이 싫었던 것이었다. 남들이 자신의 보살핌이나 도움을 알아주고 소중히 여기면 굉장한 만족감을 얻었다.

수잔은 '엔지니어링'과 연관된 일에도 흥미가 있었다. 간단한 장치와 전기제품을 뚝딱뚝딱 만지길 좋아했다. 호기심에서 부품을 하나씩 빼보며 작동이 되는지 살펴보기도 했다. 어렸을 때는 가지고 놀던 채티 캐시 인형Chatty Cathy(말하는 인형)을 분해해서 기어코 내장된 소형 축음기와 축음기 바늘도 찾아봤다. 또 시리얼 상자에 붙어 있던 플렉시 레코드(1960년대 말과 1970년대에 시리얼의 사은품으로 인기를 끌었던 레코드판. 두꺼운 판지에 플라스틱을 코팅한 방식의 저렴한 레코드판으로, 시리얼 상자 뒷면에서 오려내 일반 레코드판처럼 똑같은 방식으로 재생시키도록 나왔음—옮긴이)를 정말 좋아했고, 플라스틱에 부호화 패턴이 '기록되어'

있다는 사실에 신기해했다. 생물의약품 제조공장에 다닐 때는 까다로운 수작업이 요구되는 스텐트 바느질에 뛰어난 실력을 펼쳐서 조원을 통솔하는 지위로 승진하기도 했다. 그녀는 고등학교를 중퇴하긴 했지만 늘 과학에 마음이 끌렸다. 사물의 작동원리 이해에 역점을 두는 부분에서 과학에 매력을 느꼈다.

수잔이 로스앤젤레스 포럼에서 불쑥 사운드 믹싱에 대한 맹세를 하게 된 가장 큰 이유는 그녀가 가지고 있던 한 앨범 때문이었다. 부부 듀오인 소니 앤 셰어Sonny and Cher의 〈룩 앳 어스Look at Us〉였다. 그 앨범 커버의 뒷면에 스튜디오의 녹음 부스에 앉아 있는 남자의 사진이 실렸고 '음향기사sound engineer'라는 캡션이 있었다.

"그 사진을 처음 봤을 때 이런 생각을 했어요. '저게 나라면 얼마나 좋을까.' 그 모든 장비를 다루는 제 모습을 상상해봤어요. 장비들의 용도도 제대로 모르면서 그랬다니까요." 그녀는 지난 날을 회고하며 그녀 나름의 비판 게임의 순간을 이어서 들려줬다. "그러다 그때 뭘 하면 좋을지 곰곰이 따져보다가 문득 생각이 들었어요. 녹음실의 장비 담당자가 되면 즐겁게 일할 것 같다고요. 뮤지션들에게 도움도 되고 장비도 다룰 수 있으니 정말 신날 것 같았죠."

결국 1978년에 수잔은 전문 음향기사가 되는 방법을 찾아보기로 마음먹었다. 안타깝게도 경로를 따르자면 넘어야 할 산이 있었다. 1년 동안 전문학교에 다니며 학위를 받은 다음 현직 음향기사 밑에서 실습도 해야 했다. 이 선택지엔 나름의 장점들이 있었다. 우선 음향예술 대학교University of Sound Arts의 최고 프로그램이 수잔이 사는 동네에서 아주 가까운 할리우드 선셋 대로에서 진행되고 있었다. 교수진도 화려했다. 녹음 산업의 세계적 수도인 L.A.에서 여러 유명 밴드와 음반사의 작업을 도왔던 현직 음향기사들이 부업 삼아 대학에서 강의를 하고 있었다. 다만, 단점이라면 수잔의 수중에는 수업료로 낼 3,000달러가 없었다는 것이다.

더 큰 단점도 있었다. 음악계에서 엔지니어링 분야는 남성의 전유물이다시피 했다. 수잔은 음악계 현직 음향기사를 소개시켜주고 그런 성별 격차를 메우게 도와줄 개인적 인맥이 없었다. 본으로 삼거나 교감을 나눌 여성 롤모델도 딱히 없었다.

아무래도 음향기사가 되기 위한 일직선의 경로가 자신에게는 닫힌 길인 것 같자 수잔은 표준적인 선택지에서 관심을 거두고 자신의 개개인성을 지침 삼아 비전통적인 가능성에 주목했다. 수동적으로 고르지 않고 적극적으로 선택해서 음향예술 대학교의 접수계원으로 취직했다.

표준화 계약의 관점에서 보면 무모한 결정이었다. 어쨌든 그 직무에서 맡게 될 일은 엔지니어링 업무가 아니라 사무 업무일 것이고 임시직에서 상시직으로 전환될 전망도 불확실했다. 하지만 그녀의 선택은 자신의 미시적 동기에 대한 확신에 바탕한 것이었다. 접수계원의 직무는 도움을 제공하는 서비스직이었고, 수잔은 돕는 일에 열의를 느끼는 사람이었다. 그래서 그 일을 지루해하지 않을 거라 자신했고 맡은 직무를 아주 잘 해낼 자신도 있었다. 또 그 일을 하면서 그곳에서 어깨너머로 배우면서 음향기사가 되기 위해 필요한 지식을 독학으로 익힐 수 있길 희망하기도 했다.

수잔은 자신이 혼자서 배우는 것을 즐긴다는 것도 잘 알고 있어서 자기주도 학습을 잘해낼 자신이 있었다. 그녀의 계획이 성공하려면 자기주도 학습 능력이 꼭 필요했다. 어떻게든 음악업계에 진입하기 위해 학교의 접수계원으로 들어가기로 정한 수잔의 결심은 얼핏 생각하기엔 가당찮게 비쳐질지 모르지만, 자신의 미시적 동기와 자신이 처한 환경의 현실, 나름대로의 적합성의 평가를 바탕으로 한 이성적 전망이었다.

수잔은 접수계원으로 일하면서 항상 귀를 열어놓고 있었다. 취직하고 몇 주 지나지 않았을 때 "자신의 삶을 바꿔놓을 말을 듣게" 됐다. 수잔이 일하는 사무실에서 한 강사가 어떤 학생과 이야기를 나누던 중의 일이었다. 학생은 고용안정을 원해서 음악 쪽 일이 꺼려진다는 고민을 털어놓았다. 우선순위를 명성이나 재산이 아니라 음악업계에서 안정된 일자리를 얻을 방법에 두고 있던 수잔으로선 그 대화에 귀가 솔깃했다. 강사는 학생에게 대꾸하길, 음악계에서 고용안정을 확보할 가장 좋은 방법은 정비기사가 되는 것이라고 했다. "그 말을 듣는 순간 속으로 생각했어요. '좋아, 그럼 정비기사가 돼야겠어! 하지만 일단은 정비기사가 어떤 일을 하는지부터 알아보자!'"

그 뒤로 얼마 지나지 않아 수잔은 정비기사와 녹음기사의 차이를 알게 됐다. 녹음기사는 영화의 촬영기사와 비슷해서 녹음실에서 모든 음향을 책임지는 자리다. 정비기사는 카메라를 조립하고 해체하는 사람과 비슷하다. 주목받는 것과는 거리가 한참 멀어서 별로 끌릴 만한 일은 아니었다(정비기사의 이름을 한 명이라도 댈 수 있는가? 한 번이라도 본 적이 있긴 한가?). 수잔에게는 주목을 못 받는다는 것이 전혀 문제가 되지 않았다. 음악업계에서 중요한 역할을 맡으며 자신이 무엇보다도 원하는 자리, 그러니까 음악을 만드는 현장의 맨 앞자리에 앉을 수 있다면 그것으로 충분했다.

정비기사가 되려면 전자공학을 배워야 할 것 같았다. 마침 한 친구가 전자공학을 독학하기에 가장 좋은 교재를 추천했다. 미육군에서 발행한 매뉴얼 시리즈였다. 수잔은 그 지역의 육군 모병소에 전화를 걸어 전자공학 매뉴얼을 받아볼 수 있는지 문의했다. 1주일 후에, 직류 원리에서부터 마이크로파 기술에 이르기까지 갖가지 내용이 담긴 페이퍼백 매뉴얼 한 무더기가 그녀의 집으로 배달됐다.

"저는 눈에 불을 켜고 그 매뉴얼을 열심히 들여다봤어요. 눈 뜨고 있는 동안 짬이 날 때마다 봤어요. 직장에 출근할 때나, 화장실에 갈 때나, 어딜 가든 책을 들고 다녔죠." 아직은 스튜디오 장비에 손도 못 대봤지만 가능한 한 모조리 다 외워서 장치들이 어떻게 작동하는지 마음속으로 그려봤다. 장난감을 가지고 놀며 그 안에서 어떤 작동이 일어나는지 시각화했던 어린 시절 때처럼.

접수계원으로 일한 지 8개월쯤 지났을 때 수잔은 이제는 전자공학이나 녹음 스튜디오 장비의 기본 지식은 웬만큼 익혀서 실제로 써먹어도 되겠다고 자부할 정도가 됐다. 그러던 중 「로스앤젤레스타임스Los Angeles Times」의 뒷면에서 할리우드 중심부 소재의 오디오 인더스트리즈 코퍼레이션Audio Industries Corporation이라는 업체에서 음향기술 견습생을 구하는 구인광고를 보게 됐다. 그곳이라면 알만한 사람은 다 아는 유명 브랜드의 녹음장비와 제어기의 판매 및 서비스 업체였다. 다시 말해, 주요 대형 스튜디오와 음반사들과 전부 관계를 맺고 있는 곳이었다. 유명한 업체이다 보니 지원자들이 대거 몰려 경쟁률이 높았다.

그런데 그 많은 지원자들 중에 수잔이 뽑혔다.

"1978년의 그 10월이 아직도 기억에 선해요. 제 커리어가 시작되었던 순간을 어떻게 잊겠어요."[4] 우리가 그녀에게 어떻게 뽑혔는지 묻자 이렇게 말했다. "그건 저도 잘 모르겠어요. 다만 확실한 건, 제가 면접에서 아주 열성적이었다는 거예요. 저는 그 자리를 정말, 정말 절실히 원했어요. 그 사람들이 보기에도 견습생 자리를 그렇게 열성적으로 원하는 사람은 제가 처음이었을 걸요. 그리고 적극적으로 제 자신을 알리기도 했어요. 하루도 빠짐없이 전자공학을 정말로 열심히 공부했고, 그 자리의 직무가 서비스 역할이라는 점도 잘 이해하고 있다고요. 사실 '서비스'라는 말은 예술의 엔지니어링 부문과 제작 부문을 하나로 묶어서 부르기에 가장 잘 들어맞는 말이죠."

수잔은 엔지니어링 견습생으로서 맡게 된 새로운 역할이 정말 좋았다. 얼마 뒤에는 그 회사에서 총 4명인 정비기사에 들게 되어 녹음장비와 제어기를 수리하기 위해 서비스 방문을 나가면서 할리우드만이 아니라 로스앤젤레스 곳곳의 녹음 스튜디오를 다녔다. 여전히 음악이 제작되는 현장에 있지는 못했지만 적어도 음악업계에 진입하고 싶은 꿈은 드디어 이루게 됐다. 그리고 오래 지나지 않아 사람들이 차츰 그녀의 열정과 재능을 알아봤다. 수리 방문 서비스를 자주 갔던 스튜디오 중에는 루디 레코드Rudy Records도 있었다. 전설적인 포크 록그룹 크로스비, 스틸스 & 내시Crosby, Stills & Nash의 그레이엄 내시와 데이비드 크로스비가 소유하고 있던 이 스튜디오에서 그녀에게 상근직으로 일해보라고 권유하기 시작했다. 결국 수잔은 이 제안을 받아들여 루디 레코드의 정규직 정비기사가 됐다.

이 새로운 일자리를 맡은 지 얼마 지나지 않아 라이브 공연에서 녹음기사의 보조로 일할 기회가 찾아왔다. 처음으로 음악 제작의 맨 앞자리에 앉게 되어 크로스비, 스틸스 & 내시, 보니 레잇Bonnie Raitt, 이글스Eagles를 비롯한 여러 유명 뮤지션들에게 도움을 주게 된 것이었다. 그때 그녀의 나이는 스물네 살이었다.

"사람들은 가끔씩 이렇게 말해요. 음악계에서 성공하는 일은 고속도로 갓길에서 엄지손가락을 내밀고 서서 누군가 차를 태워주길 마냥 기다리는 것과 같다고요. 제가 직접 접해본 음악계는 그렇지 않았어요. 저는 엄지손가락만 내밀고 가만히 서 있었던 적이 없어요. 걸어갔어요. 우리 업계에서 성공한 사람들도 다들 얼마간은 걸었어요. 그러다 마침내 차를 얻어 탔지만 그런 도움을 받은 이유는 누군가 걷고 있는 우리를 보았고, 사람은 누구나 앞으로 나아가는 자세를 좋아하기 때문이에요. 엄지손가락만 내밀고 우두커니 서서 태워주길 기다리는 자세는 아무도 좋아하지 않아요."

확률 vs. 적합성

운luck은 다크호스들의 전략에는 들어 있지 않다.

얼핏 보기와는 달리 다크호스들은 곧고 좁은 길을 따라가는 사람들에 비해 더 위험한 선택을 내리진 않는다. 대체로 다크호스들도 다른 사람들 못지않게 최악의 시나리오를 고려한다. 최악의 예상 결과를 감당할 자신이 없다면 고려 중인 선택을 포기한다. 다크호스들은 경제적 현실성도 감안한다. 어린 자식 둘을 키우는 형편일 경우, 가진 돈을 모두 투자해 사업체를 직접 꾸렸다가 사업 실패로 안정적인 양육비 자금마저 날릴 상황이 예상된다면 다른 기회를 따져본다. 표준화형 사고방식을 택하든 다크호스형 사고방식을 택하든 간에 이런 신중함은 필요하다.

한편 다크호스들 역시 다른 사람들처럼 어떤 선택의 위험성을 신중히 따져보면서 불필요한 도박은 최대한 피하려 한다. 다만 위험을 평가하는 **방식**에서만큼은 남다른 경향을 띤다.

표준화형 사고방식에서는 위험성이 성공 **확률**과 결부된다. 즉, 특정 상황에서 평균적인 사람이 성공할 가망성을 따지는, 통계적 개념으로 본다. 대다수 사람들은 선택에 따르는 위험성을 평가할 때, 특히 **다른** 사람들의 선택을 평가할 때 바로 이런 식의 개념을 따른다. 확률 계산은 궁극적으로 따지자면 기관의 **하향식** 관점이지, 개인적인 **상향식** 관점이 아니다. 이와 같은 통계적 위험성은 수많은 지원자 중에 한 명을 뽑아야 하는 행정관의 관점이나 다름없다. 예를 들어, 구글의 프로그래머로 취직하길 희망하는 지원자 10명 중 1명만 그 자리를 얻게 되는 경우 표준화형 사고방식에 따르면 구글의 프로그래머가 될 가능성은 지극히 낮다. 다시 말해, 위험한 커리어 구상이다. 이런 식의 '확률로서의 위험' 원칙대로라면 구글의 프로그래머 자리에 지원하려는 사람은 실패할 가능성이 높은 것이고, 그 자리에 취직한 사람은 순전히 운이 좋은 것이다.

하지만 실직적으로 따져보자. 우리는 표준화 계약의 개개인성 말살식 사고방식을 철두철미하게 수용해온 탓에 평균적 인간이 살아가는 방법을 참고하면 자신의 성공 가능성을 알아보는 데 유익할 거라고 생각한다. 하지만 다크호스는 누구도 평균적 인간이 아니며 그것은 당신도 마찬가지다.[5] 평균은 선형적 개념이며, 다크호스들이 평균을 무시하는 이유는 위험을 평가할 때 통계 표준의 일차원 논리를 거부하고 보다 정교한 분석을 선호하기 때문이다.

표준화형 사고방식에서는 위험성이 확률에 따라 결정된다. 하지만 다크호스형 사고방식에서는 위험성이 **적합성**에 따라 결정된다.

다크호스들은 자신의 고유한 미시적 동기 패턴이 기회의 특징과 얼마나 잘 조화되는지 따져본다. 따라서 적합성은 개개인성**과** 기회가 서로 다차원적으로 결부되면서 결정된다. 개개인성과 기회 모두 적합성의 결정에서 손과 장갑처럼 서로 긴밀한 관계에 있다. 특정 기회에서 활성화되는 미시적 동기들이 많을수록 기회를 선택할 때 더 뜨거운 열정을 끌어낼 수 있게 되면서, 선택의 위험성은 더 낮아진다.

적합성이 좋으면 기회의 위험성이 낮아지고. 적합성이 안 좋으면 기회의 위험성은 그만큼 높아진다.

자신의 미시적 동기를 잘 아는 한, 그리고 기회의 요건을 실질적으로 따지는 한, 선택의 위험성을 결정하는 최고의 심판은 당신 자신이다. 적합성의 문제에서는 당신 자신이 누구보다 훌륭한 심판이기 때문이다. 남들이 당신의 선택을 놓고 위험할 것 같다고 참견할 때는 대체로 표준화형 사고방식에 따라 당신의 개개인성을 무시하는 것이다. 이는 선수가 아니라 확률에 돈을 거는 격이다.

음악기사가 되고 싶은 희망을 품고 접수계원으로 취업했을 때 수잔 로저스는 크랩스 게임(주사위 두 개로 하는 도박의 일종)에서 주사위를 굴리고 있었던 게 아니었다. 기회의 여러 측면을 자신과 맞춰가며 다차원적으로 따진 끝에 내린 결정이었다. (존재하지도 않는) 평균적인 인간이 학교 접수계원으로 일하다 음악기사가 될 성공 **확률**은 낮다. 하지만 수잔은 자신의 다양한 동기들과 기회의 여러 측면들 사이에서 충분한 적합성을 발견했다. 그만한 적합성이라면 도중에 반드시 직면하게 될 난관들을 헤쳐나가는 데 든든한 힘이 되어줄, 뜨거운 열정을 제대로 끌어낼 수 있겠다고 결론지었다. 그리고 이렇게 유발된 열정 덕분에 그녀는 도로의 갓길을 따라 묵묵히 걸어갈 수 있었다. 엄지손가락을 내밀고 가만히 서 있지도, 누군가가 지나가다 자신을 태워줄지 초조해하며 기다리지 않아도 됐다.

수잔은 적합성이 가장 좋은 기회를 선택함으로써 자신의 개개인성을 활용해 충족감을 추구했고, 또 그 결과로 우수성을 획득했다.

운 vs. 운명에 대한 통제력

운은 우리의 통제력 밖에 있다. 확률의 측면에서 위험성을 평가하는 것 역시 마찬가지여서, 위험성에 대한 이런 기관적 관점을 받아들이는 순간 당신은 무기력해지고 만다. 확률을 변화시키기 위해 당신이 할 수 있는 일은 없다(통계는 어디까지나 통계니까). 따라서 위험성을 변화시키기 위해 할 수 있는 일도 없다. 일직선의 경로에서 운이 아주 중요한 요소인 데는 그만한 이유가 있다. 기회제공 기관이 선택의 힘을 앗아가니 운이 중요할 만도 하다.

표준화 계약으로 조장된 가장 심각한 환상이라면, 일직선의 경로가 우수한 직업능력으로 이끌어주는 가장 안전한 길이라고 여기는 생각일지 모른다. 사실, 이런 경로는 기관의 틀에 천성적으로 잘 맞는 소수의 운 좋은 사람에게만 안전할 뿐이다. 그 외의 사람들에게는 적극적으로 선택하는 것이 아니라 수동적으로 골라야 하는 만큼, 개개인성과 기관의 틀 사이에 벌어지는 차이는 말 그대로 위험 그 자체가 된다.[6]

반면 다크호스형 사고방식은 위험을 통제할 수 있게 해준다. 자신의 미시적 동기를 점점 알아가다 보면 선택에서 운에 기댈 여지를 줄일 수 있다. 자신을 더 이해할수록 적합성의 판단력은 높아지고 운에 대한 의존도는 낮아진다. 스스로를 잘 알고 그 이해를 바탕으로 자신감 있게 행동하면서 운명에 대한 통제력이 생겨난다.

표준화 계약 내에서는 확률에 승부를 거는 것이 전적으로 타당한 일이다. 그러는 편이 오히려 현명할 수도 있다. 하지만 개인화된 성공에서는 치명적이다.

똑소리 나는 승부수

앨런 룰로는 32세 때 바텐더로 시작해서 차곡차곡 일군 소도시의 사업체를 매각하고 보스턴으로 거처를 옮겼다.

당시에 그의 접객 사업은 아주 번창하고 있었다. 레스토랑, 바, 클럽 간의 재고 물품과 고객이 서로 겹치고 긴밀히 연관되어 상호 매출을 견인했다. 이런 점을 감안하면 삶에 대한 막연한 불만족감 때문에 사업체를 매각하기로 한 결정이 남들의 눈에는 완전히 미친 짓까지는 아니더라도 굉장히 위험한 발상이었다. 하지만 앨런에게 그 결정은 확률에 승부를 건 것이 아니었다.

선수에게 승부를 건 것이었다.

앨런은 자신이 애초에 사업가로 대성공한 이유가 자신의 고유한 미시적 동기들 덕분이었다는 것을 잘 알았다. 그는 사업에서 숫자를 다루는 방면에 기호가 잘 맞았다. 이윤과 총경비를 따져야 하는 따분한 일이 아주 재미있었다. 또 자신이 주도적으로 일을 책임지는 것을 즐겼다. 사업의 성패가 전적으로 자신의 통찰력에 달린 상황에서 큰 만족감을 느꼈다. "기업 환경은 제 체질엔 안 맞아요. 회의만 하다가 시간이 다 가버리는 그런 환경은 못 견디겠어요. 차라리 단독으로 일하면, 변화를 시행해보고 그게 실패하면 문제점을 해결하면서 조직 내에 공감대를 형성시킬 수 있어서 좋아요." 앨런은 마케팅이나 영업과 관련된 일이라면 뭐든 보여주기식이 아니라 진심에서 열심히 일했다. 천성적으로 사교적이라 손님들과 친해지고 판매업자들과 가격을 흥정하고 단골 고객을 반갑게 맞는 일이 즐거웠다. 한마디로 말해서 접객업 운영은 앨런에게 적합성이 아주 좋았고, 그 덕분에 매사추세츠 주 중심지에서 승승장구할 수 있었다. 그래서 새로운 미지의 세계에 뛰어들기 위해 과감하게 이 모든 사업체를 처분했을 때도 자신이 있었다. 보스턴에서 어떤 모험에 흥미가 생기든 간에 바로 이런 미시적 동기들을 밑천으로 삼으면 기반을 잘 잡을 수 있으리라고 자신했다.

하지만 그가 자신 있게 결정을 내린 근원은 또 있었다. 앨런이 대도시에서 새출발을 해보고 싶었던 이유는 소도시에서는 채워지지 않았던 또 다른 미시적 동기들 때문이기도 했다. 앨런은 문화에 애착을 갖고 있었다. 어릴 때부터 책을 끼고 살아서 어떤 때는 하루에 한 권씩 읽기도 했다. 새로운 장소와 사람들, 고향 너머의 더 넓은 세상에 대해 배우는 것에서도 재미를 느꼈다. 바를 운영할 때는 목요일마다 '재즈의 밤'을 마련하기도 했다. 가구 공장들 때문에 한때 '체어 시티Chair City'라는 별명까지 얻은 오래된 공장 도시 가드 너에는 재즈 팬층이 두텁지 않았는데도 그랬다. 앨런은 바를 찾는 고객들과는 누구든 가리지 않고 즐겁게 대화를 주고받았지만 책과 예술, 그날의 중요한 화두를 주제로 삼을 수 있는 손님들에게 유독 더 끌렸다. 다시 말해, '미국의 아테네'인 보스턴은 그의 삶에서 문화가 더 큰 의미로 자리잡을 기회가 펼쳐진 곳이었다.

더군다나 앨런은 주변부가 아닌 중심부로 진출하고 싶었다. 사회 거물들을 대면하고 유력자, 정계 실력자, 장래 유망주 들과 친분을 맺을 가능성을 생각하면 흥분됐다. "저는 작은 연못을 누비는 큰 물고기였어요. 하지만 이제는 바다로 나가 헤엄칠 준비가 되어 있었어요."

앨런은 보스턴에서 **정확히** 뭘 하게 될지는 잘 몰랐지만 자신의 개개인성을 이해한 덕분에 확신이 있었다. 자신의 미시적 동기들과 보스턴의 경제적·문화적·사회적 기회 사이의 적합성이 맞아떨어지는 만큼 충족감을 성취하기 위해 더 좋은 시도를 벌일 수 있을 것 같았다.

말하자면 똑소리 나는 승부수였다.

앨런은 보스턴으로 옮긴 후에 컨설턴트로 간판을 내걸고, 영세 스타트업을 대상으로 상업용지 평가와 사업안 구상을 해줬다. 그러던 중 한 청년에게 남성 명품 액세서리를 전문 취급하는 의류 소매점의 사업안 구상을 의뢰받았다. 앨런은 1주일 동안 꼼꼼하고 철두철미하게 조사를 벌여 50쪽짜리 문서를 작성했다. 그런 후 문서를 의뢰인에게 의기양양하게 건넸지만, 청년은 실제로 매장을 여는 것이 얼마나 복잡한 일인지 깨닫고는 앨런에게 수고비도 지불하지 않고 나가버렸다. 앨런은 불쾌했지만 그 사업안을 파일로 철해서 보관했다. 언젠가 다른 의뢰인이 비슷한 프로젝트의 사업안을 의뢰하길 바라는 마음에서였다.

5개월 후에 앨런은 보스턴 중심가의 쇼핑단지, 퍼네일 홀Faneuil Hall을 슬렁슬렁 걷다가 우연히 빈 채로 임대로 나와 있는 작은 소매 매장을 보게 됐다. 앨런은 어쩐지 마음이 끌려 걸음을 멈추고 매장을 눈여겨봤다. 아주 공들여서 작성했지만 퇴짜 맞았던 그 사업안이 갑자기 생각났다. "그 전까지만 해도 저는 의류 소매업은 고사하고 소매업 자체에 관심이 전혀 없었어요. 그런데 소매업을 열기에 이상적인 장소라는 생각이 문득 스쳤어요. 전문직 직장인들의 왕래가 많은 금융가의 한복판에 자리 잡은 명당 같았어요. 소매점 운영이 정말 재미있겠다는 생각도 들었고요."

앨런은 또 한번 과감하게 행동했다. 그 매장에 세를 얻은 후에 가진 돈을 모두 털어서 첫 번째 매장을 열어 전혀 생각해본 적 없던 사업을 실제로 시작했다. "원래 사업안에서는 맞춤 정장 서비스가 필요해서 외부 쇼윈도에 '맞춤 양복 및 와이셔츠'라는 문구도 붙였어요. 그때의 저는 양재에 양자도 몰랐어요. 맞춤 양복은 매장을 폼 나게 하려고 구색 맞춤용으로만 생각했죠. 솔직히 말해서 시장성이 있을 거라고 생각도 안 했어요. 그런데 몇 달 후에 한 신사가 들어오더니 맞춤 정장을 주문했어요."

순간, 앨런은 결정의 기로에 놓였다. 그 고객에게 이제는 맞춤 양복을 하지 않는다고 둘러대는 식으로, 골치 아플 일 없는 선택을 할 수도 있었다. 아니면 이제부터 맞춤복 주문을 받기 위해 전문 양재사와 계약을 맺는 선택지도 있었다. 사업의 기초에 따라 자신이 잘하는 분야에만 전념하고 나머지는 외주를 줘도 될 것 같았다. 그런데 맞춤 양복을 해볼까, 하는 생각을 하고 나자 그의 내면에 깊이 내재되어 있었으나 거의 인지하지 못하고 있던 어떤 열망이 자극됐다. 앨런은 그 느낌을 흘려 넘기지 않고 결정적인 선택을 내렸다. "그 신사에게 지금은 예약이 꽉 찼으니 2주 후에 다시 방문해 달라고 말했어요."

과감한 행동은 경우에 따라 극적으로 행해진다. 정리 전문가가 되기 위해 정계를 떠나거나, 원예를 배우기 위해 전 재산을 팔고 영국으로 날아가거나, 대안도 없이 무작정 캘리포니아 대학교 버클리 캠퍼스의 대학원 과정을 그만두는 것처럼 말이다. 하지만 과감한 행동이 뜻밖의 요구를 하는 고객에게 긍정적으로 응대하는 일처럼 단순한 경우도 있다. "사람들은 양재에 대해 아는 것도 없으면서 어떻게 양재사가 될 결심을 했느냐고 묻습니다. 그러면 저는 이렇게 대답해요. 바나 레스토랑의 운영도 잘 아는 분야라 시작했던 게 아니라고요. 하지만 시간이 지나면서 배운 게 있어요. 좋아하는 일을 하면 대개는 그 일을 정말로 잘하게 되더라고요."

그 고객이 매장을 나가자마자 앨런은 당장 행동에 나섰다. 볼티

모어의 유명한 맞춤복 제작업체에 전화를 걸어 맞춤 양복을 배우려면 어떻게 해야 하는지 문의했다. 업체에서는 3개월 후에 새로운 양재 강의 신청자를 받으니 그때 신청해보라고 제안했다. 앨런은 그렇게까지 오래 기다릴 여유가 없었다. 그래서 그 업체의 직원 한 명을 보스턴으로 파견받아 고객의 치수를 재서 양복 가봉하는 법을 1일 집중 강의로 배우기로 했다. "그 고객이 방문하기 전날에 직원을 파견받기로 했어요. 배운 것을 하나라도 까먹지 않으려고요." 그 고객이 다시 방문했을 때 앨런은 꼼꼼하게 치수를 재며 체격에 잘 맞는 정장을 맞추도록 도와줬다. 6주 후에는 양복이 다 만들어졌다. "회색 글렌 체크무늬의 투피스 정장이었어요. 옷이 **아주 멋지게** 빠졌더군요. 고객도 감격스러워했죠. 그때 속으로 생각했어요. '이거 정말 기분 죽이는 걸.'"

그때까지만 해도 앨런은 자신이 창조적 분야에 들어서게 될 줄은 생각하지 못했다. 그는 쭉 사업가로 살아오며 판매, 전략 짜기, 경영 등의 분주한 활동을 해온 사람이었다. 그런 활동 하나하나가 모두 좋았지만 이제는 스스로도 놀랄 만한 새로운 도전 의식이 생겼다. 멋진 의상을 만드는 데 자신의 재능과 판단력을 이용하고 싶었다. 자신의 사업 감각에 비쳐봐도, 맞춤 양복을 만드는 일은 확실히 매력이 있었다. 맞춤 양복업이 소매업보다 금전적 위험은 훨씬 낮고 이윤폭은 훨씬 높다는 것은 딱 봐도 간파할 수 있었다. 뿐만 아니라 맞춤 양복업은 그의 내면에 잠재되어 있었지만 관심을 주지도 않고 무시하고 있던 예술적 열망도 자극했다.

물론 지극히 현실적으로 말하자면 맞춤 의상의 제작은 만만찮은 커리어 전환이었다. 맞춤 의상으로 돈을 벌려면 부업쯤으로 삼아선 가망이 없을 터였다. 이 분야에서 전문가가 되려면 뼈를 깎는 노력을 쏟아야 그 높다란 정상에 다다를 수 있었다. 하지만 앨런은 다양한 미시적 동기 전반에 들어맞는 기회를 추구하면서 샘솟는 무한대의 추진력을 동력 삼아 울퉁불퉁한 바위를 하나하나 넘어 비탈길을 오르기 시작했다.

가봉과 재봉, 맞춤 디자인의 기초를 배우기 위해 앨런은 전국 곳곳을 뒤져서 자신의 학습법에 가장 잘 맞다고 판단되는 수업을 받았다. 그 후에는 업계 대가로 꼽히는 양재사들을 "귀찮게 따라다녔다." 이리저리 졸졸 따라다니며 수준급의 손놀림을 눈여겨 관찰했고, 그런 개인 교습의 대가로 지루한 잡일을 해줬다. 배우다 보니 자신이 사업상의 수리數理에 못지않게 양재상의 수리에도 재능이 있다는 깨달음이 왔다. 하지만 더 놀라운 깨달음은 따로 있었다. 직물 쪽에도 뜻밖의 직감을 갖추고 있었다. 요리사가 특정 재료에 잘 어울리는 양념을 가려내듯이 특정 의류별로 잘 맞는 옷감을 가려내는 데 타고난 안목이 있었다. 그 직후, 앨런은 온도와 습도, 마모도의 차이에 따라 나타나는 직물의 변화를 조사하는 등 직물 연구에 몰입했다. 나중엔 직물 공장들의 역사까지도 조사하기에 이르면서, 직물 생산 과정을 제대로 이해하고 싶어지면 실제로 공장을 찾아가야 직성이 풀렸다.

앨런은 어느새 세계 최고의 명품 직물 공장들의 본거지인 이탈리아와 영국으로 탐방을 떠나기 시작했다. 이런 순례여행은 야심에 찬 양재사들 사이에서도 드문 일이었다. 앨런은 어느 곳을 방문하든 거의 예외 없이 미국인으로는 최초의 탐방객이었다. 그 바람에 탐방지 직원들 중에는 앨런을 산업 스파이로 의심하는 사람들이 한둘이 아니었다. 하지만 노력은 결실을 맺었다. "저는 **정말로** 직물을 다루는 데 능숙해졌어요. 이제는 직물을 눈으로만 보고도 품질과 섬유의 길이는 물론이고 대체로 생산공장까지도 바로 알아맞혀요. 공장마다 대대로 전수된 독자적 방식으로 섬유의 마감 처리를 하기 때문이죠."

비교적 늦은 나이에 양재업계에 들어섰다는 점을 감안해서, 앨런이 무지막지한 기술을 습득하는 데 따르는 부담을 덜기 위해 틈새 영역에 집중하기로 했다면 그의 선택을 이해할 수 있을 것이다. 하지만 앨런은 최대한 열정을 발휘했다. 스스로를 안전지대 밖으로 부단히 밀어냈다. 19세기 스타일의 서양의복, 리조트웨어(피서지, 휴양지, 온천 등 행락지에서 입는 레저용 복장─옮긴이), 가죽 바이커복 등 까다롭거나 독특한 의상의 디자인 기회가 생기면 마다하지 않았다. 이런 의뢰는 전문직 종사자 대상의 고급 양복 판매로까지 이어지는 경우는 드물었지만, 앨런은 전반적인 실력을 높여줄 기교나 기량을 습득하고 싶어서 선뜻 맡았다. 그의 비정통적인 학습 방법은 누구에게나 다 효과적이진 않았을지 몰라도 그에게는 잘 맞는 방법이었다.

첫 번째 맞춤 양복을 만들고 나서 2년도 채 지나지 않아서 앨런은 휴스턴에서 열린 전국 패션 시상식에서 생애 최초로 패션 부문 우수상을 수상했다. 그가 제작한 독특한 의상 중 한 벌인 빈티지풍의 카우보이 연미복으로 받은 상이었다. 그 연미복은 뒷자락을 손으로 일일이 주름을 잡아 말의 엉덩이를 덮도록 길게 만든 것이 특징이었다. "그 당시에는 보스턴과 낸터킷Nantucket에서 소매 매장 두 곳을 운영 중이었는데 맞춤 양복 사업이 총 매출의 72퍼센트를 차지했어요. 맞춤 양복 사업은 수익만 아니라 일하는 재미도 쏠쏠했어요!" 앨런은 소매 매장을 닫고 앨런 룰로 쿠튀르를 열어 그 뒤로 거의 30년째 뉴베리 가의 터줏대감으로 자리잡고 있다.

앨런은 자신의 뿌리를 잊은 적이 없다. 그의 말투나 당당한 걸음걸이에는 레민스터 지방 특유의 기질이 여전히 물씬 묻어나는데다 잘난 체하는 법이 없다. 하지만 이제는 수년 전에 거울을 들여다보면서 꿈꿨던 모습의 사람이 되었고, 더 높은 꿈을 꾸고 있다. 매사추세츠 중심지에 그대로 눌러 살았다면 누리지 못했을 삶을 누리고 있다. 그는 승부수 걸기를 회피하거나 더 좋은 일이 일어나길 가만히 기다리지 않고 자신에게 가장 중요한 의미를 깨달은 뒤에 그에 따라 과감하게 행동에 나섰고, 최상의 삶으로 보상을 받았다.[7]

앨런이 우수성과 충족감을 획득한 비결은 무모하게 위험을 감수한 것이 아니라 적합성의 힘을 포용한 덕분이었다.

종착지 없는 길

일단 자신의 진정한 미시적 동기들을 바탕으로 선택을 내리면 거의 예외 없이 좋은 선택으로 귀결된다. 조금이라도 자신을 이해하고 내린 선택은 자신을 전혀 이해하지 못하고 내린 선택보다 더 낫기 때문이다. 뿐만 아니라 애초부터 얻을 것은 많고 잃을 것은 별로 없다. 안 좋은 선택을 내려서 안 좋은 결과를 맞을 잠재성이 상대적으로 낮기 때문이다.

자신의 개개인성에 대한 이해도가 높아질수록 자신에게 점점 더 적합한 선택을 내리게 되고 삶의 충족감은 점점 커지며 우수성은 꾸준히 향상되기 마련이다. 그러다 보면 잇단 승리를 이어가며 행복한 순간을 맞게 된다. 둘러보면 주변에 자신이 선택 가능한 멋진 기회들이 곳곳에 펼쳐져 있다는 깨달음과 함께 벅찬 희열도 느끼기 마련이다.

역설적이게도 바로 이때가 '자신의 선택 분간하기'가 그 어느 때보다 어려워지는 순간이다.

이제는 잃기 아까운 중요한 뭔가가 생겼기 때문이다. 일단 이 사실을 의식하게 되면 극복했던 표준화 계약의 입김이 절로 되살아나 귓가에 속닥거리기 시작한다. 우리는 표준화 문화에서 살아오며 안전망 없이 행동해서는 안 된다고 강요받았다. 이미 획득한 성과의 안정성을 위협할 과감한 행동은 피하라고 배웠다. 그래서 여기까지 오기 위해 얼마나 열심히 노력했는데 생소하고 불확실한 기회를 좇느라 그렇게 힘들게 쟁취한 성과를 위태롭게 할 이유가 있을까, 싶어진다. 갑자기 확률에 승부를 걸고 싶은 마음이 스멀스멀 생긴다. 심지어 적합성의 타당성에 대해 심각한 의혹을 느낄 수도 있다.

그래도 속아 넘어가면 안 된다.

달라진 건 없다. 지금까지 따라온 바로 그 가정과 계산이 여전히 유용하며, 당신을 여기까지 이끌어준 바로 그 사고방식이 한계점에 이르지도 않았다. 쭉 해왔던 방식대로 기회를 평가해야 한다. 새로운 기회가 현재의 기회보다 적합성이 더 좋아서 이대로는 최악의 시나리오로 살게 될 가능성이 엿보인다면, 현재의 기회가 아무리 안정적이고 만족스러워 보이더라도 더 큰 충족감을 주는 선택지를 선택해야 한다. 왜냐고? 이유는 간단하다. 적합성에서 작아 보이는 차이가 충족감과 우수성에서 아주 큰 차이를 낳을 수도 있기 때문이다.[8]

충족감은 언제나 성장과 발전, 자기계발이 함께 동반되어야 촉진되는 역동적인 경험이다. 발전하려는 노력을 그만두는 순간 충족감은 꽃을 피우기도 전에 시들어간다. 구불구불 굽은 경로에는 종착지가 없다. 진정성의 느낌을 키워줄 기회를 스스로 차단하는 순간, 안락함을 잃는 것보다 더 심각한 손실의 위험에 놓인다.

목표의식을 잃을 위험이 있다.

위험한 선택

메간 스탠리Megan Stanley는 앨버타 주 캘거리Calgary 소재의 홈 오토메이션 업체에서 정보기술 관리자로 근무하다가 중대한 두 갈래 갈림길에 서게 됐다. 한쪽은 수동적인 고르기였고 다른 한쪽은 적극적인 선택이었다.

메간이 이 회사에서 일한 지는 5년이 다 됐다. 맡은 일은 만족스러웠고 급여 수준이 꽤 괜찮은 데다 복지혜택도 좋았다. 상사와 동료들과의 사이도 좋았다. 업무처리 능력이 아주 뛰어나서 드디어 2002년에는 솔깃한 계약 조건을 제안받았다. 앞으로 10년 동안 회사에 계속 다니기로 약속하면 고용보장을 해주겠다는 제안이었다. 가족과 친구들은 다들 서명하라고 격려했다! 그런데 문제가 있었다. 메간은 그 일을 진심으로 좋아했지만 현재의 근무조건에서는 절대 충족시키지 못하는 중요한 뭔가를 놓친 채로 살아야만 했다.

바로 개들이었다.

메간은 어린 시절부터 개들을 상대하는 직업을 갖고 싶어 하다가 덩치 큰 프랑스산 맹견 후치가 나오는 톰 행크스의 영화 〈터너와 후치Turner and Hooch〉를 보며 꿈을 키웠다. "그 영화에는 집에서 동물병원을 운영하는 수의사 에밀리가 나오는데, 그녀처럼 되고 싶었어요. 캘거리에서 동물병원을 운영하면서 살면 좋을 것 같은 주택을 찜해놓기도 했어요." 메간은 고등학교에 들어간 이후부터는 수의사가 실제로 어떤 일을 하는지 알아보았다. 그 덕분에 자신의 미시적 동기들을 정확하고 확실하게 알게 되면서 수의사의 꿈이 자신에게 적합하지 않다는 사실을 깨닫게 됐다.

"수의사가 하는 일은 대부분 동물들**에게** 뭔가를 **해주는** 거예요. 아픈 애완동물들에게 수술과 치료를 해주고, 동물들을 안락사시키고, 흥분한 애완동물 주인들을 진정시키는 일이 주된 업무예요. 제가 개들과 갖고 싶었던 관계가 아니더라고요. 제가 원했던 만큼 사적인 유대감을 느끼기 힘들더군요. 그런데 안타깝게도 당시 제가 아는 한에서는, 개들을 상대하는 직업은 수의사 외에는 다른 경로가 없었어요."

메간은 10년간의 근무 계약을 제안받았을 때도 여전히 개들과 어울려 지낼 수 있는 방법이나 그 꿈을 직업으로 삼을 방법을 전혀 알지 못했다. 하지만 뭐라도 시도하고 싶은 마음이 들었다.

"뭐랄까, 좀이 쑤시는 그런 기분이었어요. 자꾸 좀이 쑤시면서 계약서에 서명하는 게 적절한 선택 같지 않았어요."

메간이 당신의 자식이라면 어땠을까? 딸이 개들의 복지를 개선하려는 꿈을 좇기 위해 10년간 안정된 급여와 복지혜택이 보장된 기회를 버리고 싶어 한다면 어땠을 것 같은가? 딸에게 어떤 충고를 해줬을까? 메간의 부모는 너무 위험한 확률이라고 만류했다. 잃을 게 너무 많은 선택이라며, 어쨌든 개들을 돕는 일은 언제든 여유 시간에 자원봉사로 할 수 있지 않느냐고도 타일렀다. 하지만 메간은 누구보다 잘 알고 있는 한 가지가 있었다. 자기 자신이었다.

우선, 메간 자신은 개들에게 지극하고도 변함없는 애정을 품고 있었고 그런 애정이 막을 수 없는 동기의 원천이 되리라고 확신했다. 또 동물들이 받는 돌봄의 질을 향상시키고 싶은, 진심 어린 열망도 있었다. 더군다나 회계, 재무계획 작성, 웹 프로그래밍 등 사업 운영에 필요한 여러 직무에 재미를 느끼는 편이었는데, 어차피 개들을 다루는 일을 하고 싶다면 회사를 직접 차려야 할 것 같았다. 애초에 직장에서 장기 고용 계약을 제안받게 된 계기도 이런 직무상의 실력이 뛰어난 덕분이었다. 사업을 하자면 마케팅 전략도 세워야 했는데, 그 부분도 창의력을 발휘하기 좋아하는 메간의 기질을 자극했다. 그런데다 사람들과 어울리는 것을 굉장히 즐기는 편이라 견주들이나 앞으로 고용할 자신의 직원들과 끈끈한 관계를 다지는 일도 즐겁게 할 자신이 있었다.

부모님은 말할 것도 없고 동료들까지 충격을 받았지만, 메간은 결국 계약을 거절하고 회사를 그만뒀다.

그 뒤에 더 낮은 급여 조건에도 아랑곳없이 상근직 개 조련사로 취직했다. 일단은 그곳에서 개들과 더 많이 접촉하면서 또 다른 기회를 포착하길 희망했다. 그런데 가만히 살펴보니 그 업체에서는 처벌 위주의 개 조련 방법을 이용하고 있었다. "한 조련사는 쇠사슬 안쪽이 뾰족뾰족한 목줄을 끌어당기더라고요. 고대 고문기구 같은 목줄을 보고 기겁했다니까요. 그런 식으로 개들을 조련하다니, 말도 못하게 충격적이었고 분노가 치밀었어요."

메간은 이날의 경험에 더해, 그녀의 말마따나 애완동물 관련 산업의 '어두운 면'까지 점점 알아차리게 되면서 동물들의 대변자가 되어야겠다는 의욕이 생겼다. "독자적인 시설을 열어서 미쳐 돌아가는 인간 세계에서 살아가는 개들을 돕고 업계 전반의 변화를 유도하기 위해 투쟁하기로 결심했어요."

메간은 시설을 설립하며 두 가지 운영원칙을 이상으로 내세웠다. 첫 번째 원칙은 개들이 도시 환경에 잘 적응하도록 가르쳐주는 호의적 방향의 개 조련법 지도 강좌와 프로그램 제공하기였다. 두 번째 원칙은 인도적이고 전문적인 돌봄 서비스의 제공이었다. 그동안 다른 돌봄 서비스 업체들을 방문해 살펴본 결과 거의 모든 업체가 무지나 무관심 탓에 개들을 부당하게 대하고 있어서 생각한 원칙이었다.

결국 메간은 2006년에 26세의 나이로 자신의 회사를 세워 반려동물 서비스를 시작했다. 호의적 돌봄에 헌신하는 메간의 열의와 인상적인 성과가 빠르게 입소문을 타고 퍼졌다. 그녀의 강좌와 데이케어 서비스는 신청자가 쇄도했고 덕분에 2008년에 시설을 한 곳 더 열 수 있었다. 그녀는 2016년, 2017년, 2018년에 캘거리에서 최고의 개 조련사로 선정되었고 2017년에는 캘거리 영세업 부문 최종 후보자로 뽑히기도 했다. 현재는 개조련사협회의 의장으로 활동하고 있다.

이제 메간의 부모님은 딸의 과감한 행동을 더는 한심하게 여기지 않는다. 메간은 이전 직장에 그대로 다녔을 경우에 벌었을 소득보다 두 배를 더 벌고 있다. 소득을 훨씬 더 늘릴 수도 있지만 자신의 사업과 직원들의 급여에 최대한 재투자하고 있다. 지난 2년 동안엔 IT 분야의 대량해고로 캘거리 경제가 크게 하락했다. 메간의 말처럼 그때 고용 계약서에 서명했다면 지금쯤 실업자가 되었을지 모를 일이다. 하지만 메간은 지난 2년 사이에 실업자가 되기는커녕 현재 기준 최고의 반려동물 서비스 업체를 키워냈다.

당신의 모든 선택지가 다 괜찮더라도, 아니 선택지들이 괜찮을수록 **특히 더** 다크호스형 사고방식에 따라 적합성이 가장 잘 맞는 선택을 해야 한다. 그 선택이 남들의 눈에는 아무리 위험해 보이더라도.

또 다시 위험을 감수하는 이유

수잔은 루디 레코드에서의 일이 즐거웠다. 쟁쟁한 밴드들을 위해 의미 있는 일을 하며 자신에게 잘 맞는 역할을 맡고 있어서 좋았다. 다만, 그곳 녹음 스튜디오의 음악 스타일은 딱히 그녀의 '공감대'와 맞지 않았다. 수잔은 "1983년 여름에 꿈의 직업에 대한 글을 써보라고 했다면 생각하고 말 것도 없이 당장 '프린스의 녹음기사가 되고 싶다'고 썼을 것"이라며 프린스에 대한 팬심을 드러내기도 했다.

수잔은 프린스의 곡이 소울 음악 라디오 방송에서 흘러나오기 시작했던 1978년 이후로 쭉 프린스에게 깊은 유대감을 느꼈다. 그가 음악에 담아내는 모든 것에 공감했다. 하지만 프린스는 수잔과는 전혀 다른 업계로 옮겨간 바람에 그와는 음악적 인연으로 얽히길 기대할 수도 없었다.

그러던 어느 날, 음악계에서 일하는 한 친구가 수잔에게 전화를 걸어왔다. 그는 새로운 일자리가 났다는 소식을 막 들었다는 말로 운을 떼더니 그 소식을 듣자마자 그녀 생각이 났다고 말했다. 누군가가 정비기사를 찾고 있다는데, 그 누군가가 바로 프린스였기 때문이다.

생각지도 못했던 귀한 기회였다.

수잔은 당시를 이렇게 회고했다. "그런 자리가 나온 데는 그만한 이유가 있었어요. 정비기사가 되면 미니애폴리스(미국 미네소타 주 최대의 도시)로 옮겨가야 했기 때문이죠. 그때는 아무도 미네소타 주에서 살고 싶어 하지 않았어요. 음악 활동을 하기에 별 매력없는 곳이었거든요. 음악의 불모지였죠. 장비가 필요하거나, 장비를 다루는 데 도움이 필요하거나, 일자리가 필요하면 당장 구할 수 있었던 로스앤젤레스와는 달랐어요. 그러니 미네소타로 옮겨가는 것은 커리어를 망치는 길로 통했죠."

이 무렵의 수잔에게는 잃을 것이 있었다. 각고의 노력 끝에 이런저런 장애물을 헤치며 그녀 나름의 구불구불 굽은 경로를 개척하여 음악계에 커리어를 구축한 상태였다. 그런데 만 개의 호수가 있는 땅Land of 10,000 Lakes(미네소타 주의 별칭)에서 자신의 커리어를 서서히 녹슬게 한다면 그 모든 노력이 무의미해질지도 몰랐다. 표준화형 사고방식의 속삭임이 들려왔다. 이미 역경을 극복해냈는데 또 다시 위험을 감수할 필요가 어디 있느냐고, 이미 획득한 것이나 잘 지키라고 꼬드겼다.

하지만 수잔은 그렇게 어리석지 않았다. "전 망설이지조차 않았어요. 다른 사람도 아닌 프린스라잖아요! 망설일 것도 없이 짐을 싸서 미니애폴리스로 떠났죠."

근무지는 프린스의 집 지하실이었다. 그는 자신의 집에 녹음 스튜디오를 마련한 후 장비의 설치와 정비에 수잔의 도움이 필요했던 참이었다. 수잔은 미니애폴리스에서의 첫 주 동안 녹음 스튜디오가 제대로 운영되도록 정비하느라 쉬는 시간도 없이 일했다. 그동안 프린스가 위층에서 집 여기저기를 걸어 다니는 소리가 자주 들렸지만 그와 직접 대면한 적은 한 번도 없었다. 일을 마친 날 오후, 그가 계단을 걸어 내려오더니 처음으로 말을 걸었다.

"제가 설정한 장치에 대해 몇 가지 기술적 문제를 물어서 대답해줬어요. 프린스는 듣고 싶은 대답만 듣고는 자리를 뜨려고 휙 돌아서더군요. 소개 인사도 없고 담소 한마디 없이요. 그가 위층으로 되돌아가려고 막 발걸음을 떼던 그때 머릿속에서 작은 속삭임이 울렸어요. '이런 식으로 시작할 순 없어.'"

수잔은 결혼생활에서 할 말도 제대로 못하고 고분고분 따르는 역할을 대뜸 받아들인 바람에 겪었던 기억이 떠올랐다고 한다. "이 남자와 같이 일하려는 목표 하나로 3,700킬로미터나 되는 거리를 옮겨왔어요. 그런 식의 역할을 그대로 받아들여 관계를 시작할 수 없다고 생각했어요."

그 순간, 수잔은 처음으로 주체적 선택을 해보자며 자기혁신적 결심을 했던 그때의 의지를 끌어내 중대한 결정을 내렸다. 아주 정중하게 손을 내밀며 프린스에게 자신을 소개했다. "수잔이라고 합니다. 당신의 정비기사로 일하려고 왔어요." 프린스는 얼굴에 멍한 표정을 지었지만 다시 계단을 내려와 악수를 나누며 화답했다. "프린스입니다. 만나서 반가워요."

그렇게 해서 두 사람의 멋진 공동 작업이 시작됐다.

수잔은 그때의 입장을 이렇게 강조했다. "지금도 그때 그렇게 하길 잘했다고 생각해요. 우리 모두는 인간으로서 평등하잖아요. 저희 둘은 프로 대 프로로서 인위적 계약을 맺어 제가 급여를 받는 대가로 그를 위해 일하기로 한 상황이었어요. 고용자는 저를 해고할 수 있고 저도 그만둘 수 있지만, 일단 서로의 동의하에 프로로서 제 역할을 다하기로 합의한 것이니 공평한 경기장에서 공평한 경기를 펼쳐야 마땅하죠. 제가 그의 음악적 필요를 충족시키기 위해 그곳에 가긴 했지만 그의 음악이 잘되기 위해서는 제 역할도 중요해요. 제 역할이 존중받아야 마땅하다는 점을 확실히 하고 싶었어요. 다행히도 그는 그 점을 인정했고 함께 작업하는 동안 저를 존중해줬어요."

수잔은 뛰어난 기술 지식을 펼쳐 보이면서 점차 프린스의 신뢰를 얻었다. 게다가 두 사람은 음악 취향과 감수성도 서로 잘 통했다. 애초에 수잔이 자신의 영혼을 울리는 음악 스타일을 지닌 뮤지션과 일하고 싶다는 이유 하나만으로 미니애폴리스로 옮겨간 것이었으니 그럴 만도 했다. 수잔은 정비 전문가로 채용된 것이었지만 프린스는 장비를 관리하는 사람과 트랙을 녹음하고 믹싱하는 사람이 따로 있다는 것은 알지 못했거나 개의치 않았던 모양인지, 차기 앨범의 녹음을 시작할 때 그녀에게 녹음 콘솔로 와서 앉으라고 부르기도 했다.

그 앨범이 바로 〈퍼플 레인Purple Rain〉이었다.

〈퍼플 레인〉은 역대 가장 화제성 높고 성공한 앨범으로 등극하며 2,500만 장이 넘게 판매되었고 프린스는 두 개의 그래미상과 오스카상을 수상했다. 빌보드 200에서 24주간 1위 자리를 지키며 역대 4번째로 최장기 1위 기록을 세우기도 했다. 수잔은 자신이 좋아하는 아티스트가 생애 최고의 앨범을 녹음하고 믹싱하는 작업을 도와줬던 셈이다. 그야말로 감동적인 충족감을 안겨준 성취였다.

하지만 감동적인 순간은 그 뒤에도 이어졌다.

프린스는 퍼플 레인 투어 공연에 나설 때 수잔에게 음향기사로 투어 팀에 합류해 더 큰 여러 무대에서의 콘서트 공연을 녹음해달라고 요청했다. 그 콘서트 무대 중에는 L.A. 포럼도 있었다.

"지금도 그때를 생각하면 전율이 일어요. 제 삶이 더 내려갈 데도 없이 밑바닥을 찍었던 곳이자 어림도 없는 맹세를 했던 곳에, 그 맹세를 실현시켜서 당당히 돌아온 것이었으니까요. 그곳에서 라이브 사운드를 믹싱하진 않았지만 세상에서 제일 좋아하는 아티스트를 위해 사운드를 녹음하게 되었으니까요. 남들에게는 별일 아니겠지만 저에겐 뜻깊은 순간이었어요."

공연 후에 수잔은 프린스의 분장실로 가서 예전의 그 맹세 이야기를 했다.

"우리 두 사람은 그 믿기 힘든 순간을 공감하며 아이들처럼 흥분했어요. 그는 제 감응을 정말 잘 이해했어요. 저만 꿈을 이룬 게 아니라 그 역시 그 나름의 꿈을 이룬 삶을 살고 있었더라고요. 우리는 둘 다 십대 시절에 외로움에 몸부림쳤지만 이제는 멋진 순간을 함께하고 있었어요. 서로 힘을 합해 그런 마법 같은 순간을 함께 맞게 된 것이었어요. 그는 기쁨에 벅찬 미소를 짓고 있었어요!"

결단과 행동

다크호스들은 단순히 열정을 따르지 않는다. 자신의 미시적 동기를 이해하고 활성화해서 열정을 설계한다. 주어진 목표를 따르지도 않는다. 과감한 행동을 벌이면서 목표를 설계한다.

중요한 선택을 내려야 할 때마다 미시적 동기들과 기회 사이의 적합성을 기준으로 삼으면 자신만의 목표가 세워진다. 당신 자신이 삶의 의미와 방향을 결정하는 것이다.

수잔의 목표는 접수계원으로 취직해 혼자 힘으로 음악계에서 기술직이 될 방법을 찾는 것이었다. 더그는 영국으로 옮겨가면서 원예술을 익혀 원예와 조경 설계의 대가가 되겠다는 목표를 세웠다. 메간은 IT 분야의 일자리를 그만두면서 개들을 돌보는 일을 업으로 삼고 변화를 유도하겠다는 목표를 세웠다. 세 사례 모두 자신이 좇기로 선택했던 중대한 기회를 통해 목표가 뚜렷해진 것이었다.

자신의 개개인성에 가장 잘 맞는 선택지를 적극적으로 선택하지 않고 표준화 계약의 요구에 따라 미리 정해진 성공 가망을 기준으로 삼아 수동적으로 표준화된 선택지를 고른다면, 스스로에게 정당한 권리인 목표의식을 빼앗는 격이다. 다크호스들이 선택에 전력을 기울이는 이유가 여기에 있다. 다크호스들은 선택을 애매하게 얼버무리거나 회피하지도 않고, 시험삼아 해보는 식으로 가볍게 다루지도 않는다. 다크호스들은 특정 방향에 열정을 쏟기 때문에 과감하게 행동한다.

과감하게 행동할 때마다 '이것이 내가 나아가려는 방향'임을 세상에 분명히 알리는 것이다.

DARK HORSE

4 장

전략 알기

대체로 우리는 우리의 뇌가 가장 잘하는 것이 뭔지
조금도 모른다.[1]

– 마빈 민스키, 인공지능 분야를 개척한 과학자 –

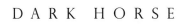

DARK HORSE

다크호스형 사고방식 Ⅲ

정육면체 퍼즐 루빅스 큐브는 세계에서 가장 인기 있고 가장 오래 사랑받은 퍼즐 게임으로 꼽힌다. 1980년대 최고의 인기를 누렸다가 최근에 '빨리 맞추기' 경쟁이 불붙으며 다시 부상했다. 큐브 도사들은 색이 알록달록 섞여 있는 큐브를 30초도 안 되어 뚝딱 맞춘다. 고수들은 8초 만에도 맞춘다.

그런 사람들을 보면 루빅스 큐브에는 일정한 전략이 있어서 퍼즐을 확실하게 맞출 수 있는 알고리즘이 있지 않을까, 하는 생각도 들 것 같다. 퍼즐 맞추는 방법을 배우고 싶으면, 흔히들 온라인에서 순서대로 따라할 수 있게 시범을 보이는 유튜브 동영상을 반사적으로 찾아본다. 큐브를 빠르게 맞추는 사람들이 그런 방법을 암기해서 거뜬히 맞출 때까지 연습에 연습을 거듭하는 것으로 생각하기 때문이다.

하지만 그 방법이라는 것이 딱 하나만 있는 것은 아니다. 루빅스 큐브를 맞추는 전략에는 확실히 정립된 것만 해도 루 해법Roux Method, 페트루스 해법Petrus Method, 휴먼 디스틀스웨이트 알고리즘 Human Thistlethwaite Algorithm, ZZ 해법ZZ Method, 섀도우슬라이스 스노우 컬럼Shadowslice Snow Columns 등 최소한 12개다.[2] 그 외에 큐브의 일부분을 맞추는 방법이 (마이 월드My World와 윈터 베리에이션Winter Variation 등) 6개 있을 뿐만 아니라 손 움직임을 더 빠르게 해주는 일종의 '손장난'을 비롯해 퍼즐 맞추는 속도를 더 높이는 방법도 있다. 이런 전략들 중에는 실제로 알고리즘에 기반한 것도 있어서 일정 순서대로 퍼즐을 돌려 특정 패턴을 맞추는 식이지만 이 특정 패턴별로 방법이 다 다르다. 한편 '블록쌓기식' 전략은 엄밀히 알고리즘을 따른다기보다 퍼즐을 빠르게 맞춰나가는 큐브 도사의 패턴 인지 능력이 요구된다. 고난도 전략들은 대부분 알고리즘과 벽돌쌓기식 기법을 오가는 혼합형이며 대체로 퍼즐 맞추는 사람의 직관에 의존하는 편이기도 하다.

'가장 좋은 전략이 뭘까?' 큐브 초짜들이 흔히 던지는 뻔한 질문이다. 그런데 그 답을 아는 사람은 질문을 던진 당사자일지 모른다. 큐브를 맞추려는 그 사람의 개개인성을 고려하지 않은 채 어떤 전략이 가장 좋을지 평가할 방법이 없다. 큐브 도사들 8명에게 특정 모양으로 배치한 큐브를 주면, 저마다 다른 8가지 조합의 동작으로 똑같은 결론을 이끌어낸다. 지금까지 빠르게 맞추기 대회의 승자들을 봐도 최소한 6가지의 전략을 사용해왔다.

큐브 빠르게 맞추기든 그 외의 다른 무엇이든 간에 우수한 실력을 키우기 위한 가장 좋은 전략 같은 것은 없다. **당신**에게 가장 좋은 전략만 있을 뿐이다. 그런 이유로 다크호스형 사고방식의 세 번째 요소는 **자신의 전략 알기**Know Your Strategies다.

전략의 의미

다크호스형 사고방식에서의 전략은 **더 발전**할 방법을 의미한다. 따라서 모든 전략에는 시간에 따른 실력 향상이 고려된다. 커브볼 던지는 요령을 익히는 전략, 판매량을 늘리는 전략, 더 유능한 리더가 되는 전략 등이 반드시 따른다. 자신에게 잘 맞는 전략을 찾아내는 것이 곧 우수성을 획득하는 열쇠다.

자신의 전략 알기에서 중요한 관건은 위에서 내려온 전략을 수동적으로 따르는 게 아니라 자신의 장점을 적절한 공부법과 훈련법, 학습체계의 기준으로 삼는 것이다. 자신의 장점을 기준으로 삼다 보면 자신에게는 지극히 당연해 보이지만 남들에게는 이상해 보이는 아이디어를 떠올리기도 한다. 예를 들어, 눈을 가리고 루빅스 큐브를 맞춰야 한다면 어떻게 하겠는가? 당신이라면 어떤 전략을 채택하겠는가?

T.V. 라만T.V. Raman이라는 이름의 다크호스는 한 번도 쳐다보지 않

고 24초 만에 큐브를 맞추는 전략을 생각해냈다. 라만은 촉감이 아주 예리해서 (그만의 장점을 감안하면 그에게는 아주 당연하게 여겨질 만한) 첫 번째 조치로, 큐브의 면에 작은 돌기를 붙여 색깔별로 패턴의 돌기를 다르게 했다. 그 덕분에 큐브를 눈으로 보는 대신 손으로 '볼' 수 있게 됐다. (이것을 꼼수라고 생각할 사람도 있겠지만, 눈을 가린 상태에서 누군가가 당신에게 복잡한 패턴의 돌기가 붙은 루빅스 큐브를 건네면서 맞춰보라고 하면 어떨까? 더 쉽게 맞출 수 있을까?)

큐브를 맞추기 위한 촉감 전략은 새로운 선택지를 개척한 것이지만, 다른 사람들에게는 큐브 맞추기를 더 못하거나 아예 못하게 방해하는 전략이다. 시각적 전략에서는 한 번에 최대한 세 면까지만 큐브를 볼 수 있지만 그 세 면에서 블록 **전체**를 다 볼 수 있다. 하지만 촉감 전략에서는 지각 방식이 다르다. 손가락으로 큐브를 잡고 있으면 전체 6면의 **일부분**을 '볼' 수 있지만 한 번에 한 면의 모든 블록을 '볼' 수는 없다. 전체 면의 블록을 확인하려면 큐브의 면을 따라 손가락을 옮겨야 한다.

T. V. 라만은 수개월에 걸쳐 큐브를 맞추기 위한 '촉감' 전략을 개발하며, 시각적 전략들과는 다른 방식의 큐브 돌리기 패턴을 개념화하기까지 했다. 이 촉감 전략은 다른 전략들과 비교해서 더 좋거나 더 나쁜 전략이 아니었다.

단지 라만에게 잘 맞는 전략일 뿐이었다.

단 하나의 최상의 방법

표준화된 기관은 그 설계상 당신에게 가장 좋은 전략을 가려주지 못한다. 오히려 모든 사람이 따를 단 하나의 전략, 다시 말해 단 하나의 최상의 방법을 정해줄 따름이다.[3] 사실, 표준화의 아버지 프레드릭 테일러의 전기 제목도 『단 하나의 최상의 방법The One Best Way』이다. 테일러가 산업을 표준화하기 위해 쏟아부은 노력은 직무 수행을 위한 최적의 방법을 정한 후 시스템에 (인력을 포함한) 모든 배치를 맡기고 정해진 방법을 최대한 효율적으로 수행시키는 방향에 초점이 맞춰져 있었다.

물론 표준화 계약에서 특정 전략들을 '최상의 실행법'이나 '황금 기준'으로 인정하는 덕분에 행정가들과 관리자들은 더 편리하게 살고 있다. 사람들의 개인적 장점을 각각 알아내 기관의 시스템을 개개인에게 맞추기 위해 애쓸 필요가 없다. 그렇게 애쓰기는커녕 단 하나의 최상의 방법, 즉 그 방법을 따르거나 아니면 떠나라는 것이다.

시간이 흐르고 흘러 단 하나의 최상의 방법이 표준화 시스템에 지나치게 고착화되면서 훨씬 더 좋은 대안이 있을 가능성을 상상하기조차 어렵다. 오히려 기관이 우리 자신보다 우리의 능력을 더 잘 안다고 생각하기 쉽다.

오늘날의 우리는 자신을 평가할 때 본능적으로 학습, 훈련, 성취 등의 표준된 방법에 따라 자신의 수행력을 가늠한다. 표준화 계약은 여러 방법으로 당신에게 스스로의 잠재력을 저평가하도록 내

몰고 있다. 그중에서도 특히 당신을 심하게 위축시키는 방법이 하나 있다. 기관이 당신에게 맞지 않는 전략을 채택하라고 다그쳐 놓고선 당신이 쩔쩔매면 그 실패를 재능 부족 탓으로 돌리며 업신여기고 핀잔 주는 방법이다.

하지만 단 하나의 최상의 방법으로 잘 해내지 못한다는 이유만으로 당신에게 재능이 없다고 볼 수는 없다.

장점 강화 전략

천문학은 수학 의존도가 높은 분야다. 케플러 방정식으로 행성 궤도를 규명하고, 멀리 있는 별에서 오는 전자기 방사선의 탐지와 해독에 맥스웰 방정식을 활용하며, 아인슈타인의 일반 상대론 방정식으로 은하계의 움직임과 백색왜성, 블랙홀을 설명한다. 그런 만큼 모든 대학원의 천문학 과정에서는 미적분학과 선형 대수, 미분 방정식 과목을 통과해야 한다. 안타깝게도 제니 맥코믹은 기초 삼각법도 배우기 전에 고등학교를 중퇴했다.

제니가 어떻게든 고등학교를 계속 다녔다면 지금보다 고도의 수학 실력을 쌓았을까? 제니의 말을 직접 들어보자. "저는 수학을 좋아한 적이 없어요. 이해가 잘 안 돼서 쩔쩔맬 때가 많았어요. 번번이 그러니까 나중엔 흥미를 잃어버렸죠." 그래서 제니로선 천문학 실력을 키우려면 수학이 많이 필요하지 않은 전략을 생각해내야 했다.

다행히 제니에게는 다른 장점들이 있었다. 그중 하나가 지칠 줄 모르는 호기심이다. 거리낌 없이 선뜻 가르침을 청하면서, 무식해 보일까 봐 겁내지도 않는다. 축축하게 젖은 풀밭에서 별의 계시를 받은 이후엔 오클랜드 천문대에서 달과 행성을 주제로 무료 공개 강좌가 열릴 때마다 부지런히 다녔다. 강좌를 들은 후엔 천문대에서 일하는 프로 천문학자들에게 가서 자신을 소개했다. 그러면 다들 제니의 열의와 붙임성 좋은 친화력에 호응을 해줬고 어떤 천문학자는 소형 망원경을 집에 가져가서 보라며 빌려주기까지 했다. "저는 그 망원경을 뒷마당에 세워놓고 남편을 불렀어요. 어서 와서 목성 좀 보라고요! 그랬더니 '그딴 건 봐서 뭐하냐'고 핀잔을 주더라고요." 제니는 이 대목에서 전염성 강한 웃음을 터뜨렸다가 뒷말을 이었다. "하지만 그런 핀잔에도 의욕이 꺾이지 않았어요. 하늘을 아무리 올려다봐도 질리지 않았어요!"

제니에게는 기술을 어려워하지 않는 장점도 있다. 현대 천문학 관측에 사용되는 컴퓨터 하드웨어와 소프트웨어를 책을 보고 공부하거나 수업을 듣는 식이 아니라 직접 해보면서 배우는 식으로 능숙하게 익혔다. 제니는 변광성變光星의 밝기 측정 문제든 CCD 카메라(디지털 카메라의 하나로, 전하결합소자CCD를 사용하여 영상을 전기신호로 변환함으로써 디지털 데이터로 플래시 메모리 등의 기억 매체에 저장하는 장치-옮긴이)의 조정 문제나 미시중력렌즈 시야의 차등측광 문제든 가리지 않고 새로운 문제에 접할 때마다 주저하지 않고 도움을 청했다. 이런 자세로 배우다 보니 밤샘 관측에서 망원경을 자동화하는 데 필요한 일종의 맞춤 소프트웨어를 프로그래밍하는 실력도 차츰 늘었다.

제니는 끈기가 있어서 세세한 부분에 집중해 꼼꼼히 살펴볼 줄도 안다. 남반구 하늘의 흥미로운 대상들, 그중에서도 특히 "잊을 수 없을 정도로 아름다운 목성의 유령Ghost of Jupiter 같은 행성상 성운(은하계 내의 가스성운 중 비교적 소형으로 원형을 이루며, 망원경으로 보았을 때 행성 모양으로 보이기 때문에 이런 이름이 붙었음—옮긴이)"을 올려다보며 며칠 밤, 몇 달, 몇 년을 끈기 있게 관측했다. 이런 대상들을 좀 더 정확하게 보기 위해 망원경을 맞추던 중, 렌즈, 미러, 카메라와 여러 종류의 전자기기들이 관측의 질에 영향을 미친다는 사실도 깨달았다. 또한 이런 꼼꼼한 관측방식 덕분에 수천 광년 떨어진 천체의 확실하고도 안정된 이미지를 얻어 아주 멋진 '광도곡선(변광성의 밝기 변화를 나타내는 그래프로, 가로축은 시간, 세로축은 광도임—옮긴이)'을 작성하는 데 필요한 정밀한 기술력을 갖추게 됐다.

그녀의 관측 실력이 늘어날수록 새로 발견된 재능을 통해 새로운 열망, 즉 새로운 미시적 동기가 생겨났다. "얼마쯤 지나면 그냥 **보는 것**만으로는 성에 차지 않게 돼요. 뭔가 **기여하고** 싶어졌어요. 그런데 과학계에 뜻깊은 기여를 하려면 더 큰 망원경이 필요했어요."

결국 그녀는 뒷마당 테라스에 팜코브 천문대를 세웠다.

천문학은 국제 협력이 성공의 필수조건인 학문 분야다. 한곳의 천문대에서 하늘의 모든 부분을 관찰할 수 없고, 심지어 하늘의 한 부분을 매일매일 관찰하는 것조차 불가능하기 때문이다. 따라서 연구 프로젝트를 진행할 때는 보통 다수의 망원경을 통해 수집된 관측 자료를 활용한다.

1999년 10월, 제니는 드디어 전 세계 대학의 프로 천문학자들과 협력을 시작했다. 그들은 그녀에게 관심 대상들의 자료를 제공했고 그녀는 그 보답으로 관측 자료를 제공했다. 프로 천문학자들은 그녀의 광도곡선이 수준급임을 금세 알아봤다. 가정용 망원경으로 그렇게 유용한 자료를 확보한 점에 깊은 인상을 받아 그녀의 관측을 더욱더 진척시키기 위해 점점 더 적극적으로 도와줬다. 어느 날부터는 세계의 여러 연구팀에서 팜코브 천문대에 자원을 기부했다. 특히 오하이오 주립대학교 연구팀은 더 고성능의 망원경을 보내줬고, 컬럼비아 대학교의 단체에서는 더 고성능의 카메라를 기부했다. 한국의 한 단체에서는 반구형 지붕을 보내주기까지 했다. 심지어 오하이오 주립대학교의 천문학 학부는 교수진에게 강연을 해달라며 콜럼버스(오하이오의 주도)로 초빙했다. 그녀는 이 순간을 자신의 커리어에서 최고의 순간으로 꼽았다. "상상해보세요. 왕거누이 출신의 애 엄마가, 그것도 15세에 학교를 중퇴한 사람이 그런 쟁쟁한 교수들 앞에서 천문학 강연을 한 거라고요!"

현재까지 제니는 20개가 넘는 새로운 행성의 발견에 기여했다. 하지만 혼자서 하는 연구도 즐긴다. 2008년에는 늘 하던 대로 멀리 떨어진 혜성을 관측하던 중 이미지의 귀퉁이에서 아주 작은 점에 주목하게 됐다. 아무리 봐도 당시에 살펴보던 별과는 전혀 관련이 없는 것 같았다. 대다수 천문가들이라면 시시한 '잡음'쯤으로 넘겨버렸을 존재였다. 하지만 제니는 언제나처럼 호기심에 차 있었고 철저했다. 자신의 자료에서 모든 것을 낱낱이 설명할 수 있어야 직성이 풀리는 성격답게 그 점의 정체를 조사하며 그것이 컴퓨팅상의 산출물에 불과한지 아니면 실체적 존재인지 가려내려 했다. 조사 결과 이전까지 알려지지 않았던 약 3.2킬로미터 길이의 소행성이었다. 제니는 이 소행성에 '뉴질랜드New Zealand'라는 공식 명칭을 붙였다.

믿거나 말거나 자유지만, 요즘엔 새로운 소행성의 발견이 새로운 행성의 발견보다 훨씬 더 대단한 업적이다. 천문가들은 흔히 행성 탐색을 할 때 탐색 대상으로 삼을 만한 별들을 미리 알고 관측한다. 제니가 행성을 발견했을 때도 망원경을 미시중력렌즈후속네트워크Microlensing Follow-Up Network의 수석 과학자가 제시해준 좌표에 맞춰 관측하던 중이었다. 당시에 그녀와 같은 프로젝트를 벌이고 있던 다른 프로 천문가들과 아마추어 천문가들 역시 똑같은 행성을 관측했고, 그에 따라 제니는 세계적 관측 팀의 다른 일원들과 이 행성의 공동 발견자로 등재됐다.

반면에 소행성의 발견은 어떤 제시나 지침도 없이 전적으로 제니 혼자 힘으로 해낸 일이었다. 카탈리나 스카이 서베이Catalina Sky Survey, 사이딩 스프링 서베이Siding Spring Survey, 지구 근접 천체 광대역 탐사 위성Near-Earth Object WISE과 같이 새로운 혜성과 소행성을 찾아 하늘의 탐색에만 전념하던 학술 프로젝트와 정부 프로젝트 다수가 진행되고 있는 점을 감안하면 아주 믿기 힘든 대단한 업적이었다. 요즘엔 거의 모든 새로운 소행성들은 (집 뒷마당에서 망원경으로 하늘을 올려다보는 아마추어 천문가가 발견하는 것이 아니라) 이런 조직적 관측을 통해 발견되고 있다. 제니는 천문학에 기여한 공로를 인정받아 뉴질랜드 정부의 공로훈장을 받았다.

학계에서는 제니 같은 사람들을 가리켜 **성공한**successful 사람이라고 부른다.

자신에게 맞는 전략을 알려면 반드시 일종의 기발하고 획기적인 전술을 생각해야만 하는 것은 아니다. 다크호스들이라고 해서 창의력이 남다른 것은 아니다. 자신에게 딱 들어맞는 전략을 찾기 위해 초인적인 직관을 끌어내야 하는 것도 아니다. 다크호스들이라고 해서 직관이 남다른 것도 아니다. 다크호스형 사고방식과 표준화형 사고방식의 전략 접근법에서 확연한 차이가 나타나는 부분은 따로 있다.

다크호스들처럼 자신에게 맞는 전략을 알려면 장점의 본질을 새로운 사고방식으로 바라봐야 한다.

동기 vs. 장점

장점은 앞서 살펴봤던 동기와는 근본적으로 다르다.[4]

미시적 동기는 중심적 정체성의 한 부분이라 영향력이 대단하고 변화에 저항한다. 우리의 뇌는 그 구조상 동기를 아주 직접적으로 안다(체감한다). 사실, 갈망은 초대한 적도 없는데 우리의 의식으로 슬쩍 들어오는 경우가 많다. 우리는 특정한 열망이나 욕구나 꿈은 하나하나 다 구별하지 못하지만 미시적 동기들의 미묘한 차이는 언제든 성찰을 통해 감지해낼 수 있다. 뭔가를 원할 때는 그것을 **느끼게 된다.**

우리는 스카이다이빙을 하고 싶거나 뱀장어 초밥을 먹고 싶거나 마블의 최신 영화를 보고 싶을 때는 확실히 안다. 하지만 동기들이 확실한 지침을 주는 것과는 달리, 장점은 **파악하기 어렵고, 맥락적이며, 역동적이다.**

다시 말해, 장점은 **불분명하다.**

우리의 뇌는 그 구조상 장점을 직관적으로 알지 못한다. 알고 보면 그럴 만도 하다. 우리가 개인적 장점으로 분류하는 거의 모든 면은 내면에서 자연스럽게 나타난 것이라기보다 외부로부터 부여된 인위적 산물이다. 시 짓기, 웹 애플리케이션 프로그래밍, 발레의 파드샤 pas de chat 동작 등은 이전부터 내면에 내재된 것이 아닌 문화적으로 규정된 재능이다. 지속적인 노력을 통해, 즉 학습을 통해 축적되는 재능이다. 반면에 미시적 동기들은 뇌에 내재된 심적 존재로, 어떠한 환경에서든 한결같이 자신의 존재감을 발휘한다. 장점은 미시적 동기와는 달리 내재된 실체가 없기 때문에 성찰을 통해서도 **파악하기 힘들다.**

단순하게 생각해보자. 하마 등에 올라타는 재능을 어떻게 타고나겠는가?

하마 등에 올라타 보고 싶은 **바람**이 있는지 없는지에 대해서는 별 모호함 없이 확실히 느낀다. 하지만 성질 고약한 하마의 등에 올라타 몸으로 그 육중한 무게를 느끼며 앞으로 가도록 몰아보기 전까지는 자신이 하마 등에 올라타는 데 유용한 잠재 재능이 있는지 없는지 확실히 알 방법이 없다.

당신에게 숲에서 트러플(송로버섯)을 잘 찾아내는 타고난 재능이 있는지 없는지 확신할 수 있는가? 입을 다물고 노래 부르기, 골무를 크기별로 구분하기, 독사 부리기, 검드롭(젤리과자) 빨리 먹기, 메뚜기 키우기, 눈에 공기방울 맺히게 하기, 콧등에 종이클립 올리기, 시계를 안 보고 1분 정확히 맞추기, 두 손을 두 개의 액체에 하나씩 담갔다가 두 액체의 온도차를 정확히 맞추기 등의 재능은 어떤가? 예전에 이런 일이나 비슷한 일을 시도한 적이 없다면 선천적 소질이 있는지 없는지 판단하기 극히 힘들다. 확실히 알아볼 방법은 딱 하나, 직접 해보는 것뿐이다.

장점을 알아보려면 성찰이 아니라 행동이 필요하다.

장점은 **맥락적**이기도 하다. 개인적 기질은 상황에 따라 재능이 되기도 하고 불리한 조건이 되기도 한다. 당신이 인쇄된 글을 읽는 데 애를 먹고 있다고 쳐보자. 이런 기질은 충분히 단점으로 보일 것이다. 글의 분석이 주된 활동인 문학 평론가가 꿈이라면 특히 더 심각한 문제다. 하지만 천문가가 되고 싶어 한다면 단점으로 보이던 그 기질이 의외의 장점으로 반전된다. 독서 장애가 있는 사람들의 뇌는 대체로 천문학 이미지에서 블랙홀 등의 특이한 천체를 탐지하는 방면에서 독서 장애가 없는 사람들의 뇌보다 더 뛰어나기 때문이다.[5] 공감 능력은 간호사에게는 장점이지만 군대의 드론 파일럿에게는 단점이다. 키가 크면 NBA 선수에게는 유리하지만 탄광 인부에게는 불리하다.

개인의 어떤 기질이 현재의 상황에서는 장점으로 작용하더라도 내일도 장점으로 작용할지는 미지수다. 장점의 **역동성** 때문이다. 장점은 변동성이 워낙 커서 연습하면 더 좋아지고 방치하면 더 퇴보된다. 미시적 동기는 아주 더딘 속도이긴 해도 시간이 흐름에 따라 변할 수 있지만, 단지 활용하는 것만으로는 잘 변하지 않는다. 과감한 행동을 할 경우, 새로운 미시적 동기가 드러나거나 기존 동기들이 뚜렷이 부각될 수는 있어도 그런 선택을 충동질했던 동기를 변화시킬 가능성은 희박하다. 반면에 전략을 선택하는 목적은 기존의 기량이나 지식을 향상시키려는 것이다. 다시 말해, 장점을 **변화**시키기 위한 것이다.

이렇듯이 장점과 동기가 근본적으로 다르다는 사실을 감안하면, 전략을 선택할 때는 기회를 선택할 때와는 근본적으로 다르게 접근해야 한다.[6]

시행착오의 문제

미시적 동기를 알면 동기와 특정 기회 사이의 적합성에 확신이 서게 되고, 그 덕분에 기회를 자신 있게 선택할 수 있다. 하지만 장점의 불분명함 때문에 전략을 선택할 때는 확실성이 크게 낮아진다. 미시적 동기에 따라 선택을 내릴 때는 '이게 바로 나야!'라고 선포하는 셈이라면, 새로운 전략을 선택할 때는 '이게 내가 다음에 시도하려는 거야!'라는 보다 잠정적인 의사를 내비치는 셈이다.

이는 표준화 계약의 전략 선택 방법과는 크게 다르다. 표준화 계약에서는 단 하나의 최상의 방법에만 매달리도록 강요한다. 그리고 그 방법이 당신에게 잘 맞지 않으면 더 분발해서 버티라고 다그칠 뿐이다. '죽을 힘을 다해 버텨! 포기하면 안 돼!' 그러다 당신이 단 하나의 최상의 방법을 끝끝내 해내지 못하면 당신에게는 자질이 없다며 사실을 직면하라고 한다.

표준화형 사고방식에서는 전략의 선택이 **끝까지 버티기**stay the course 문제다. 하지만 다크호스형 사고방식에서는 전략의 선택을 **시행착오**trial and error의 문제로 바라본다.

어떤 사람들에게는 끝까지 버티지 않고 이런저런 전략으로 갈아타는 것이 해이하고 방만한 태도로 비칠지 모르지만, 그것은 과학자들이 들으면 코웃음 칠 생각이다. 신진대사 생화학에서부터 퇴적 암석학에 이르기까지 모든 과학은 끝이 없는 시행착오의 무대다. 과학자들은 가설을 제시하여 시험을 진행해서 그 가설의 입증에 실패하면 으레 그렇듯이 입증할 새로운 가설을 내놓는다. 과학적 진실도 개인의 장점처럼 파악하기 어렵고 맥락적이며 역동적이기 때문이다. 가설이 유효해도 과학자들은 그 정도에서 멈추지 않고 훨씬 잘 들어맞는 새로운 가설을 제시한다.

돌이킬 수도 없고 큰 타격을 입을 위험마저 있는 일생의 선택에 비하면 전략은 시험적 구상이다. 자신의 전략을 알아가는 과정은, 사실상 다크호스형 사고방식을 활용하는 동안 처절한 실패를 **각오해야** 할 첫 번째 시기다. 이때는 실패를 기꺼이 감수해야 한다. 실패는 우수성을 키우는 과정에서 필수요소다. 아니, 어쩌면 그 과정을 한마디로 **규정짓는** 요소일 수도 있다. 실패는 불분명한 장점의 숨겨진 윤곽선을 발견하는 유일한 방법이다. 시도하는 전략 하나하나가 모두 개인의 실험이다. 이 방법이 나에게 잘 맞을까? 이 방법이 나의 발전에 유용할까? 나에게 잘 맞는 방법이라면 이 방법을 통해 내 장점에 대해 무엇을 알 수 있을까? 나에게 잘 맞는 방법이 아니라면 이 실패를 교훈 삼아 다음엔 어떤 시도를 해봐야 할까?

'자신의 전략 알기'는 발견과 개선이 수없이 되풀이되는, 반복적이고 역동적인 과정이다. 자신에게 잘 맞는 전략을 찾더라도 그것으로 끝나는 경우는 드물다. 어떤 전략을 통해 더욱 발전하게 되면 장점이 바뀌게 되고, 그러면 또 변경된 그 장점을 더 잘 살려줄 새로운 전략들을 시도할 계기가 생기면서 역동적인 장점을 더욱 더 변화시키는 발견과 개선의 과정이 무한히 이어진다.

표준화 계약에서는 시행착오의 여지가 별로 없다. 당신이 대학 입학을 앞두고 있는 올 A를 받는 이과생인데, 시 수업을 들어보기로 결심했다가 C를 받게 되면 괜히 다른 입시 경쟁자들보다 불리해지는 결과를 자초하게 된다. 철학 교수가 지문 이해도를 평가하기 위해 객관식 문제를 냈는데, 당신이 객관식 답을 고르지 않고 논술을 써낸다면 시험에 떨어지게 된다. 그것이 자신의 지식을 제대로 전달할 최선의 방법이었다 해도 달라지는 것은 없다.

기관들은 우리에게 단 하나의 최상의 방법이 아닌 다른 전략을 시도하게 허용해주더라도 마지못해 허용할 뿐이다. 한 예로, 교육기관에서는 다른 전략의 시도를 요구하면 간혹 '편의'를 봐준다는 식으로 생색내는 듯한 표현을 덧붙인다. 그런 요구를 들어주기 전에 '장애'나 '특수교육 대상'에 대한 공식 증명서를 요청하는 경우마저 비일비재하다. 당연한 이야기지만, 다양한 전략을 인정하지 않으려는 이런 태도에는 비효율성에 대한 기관의 관례적 반감이 배어 있다. 하지만 더 고약한 태도를 보이는 경우도 흔하다. 재능이 없거나 쓸모없는 존재로 낙인찍기다. 즉, 다른 전략의 시도를 요구하는 사람들이 그런 요구를 굳이 할 필요가 없는 사람들보다 재능이 떨어진다고 확신하는 암묵적 평가다.

T.V. 라만은 그런 태도가 얼마나 허상인지 보여주는 증인이다.

장점의 조합

T.V.(Tiruvilwamalai Venkatraman의 약칭) 라만은 눈 안의 배관이 망가진 채 태어났다. 눈 안의 액체가 제대로 흐르지 못하는 바람에 안압이 과도하게 상승해, 태어난 직후 녹내장의 징후를 보였다. 생후 5개월

때 인도 봄베이(현재의 뭄바이)의 의사들은 배관체계를 고치려는 대담한 눈 시술을 시도했지만, 그 수술로 그의 왼쪽 눈은 실명 상태가 되고 말았다. 오른쪽 눈의 경우 부분적으로만 수술이 성공했다. 원래 시력의 10퍼센트도 남지 않았지만 그래도 보이긴 보였다. 의사들은 라만의 가족에게 그가 남은 평생 동안 부분적인 시력만으로 살게 될 거라고 했다.

라만이 유년기 중 가장 좋아하는 기억은 영국 십자말 풀이와 수학 퍼즐, 미스틱 스퀘어Mystic Squares(각 단계마다 주어진 문제를 하나씩 풀면서 1단계부터 99단계까지 통과하는 일종의 퀴즈 게임―옮긴이), 미로 게임, 체스를 했던 순간들이다. 이런 취향이 말해주듯이 그의 가장 두드러지는 미시적 동기 중 하나는 바로 **퍼즐 풀기**였다.

그가 좋아한 활동 중에는 사물의 구조 살펴보기도 있었다. 십대 시절에 재미 삼아 독일어와 프랑스어를 독학했다. 언어의 문법구조를 배우는 데 재미를 느꼈기 때문이다. 과거나 미래의 어느 특정 날짜가 무슨 요일인지 계산하는 방법을 알아낸 적도 있다. 서양 달력의 수학적 구조에 흥미를 느꼈기 때문이다. 즉, **구조 탐구하기**는 그에게 또 하나의 두드러지는 미시적 동기였다.

라만은 **경쟁**에도 동기를 자극받았다. 그는 체스판 세트를 가지고 있었는데, (열네 살 위인) 형이 친구들을 집에 데려올 때면 가끔 자기들끼리 체스를 두고 싶어 했다. 형 친구들이 체스판을 빌려달라고 할 때마다 먼저 자신을 이기는 사람이 있으면 빌려주겠다고 대꾸했다. "대부분은 오후 내내 체스를 둬야 했죠." 라만이 그때를 떠올리며 싱긋 웃었다.

퍼즐 풀기와 구조 탐구에서 느끼는 흥미 덕분에 학교 공부에서는 수학에 끌렸다. 인도에서는 수학을 좋아하면 아주 대단한 사람으로 여긴다. 미국에서처럼 은연중에 수학이라는 단어에서 범생이나 별종을 떠올리지 않는다. 대다수의 인도 학부모들은 자식이 수학을 열심히 공부하고 싶어 하면 자부심과 안도감을 느낀다. 라만은 한쪽 눈밖에 볼 수 없었지만 큰 활자로 인쇄된 교재를 지원받고 앞줄에 앉아서 수업을 들을 수만 있다면 엄격히 표준화된 인도 교육 시스템에서 수학 분야의 직업에 진출하려는 꿈도 충분히 이뤄낼 잠재성을 보였다.

그런데 그만 비극이 닥치고 말았다.

라만이 13세 때였다. 오른쪽 안구의 안압 상승으로 망막박리가 일어났다. 병원으로 가는 도중에 망막이 떨어져 나가면서 완전히 눈이 멀어 회복이 불가능하게 됐다. 이제는 영원한 암흑 세계로 들어선 것이었다.

이제 그에겐 수학의 표준화된 커리어 경로가 막힌 것 같았다. 더 이상은 방정식을 풀거나, 대수학 식을 분석하거나, 기하학 도형을 볼 수 없을 것 같았다. 인도에는 시각장애 학생들을 위한 표준화된 교육 경로가 있긴 하지만 부모 입장에서 자신의 자식을 선뜻 보낼 만한 수준에 못 미친다. 인도의 교육 시스템은 전적으로 눈이 잘 보이는 학생들을 위해 설계되어 있다. 따라서 시각장애 학생들을 위한 경로에서는 그 학생들에게도 똑같은 교육을 시켜주되 **훨씬 더**

느린 속도로 가르쳐주는 것이 최상의 방법이라고 상정한다.

"그 학교에서는 10학년 때 다른 학교의 6학년 애들이 배우는 내용을 가르칩니다. 게다가 모든 내용을 건성건성 가르쳐요. 앞이 안보이는 애들은 나중에 죄다 전화 교환원으로 일하게 될 테니 제대로 가르쳐봐야 헛수고라고 생각해서 그러는 겁니다. 말을 꺼내고 보니 한 친구에게 들은 이야기가 기억나네요. 그 친구는 저에게 꼭 전화 교환원이 되어야 하는 건 아니니 걱정 말라며, 얼마 전에 은행에서 일하는 시각장애인 남자를 만났다고 하더군요. 저도 나중에 은행에서 일할 수 있을지 모르니 안심하라고요. 그래서 그 시각장애인 남자가 은행에서 무슨 일을 하느냐고 물었더니 모르겠다며 알아보겠다고 대답했어요. 나중에 들어보니 그 남자는 은행의 전화 교환원이었어요."

라만은 자신만의 학습 전략, 즉 그의 말마따나 '묘수'를 짜내는 편이 낫겠다고 생각했다. 라만은 묘수를 고안할 때 루빅스 큐브 맞추기의 시행착오식 접근법을 활용하는 편이다. 그가 큐브를 처음 접하게 된 때는 1980년대였다. 당시에 주변에서 너도나도 재미로 이 새로운 퍼즐 게임을 풀려다가 실패하는 것에 주목하게 됐다. 대다수 사람들이 큐브를 잘 맞추지 못한다는 사실은 그의 미시적 동기인 경쟁심을 자극했다. 큐브는 퍼즐 풀기와 구조 탐구에 끌리는 미시적 동기 역시 자극했고, 그래서 큐브를 하나 샀다.

그는 처음부터 큐브에 돌기를 붙이는 식으로 시작하지 않았다. 그런 방식은 나중에 썼다. 우선은 아무것도 붙이지 않은 큐브의 매끈한 표면을 손으로 잡고 이리저리 돌려봤다. "저는 큐브의 컬러 패턴을 볼 수 없어서 좀 만만하게 느꼈어요. 덕분에 사기가 꺾이지 않았으니 아주 운 좋은 착각이었죠."

라만은 움직임의 패턴을 탐구하면서 큐브를 돌리는 궤적을 쫓을 수 있도록 큐브 조작 방향을 고정시키는 요령을 터득했다. 6면의 각 면마다 숫자를 하나씩 부여해서 머릿속에서 큐브의 조작을 숫자들의 나열로 그려보기 시작했다. 여전히 큐브를 매끈한 상태에서 연습하던 중에, 한 면씩이 **아니라** 한 수평 층씩 맞출 필요성도 깨달았다. 그러다 마침내 더 진척시키기 위해선 큐브의 각 블록을 **느낌으로** 감지할 필요성을 느꼈다. 형이 다섯 종류의 점자 스티커로 큐브의 다섯 가지 색깔별로 구별해 붙여줬고 흰색 블록은 스티커를 붙이지 않고 그대로 뒀다. "저는 그제야 사람들이 큐브를 맞추는 데 왜 그렇게 낑낑대는지 절감했어요. 정말로 제가 처음에 생각했던 것보다 훨씬 어려웠어요. 그래도 다행이라면 그때 이미 큐브 원리에 대해 직관적인 감이 잡혀 있었다는 점이었죠. 처음 잡아놓은 기호체계를 공통패턴 용도로 조정하고 방향 용도의 기호체계를 새롭게 추가했어요."

라만은 손가락의 감촉으로 파악한 패턴에 따라 머릿속으로 숫자들을 쭉 나열해 푸는 과정을 그려보면서 특정 패턴을 맞추기 위해 미니 알고리즘을 개발하기 시작했다. 시각화 기법도 쓰지 못하는 채로 그 모든 다양한 패턴들과 패턴들 사이의 연관성을 모두 외우기란 대다수 사람에게는 말도 못하게 어려운 일일 것이다. 반면에 라만은 복잡한 구조에 대한 타고난 재능, 머릿속으로 숫자 패턴을 그려내는 능력, 예리하게 발달된 촉감 덕분에 '촉각으로' 큐브 풀기 전략에 절묘히 들어맞는 장점들을 갖추고 있었다.

몇 주 동안 실험을 하며 시행착오를 거친 끝에 라만은 큐브가 어떤 모양으로 섞여 있든 간에 다 맞출 수 있는 체계를 알아냈다. 기분이 짜릿했지만 경쟁의식이 생겨서 그 정도로는 성에 차지 않았다. "그 이후로는 더 빨리 풀기에 도전했어요. 블록을 여러 개씩 맞출 만한 지름길을 찾으려고 했어요. 이제는 한 번에 큐브의 모든 면을 다 볼 수 있게 되어서 아주 유리했죠. 결국 24초 만에 맞추는 데 성공했는데 제가 아는 한 큐브를 가장 빨리 맞춘 기록이었어요."

물론, 아이들 게임을 푸는 것과, 충족감 있는 커리어를 쌓기 위한 교육을 받는 것은 별개의 문제다.

다른 차원의 자기 관리

라만이 헤쳐나가야 했던 초반의 난관 대부분은 눈이 잘 보이는 아이들과 함께 수업을 들으며 뒤처지지 않기 위한 도전들이었다. 한 예로 그가 초반기에 찾아내야 했던 묘수 한 가지는 수업 중에 빠르게 필기하는 요령이었다. 1980년대 초는 노트북 컴퓨터와 모바일 기기가 보편화되지 않은 시대여서, 손으로 직접 쓰면서 실시간으로 필기하는 방법밖에는 없었다. 라만은 독학으로 브라유 점자Braille를 금세 뗐지만 도드라진 점들을 일정한 방식으로 짜 모아 문자를 만드는 점자 필기를 하려면 종이에 점필로 구멍을 하나씩 찍어야 해서 불편하고 시간도 많이 걸렸다. 브라유 점자로 필기를 하면서 수업을 잘 따라갈 방법은 아무래도 없었다. 그래서 라만은 자신만의 속기 기호를 만들었다.

"그것은 구조의 문제였어요. 저는 점을 사용해서 문자나 단어를 쓰기 위해 필요한 최소한의 정보 단위가 뭘지 생각하다가, 하나의 개념을 전달하기 위해 찍어야 할 점의 개수를 최소화한, 아주 간결한 기호체계를 만들었어요."

라만은 수학 수업에서 또 다른 소통의 문제에 직면했다. 아래첨자와 위첨자, 수학기호, 그리스어 문자 천지인 복잡한 방정식을 부호를 써가며 제대로 풀 수 있으려면 수학의 기호체계가 필요했다. "시각장애인용 수학의 기호체계는 딱 하나, 네메스 점자체Nemeth code 뿐이었어요. 그나마도 미국에서만 쓰이고 있어서 여기저기 수소문했지만 어디에서도 구하지 못했어요. 전통적인 브라유 점자로는 도저히 수업 내용을 필기할 수 없어서 수학 공부에 도움이 안 됐어요. 그래서 제가 만들어낸 점자 속기 기호를 확장시켜서 시각장애인을 위한 새로운 수학 기호체계를 짰죠."

라만은 자신의 묘수들을 잘 활용해 고등학교를 우등생으로 졸업했다. "그 시절에 인도 교육 시스템의 허점을 슬쩍 이용하긴 했지만, 그건 좋은 의도에서였어요. 안 그랬으면 꼼짝없이 시각장애인

학교에 다닐 수밖에 없었으니까요. 어쨌든 부모님이 제 시각장애인 증명 서류를 공식적으로 작성하지 않았던 덕분에, 그리고 제가 학교에서 용케 우수한 성적을 이어간 덕분에 아무도 딴지를 걸지 않았어요."

여기까지는 꽤 순조로웠다. 하지만 대학 진학에서 완전히 새로운 난관에 맞닥뜨렸다. 인도의 교육 시스템은 진학 가능한 대학을 좌우하는 엄격한 대입 시험을 비롯해서 고도로 표준화된 영국 교육 시스템을 모델로 삼고 있다. 라만은 국내 최고의 이공계 대학이자 미국의 MIT나 캘리포니아 공과대학교에 상응하는, 인도 공과대학교Indian Institute of Technology, IIT에 들어가고 싶었다. IIT의 입학 시험은 1, 2차 과정으로 구성되어 있었다. 제1차 과정인 객관식 시험은 라만 자신의 기존 전략들을 활용하면 잘 해낼 수 있을 것 같았다. 정말로 힘든 난관은 문제의 풀이 과정까지 일일이 써내야 하는 필기 시험이었다.

"미국의 시험에서는 대체로 답을 바르게 계산하기만 하면 점수를 받을 수 있어요. 하지만 인도에서는 그 답이 나오기까지 풀어나가는 과정을 적어야 하고 그 풀이 과정에서 틀린 부분이 없어야 점수를 받아요. 저에겐 2차 시험의 시간 제한이 심각한 걸림돌이었어요. 중간 풀이 과정을 쓰느라 시간을 너무 쓰다간 문제를 다 풀기도 전에 시간이 끝날 수도 있었죠."

라만은 객관식 시험에서는 무난히 합격했다. 이제는 정말 어려운 산을 넘을 차례였다.

"필기 시험에 대비해서 이제까지와는 다른 차원의 자기관리를 익혀야 했어요. 저는 원래 문제를 풀 때 바로 해답을 끌어내길 좋아해서 최종 답을 아주 빠르게 찾는 편이었어요. 시험을 잘 보려면 각 단계를 차근차근 풀어서 적은 후에 다음 단계로 넘어가도록 스스로를 다잡아야 했어요. 이전과는 다른 풀이 방식이었지만 잘 해내면 IIT에 입학할 가망이 충분하다는 것을 알아서 큰 동기 부여가 됐어요."

결국 라만은 잘 해냈다. 모든 과목에서 우수한 성적을 받아 입학 허가를 얻어 IIT 최초의 시각장애인 졸업생이 됐다. 그 뒤로도 학업을 이어가 코넬 대학교에서 컴퓨터공학을 전공해 자연어 처리 알고리즘을 주제로 쓴 논문으로 박사 학위를 취득했다. 졸업 후에 디지털 코퍼레이션Digital Corporation에 들어갔다가, 그 뒤에는 어도비Adobe와 IBM에서도 일했다. 현재는 구글의 수석 연구원으로 있다.

T.V. 라만의 살아온 이야기를 들으면 사람들은 흔히 이렇게 생각한다. '그런 시련을 딛고 성공하다니 대단한 천재가 틀림없어!' 라만이 대단한 사람인 것은 맞지만, 그런 생각은 그의 걸어온 여정에서 잘못된 교훈을 얻는 것이다. 그는 더도 덜도 아니고 제니 맥코믹이나 앨런 룰로, 수잔 로저스 외에 이 책에 등장하는 다른 다크호스들만큼의 천재다. 그가 성공한 것은 수학적 재능이 너무 뛰어나서 자신이 처한 환경의 한계마저 넘어섰기 때문이 아니다. 자신의 미시적 동기들에 잘 맞는 기회를 선택해서 자신의 장점과 잘 맞는 전략들을 선택한 덕분에 성공한 것이다.

다시 말해, 다른 모든 다크호스들과 똑같이 그는 가장 관심 있는 일을 더 잘하는 방법을 찾아낸 것이었다.

최상의 방법은 없다

표준화된 직업 분야에서는 기관에서 허용된 학습 전략을 채택하는 것 외에는 선택의 여지가 별로 없다. 예를 들어 의사가 되고 싶으면 먼저 의대에 들어가서 각 필수과목의 학점을 이수해야 한다. 하지만 표준화된 훈련 경로가 없는 직업 세계를 들여다보면, 열망에 불타는 이들이 기관의 개입에서 벗어나 스스로 문제를 해결하면서 '야생에서' 개인적 전략을 유기적으로 발전시키는 보기 드문 사례들을 볼 수 있다. 그리고 그런 사례들을 살펴보면 아주 놀라운 현상도 눈에 띈다. 어떤 직업 분야에서 우수성을 발전시키기 위한 단 하나의 최상의 방법을 더 이상 강요하지 않으면 그 분야의 모든 종사자들이 다크호스가 되는 현상이다.

소믈리에 직업이 더없이 좋은 예다. 접객업 전체를 통틀어 가장 존경받는 지위는 많은 이들이 선망하는 직함이자 마스터소믈리에 협회Court of Master Sommeliers에서 수여하는 자격인 마스터 소믈리에다. 현재 서반구 지역 마스터 소믈리에는 전부 157명밖에 안 된다. 노벨 물리학상 수상자의 수보다도 적다. 또 미국에서 한 해 동안 졸업하는 신경외과 전공의들의 수보다 적고, 지금까지 우주 공간에 다녀온 사람들의 수보다도 적다.

소믈리에는 와인 담당자wine steward를 말한다. 프랑스 혁명 이후에 프랑스의 레스토랑에서 처음 생겨난 직업으로, 1930년대와 1940년대에 들어와 와이너리(와인 양조장)에서 와인을 직접 병입하기 시작하면서 번영기를 맞아 현대의 양식을 갖췄다. 현재 소믈리에들은 고급 식당의 와인 리스트를 짜고, 손님들이 주문한 음식과 찰떡궁합이면서도 취향에 맞는 와인을 고르도록 도와주는 일을 한다. 마스터 소믈리에는 와인별 고유의 맛과 향을 아주 절묘히 묘사한다. 예를 들어, 캘리포니아산 샤르도네를 "오크 풍미가 살아 있고 건포도와 태운 캐러멜의 향이 살짝 감도는" 와인이라거나 호주산 시라즈를 "깊은 후추 향, 붉은 과일의 풍미, 바이올렛 향에 섬세한 질감이 어우러지며 입안을 가득 채우는" 와인이라는 식으로 표현한다.

외부인들에게는 전문 소믈리에의 재능이 딴 세계의 재능처럼 보일 수도 있다. 비교적 냉소적인 사람이라면 소믈리에가 발효된 포도즙을 시적으로 해석한 표현을 허세와 순 헛소리로 받아들일 만도 하다. 하지만 마스터 소믈리에 자격을 인정받는 일은 장난 아니게 힘들다. 마스터 소믈리에보다 차라리 NASA의 로켓 과학자가 되기가 더 쉽다.[7] 또 로켓 과학자로 실력을 키우는 경우와는 달리, 소믈리에로 실력을 키우는 데는 단 하나의 최상의 방법 같은 건 없다.

마스터 소믈리에가 되기 위해서는 필수조건이 있다. 즉, 마스터 소믈리에 자격증 시험에 합격해야 한다. 하지만 시험에 합격하기 위해 기량을 키우는 경로는 전적으로 당사자의 의지에 따라 결정된다.

마스터 소믈리에 자격증 시험은 이른바 '자질검증 시험'으로, 소믈리에가 실제로 일하게 될 직무 환경과 똑같은 환경에서 소믈리에로서의 필수 기량들을 평가한다. 시험은 3단계로 나뉘어 치러진다. 그중 **와인 서비스** 시험에서는 스트레스가 심한 고급 식당과 같은 상황에서 상당히 까다로운 손님들에게 서빙을 해야 한다. 또 **이론** 시험에서는 와인, 포도재배지, 과학, 역사와 관련된 다방면의 문제를 풀어야 한다. 사람들에게 가장 많이 알려진 단계인 **시음** 시험에서는 6종류의 와인을 블라인드 시음한 후 각각의 와인을 알아맞히고 그 구성성분도 정확히 평가해야 한다. 마스터 소믈리에 자격증 시험은 3단계 모두 구술 형식으로 치러진다. 시험을 치르는 소믈리에는 문제지에 답을 적거나 컴퓨터 화면을 보고 답을 표시하는 식이 아니라 실제 상황처럼 탁자에 앉아 있는 손님의 질문에 답해야 하는 식으로 시험을 본다. 이 시험의 응시자 대비 합격 비율은 5퍼센트 정도에 불과하다.

이미 짐작했을지도 모르겠지만, 이 시험에서 대다수 응시생이 가장 힘들어하는 부문은 시음 시험이다. 시음 능력이야말로 다른 직업과 소믈리에 직업을 구분하는 핵심 재능이다. 마스터 소믈리에가 되려면, 아주 아주 난해한 기량을 키우기 위한 효과적인 전략이 필요하다. 효모의 작용으로 일어난 포도의 변화들을 맛과 향으로 가려낼 줄 알아야 하는 것이다. 그렇다면 어떤 사람이 이 시험에 합격할 가능성이 가장 높을까? 냄새를 잘 식별하는 재능을 타고난 사람일 거라고 생각하기 쉽다. 실제로도 우리와 인터뷰했던 마스터 소믈리에 한 명은 정말로 그런 재능을 타고난 사람이었다.

브램 칼라한Brahm Callahan은 보스턴의 그릴 23Grill 23 레스토랑에서 1,900종이 넘는 와인 셀렉션을 관리하고 있다. 이곳의 와인 셀렉션으로 말하자면 와인 잡지 〈와인 스펙테이터Wine Spectator〉에서 최고급 와인 리스트에 수여하는 그랜드 어워드Grand Award도 수상했다. 브램은 아주 민감한 후각을 가진 복 받은 사람이다. 하지만 어렸을 때는 냄새 때문에 연극 속 인물들과 똑같은 성격을 갖게 됐다. 그때 당시 그는 충충나무의 "정신 못 차릴 정도의 냄새"를 맡지 않으려고 온갖 애를 썼는데 다른 사람들은 대부분 그 나무의 미묘한 냄새를 거의 맡지도 못했다. 브램은 이런 큰 이점을 타고난 것뿐만 아니라 농촌에서 자라면서 와인 구별에 유용할 만한 아주 다양한 냄새도 접했다. 아직도 나무에 매달려 있던 배의 과일 향과 더불어 부엌 도마 위에 얇게 썰린 배의 물씬한 과일즙 향과 퇴비 더미에서 썩어가던 배의 고약한 냄새를 생생히 떠올릴 수 있다.

그래서 전문가로서 와인을 평가하기 시작했던 초반에 와인의 구성성분을 대체로 직관적으로 가려낼 수 있었다. 대다수 사람들이 그림을 보며 색깔을 맞추는 것처럼 자연스럽고 편하게 구별했다. 미술사를 전공하는 대학 신입생이 반 고흐와 피카소를 어렵지 않게 구별하는 것처럼 마스터 소믈리에 자격증 시험을 준비하기 전부터도 여러 가지 와인을 어렵지 않게 가려냈다.

시음 시험을 대비한 그의 연습 전략은 간단했다. 자신의 직관적인 후각 능력을 시험에서 요구되는 추론적 시음 방법에 융합시켜, 드라이함(단맛이 거의 없다는 의미임-옮긴이)이나 산도 등 와인의 여러 특징들을 정확히 감별해야 하는 시험 방식에 맞게 적응시켰다. 그 결과 첫 번째 시음 시험에서는 아깝게 떨어졌지만 그 다음 해의 시음 시험에서 쉽게 통과했다.

얼핏 생각하기에는 다른 대다수 마스터 소믈리에들도 뛰어난 후각과 미각 능력을 갖추고 있을 것 같지만, 사실 브램은 예외적인 경우이지 일반적인 경우가 아니다.

개인화 전략

시험에 도전하는 야심찬 소믈리에들의 대다수는 맛이나 향을 잘 기억하는 특별한 재능을 타고나지 못했다. 그들에게 브램의 '후각적 수집' 전략은 그림의 떡일 뿐이다. 그렇다면 그런 사람들은 시음 시험에 합격하기 위해 어떤 전략을 쓸까?

야심차게 시험에 도전하는 소믈리에들은 대체로 가장 먼저 '무식하게 파기' 전략부터 구사한다. 최대한 많은 종류의 와인을 최대한 자주 시음하며 단순한 반복 학습을 통해 뇌가 어떤 와인의 풍미를 그 와인의 정체성으로 연상시키도록 주입하는 식이다. 에밀리 피크럴Emily Pickral도 시험을 준비하며 이 전략을 썼다. 뉴욕 시의 그래머시 태번Gramercy Tavern, 버지니아 주의 키셀라 페르 에 필스Kysela

Pere et Fils, 캘리포니아 주의 팜하우스 인Farmhouse Inn에서 일하며 7년 동안 2,000개가 넘는 와인을 시음한 덕분에 이 전략이 유용했다. 에밀리는 브램과는 달리 종류별 개별 성분들보다는 전체적 정체성에 집중했다. "어떤 냄새를 아주 자주 맡다 보면 너무 익숙해져서 굳이 분석하지 않아도 알게 되잖아요. '그건 그거야.' 라고요. 저는 잔 안에 코를 갖다 대고 캘리포니아산 피노 누아의 냄새를 맡으면서 '흠, 이 와인에서는 익은 빙 체리, 감초, 오크 향이 나네.', 하는 식으로 생각하지 않아요. 그냥 '와, 이건 캘리포니아산 피노 누아잖아.' 라거나 '그래, 이건 론 북부 지역산의 시라야. 딱 그 와인이네.' 라고 생각해요." 에밀리는 그녀의 말마따나 몸으로 기억하는 '머슬 메모리muscle memory' 전략으로 첫 번째 도전에서 시음 시험을 통과했다.

반면에 파스칼린 르펠티에Pascaline Lepeltier는 다소 별난 시험 준비 전략을 썼다. 그녀는 평생 철학에 애착을 느꼈고 프랑스에서 박사과정을 밟으며 플라톤과 앙리 베르그송의 형이상학을 전공하기도 했다. "와인은 '왜 그럴까'라는 원인 분석에서 재미를 느끼는 저의 탐구 정신을 충족시켜줘요. 와인의 풍미에는 언제나 그런 풍미가 나는 **원인**이 있고 저는 철학적 추론을 활용해서 그 원인을 찾아내요. 화학, 생물학, 물리학, 사회학, 지질학, 지리학, 그리고 심지어 언어학과 형이상학의 지식이 필요한데, 그쪽 방면이라면 제 특기죠. 와인 시음은 물리의 옷을 입은 철학이에요. 그래서 와인 시음이 아주 손쉬웠어요. 그 지식들을 서로 연결시키기만 하면 돼요."

파스칼린은 '철학적' 전략을 써서 첫 번째 도전에서 시음 시험에 합격했다.

보다 전통적인 접근법을 활용하지만 자신만의 독자적 전술을 보강하는 소믈리에들도 있다. 엘리스 램버트Elyse Lambert는 시음할 때 와인을 감별하는 데 유용한 색깔과 맛, 향의 미묘한 징표를 찾는다. 이를테면 흐릿한 적갈색 빛깔이나 복숭아 맛이나 야생 블랙베리 향 같은 것이 없는지 살펴보는 식이다. 특히 와인의 산도를 유심히 살피면서 블라인드 시음 전에는 신맛에 대한 반응을 잘 잡아줄 "조율용 와인"을 꼭 몇 모금 홀짝이기도 한다. 하지만 부단한 노력에도 불구하고 다섯 번이나 연거푸 시음 시험에서 떨어졌다.

그러다 비전통적 전략 덕택에 여섯 번째 도전에서는 드디어 합격했다고 한다. "어느 날 에이미 커디Amy Cuddy(『자존감은 어떻게 시작되는가: 당신의 인생을 결정짓는 자세의 차이』의 저자)의 강연 동영상을 보게 됐어요. 몸의 자세와 정신 자세의 중요성을 이야기하는 강연이었는데 보면서 깨달았죠. 마스터 소믈리에가 되길 희망하면서 시험에 임할 것이 아니라 지금 내가 마스터 소믈리에라는 **마음가짐**으로 임해야겠다고요. 그래서 자신감 있는 자세를 다잡고 들어가서 시험을 치렀어요. 그 이후로도 쭉 몸의 자세를 다잡으려 애쓰고 있어요. 까다롭거나 의심 많은 손님들을 상대하느라 기운이 빠질 때 특히 더 그러려고 해요." 엘리스는 최고의 소믈리에를 뽑는 미국 국내 대회에서 여성으로는 최초로 우승자가 된 데 이어 세계 대회에서도 5위를 차지하며 세계 최상위급 여성 소믈리에로 자리매김했다.

야심찬 의욕의 마스터 소믈리에 하면 빼놓을 수 없는 또 한 인물로는 마이클 미거Michael Meagher도 있다. 그는 처음엔 '무식하게 파기' 전략으로 시험을 준비했다. 1년 내내 주당 20~30시간씩 와인 시음에 쏟아부었다. 하지만 시음 시험에서 떨어지는 쓴맛을 봤다. 마이클은 주눅들지 않고 매주 40여 시간으로 연구 시간을 늘리며 시음을 많이 할수록 합격 가능성이 높아질 거라는 원칙을 꿋꿋이 고수했다. 그 뒤에 재도전에 나섰다가 또 다시 시험에서 미끄러졌고, 세 번째 도전 역시 실패했다.

마이클은 이에 굴하지 않고 '시각화' 전략을 추가했다. 소믈리에들이 많이 쓰는 이 전략은 와인을 시음한 후에 직관적 상상으로 떠올린 시각적 장면을 통해 어떤 와인인지 연상하려는 방법이다. 예를 들어 말벡의 시음 후 폭풍우가 몰려오는 하늘을 떠올리거나 뮈스카데를 맛본 후에 희미한 모래언덕들이 펼쳐진 사막을 연상하는 식이다. 마이클은 이런 인기 전략으로 무장하고 네 번째 도전에 나섰다가 네 번째 실패를 했다.

이쯤 되자 가장 친한 친구들마저 꼭 마스터 소믈리에가 되어야겠느냐며 그를 조심스레 만류했다. 마이클은 그런 만류의 말은 무시하고 흘려들었지만 뭔가 변화가 필요하다는 사실만큼은 무시할 수 없었다.

"아무래도 다른 사람들이 쓰는 방법들이 저에겐 잘 안 맞는 것 같았어요. 다른 소믈리에들의 전략을 이것저것 해봤는데도 나아지는 게 없었으니까요. 그저 다른 사람들이 어떻게 해서 시험에 통과했는지만 알게 됐죠. 따지고 보면 우리 소믈리에들은 와인을 시음하거나 식별하거나 그 풍미를 기억하는 방법들이 저마다 달라요. 와인을 표현하는 말 자체는 정말 객관적이지만 소믈리에들이 그 말을 표현하는 방식은 저마다 다 달라요."

마이클은 비로소 자신의 개개인성을 진지하게 생각하게 됐다. 이제는 예전에 썼던 전략들을 대부분 버렸다. 다섯 번째 도전에서도 쓴맛을 봤지만 자신이 옳은 방향으로 생각하고 있다는 느낌을 받았다. 스스로에게 점점 더 잘 맞춰가고 있다고 확신하면서, 마침내 자신에게 딱 맞는 전략을 찾아냈다. '생리학적' 전략이라고 이름 붙일 만한 전략이었다.

"제가 시음의 생리학적 측면에 유난히 민감하다는 것을 깨닫고 나서부터 그 점을 잘 활용하자고 마음먹었어요. 이제는 와인이 제 몸에 미치는 영향에 집중하면서 가슴을 타고 내려가는 알코올의 알싸한 기운, 아래턱 쪽에서 느껴지는 신맛, 입천장에서 감지되는 광물성 특유의 까슬까슬한 질감, 이산화황으로 인한 눈의 따끔거림 등에 신경을 썼어요."

그는 완전히 새로운 전략을 익히는 중인데도 주당 연습 시간을 40시간에서 5~10시간으로 확 줄였다. 개인화된 새로운 연습 방법에서는 시간을 최대한 쥐어짤 필요가 없었다. "미각만 아니라 온몸으로 와인을 느끼는 기분이었어요. 해탈의 경지나, 천국에 있는 기분이라고 해야 할까요. 뭐라 부르든 마침내 와인이 저에게 걸어오는 이야기를 알아듣는 감각이 깨어났던 겁니다. 와인을 이 말 저말로 평가하는 게 아니라 그저 와인의 이야기에 귀를 기울이기만 하면 됐어요."

2015년 5월 20일, 마이클 미거는 여섯 번째 도전에서 드디어 마스터 소믈리에가 됐다.

현실 직시

마이클은 브램처럼 후각 재능을 타고나진 않았지만 소믈리에 마스터 자격증 시험에서 검증하는 또 다른 부문에서 남다른 재능을 타고난 사람이다. 바로 서비스 재능이다. 마이클은 사람들에게 기분 좋게 대접받는 느낌을 주는 방면에서는 세계 수준급이다. 난감하고 까다로운 요구에도 억지스러운 내색 없이 정중하고 기민하게 응대한다. 레스토랑의 서비스 및 판매 업무상에서 발생하는 기계 조작이나 대인관계 문제를 아주 사소한 부분까지 세심히 살필 줄도 안다. 그가 자신의 개개인성을 남들의 추천 전략보다 우선시하지 못했던 데는 사람들을 친절히 배려하는 본능 탓이 있지 않을까, 라는 의문이 들 만도 하다. 마이클은 와인 시음 기량을 키우기 위한 적절한 전략을 찾는 문제에서는 아주 애를 먹었지만 서비스 시험에서는 첫 번째 도전에서 우수한 성적으로 합격했다.

반면에 브램은 초인적으로 뛰어난 시음 재능을 갖췄지만 첫 번째 도전의 이론 시험에서는 형편없는 성적으로 떨어졌다. 이런 시험

결과는 그에게 굉장한 충격이었다. 그도 그럴 것이 브램은 접객업에 들어오기 전에 보스턴 대학교에서 고전문학 석사 학위를 받은 사람이었다. 고전문학이라면 고대 역사를 비롯해 그리스어와 라틴어에 걸쳐 폭넓은 지식을 공부하고 암기해야 하는 분야이지 않은가. 브램의 학구적 재능에 대한 자신감은 마이클에게 방해가 되었을 법한 걸림돌과는 정반대의 걸림돌을 쌓았다. "솔직히 이론 시험은 대수롭게 여기지도 않았는데 그게 다 오만함 탓이었어요. '나야 머리 쓰는 일이라면 문제없지' 식의 생각으로 만만하게 보고 같잖은 자신감에 빠졌던 겁니다."

그는 이론 시험 탈락을 뜻밖의 불운쯤으로 여기며 공부 전략을 바꾸려고 고민하지 않았다. 두 번째 이론 시험에서 또 한 번 실패의 고배를 마신 후에야 마음이 바뀌었다. "이번엔 **아주 심각하게** 고민을 했어요. **모욕감**마저 느꼈어요. 마구잡이로 외워도 잘 기억할 만큼 내 기억력이 좋은데 이게 말이 되나, 싶었어요. 그러다 어느 순간 깨달았어요. 암기한 내용은 그저 미가공 데이터일 뿐이고 달랑 미가공 데이터만 끼고 있어봐야 아무짝에도 쓸모가 없다고요." 그는 드디어 자기 자신을 통찰하게 되면서 마이클이 그랬듯이 접근법을 바꾸는 계기를 맞았다. "그전까지는 남들 하는 방법대로 공부했어요. 플래시 카드나 지도 따위를 보면서 억지로 주입시키는 식이었죠. 그러다 깨달음을 얻고 나서 제 장점이 뭔지 곰곰이 생각해보다 바로 논문 쓰기가 제 장점이라는 결론을 내렸어요. 그래서 꼭 알아둬야 하는 내용들을 주제로 논문을 써보기로 했죠."

브램의 새로운 '논문' 전략은 자신이 쩔쩔매던 모든 내용을 학문 형식의 논문으로 써보는 방식이었다. 그는 각 논문마다 3개의 참고 문헌을 찾아서 인용출처를 밝히는 것을 규칙으로 정하고, 모든 내용을 교수에게 제출할 학문적 글을 쓰듯이 작성했다. 그러자 공부 중인 지식에 관한 맥락과 의미가 체계적으로 잡혔다.

"그 다음 이론 시험에서는 결국 해냈어요."

마스터 소믈리에들이 이론 시험 공부에 활용한 전략들은 시음 시험 연습에 활용했던 전략들만큼이나 다양했다. 스터디 그룹을 만들어 서로 돌아가며 문제를 묻고 답하는 식으로 해야 공부가 더 잘 됐다는 소믈리에들이 있는가 하면 혼자 공부하길 좋아했다는 소믈리에들도 있다. 어떤 소믈리에는 녹음기를 틀어놓고 혼자 와인 이론을 소리내어 읽었다가 개인 오디오로 그 녹음본을 들으며 공부했다고 한다. 또 다른 소믈리에는 '시각적 항해' 전략을 썼다. 필수 내용을 종이에 전부 요약해 적어놓고 '커닝 쪽지' 같은 이 종이들을 큼지막한 플래시 카드처럼 활용한 것이 아니라 각각의 종이에서 내용이 적힌 **위치**를 외웠다. 가령 아르헨티나의 포도원들 이름을 기억해야 할 때는 '아르헨티나' 항목의 종이를 시각화하면 그 종이의 맨 아래 오른쪽에 나열된 포도원들 이름을 '볼' 수 있는 식이었다.

한 걸음 물러나 이 모든 사례가 시사하는 점을 생각해보자. 와인의 시음과 서빙 기량을 마스터하려면 먼저 자기 자신을 마스터해야 한다. 큰 꿈에 도전한 소믈리에들은 모두 어느 시점에 이르러 스스로의 부족함을 정면으로 마주하며 지금까지 따라온 표준적인 전략(단 하나의 최상의 방법)으로는 최고 수준의 우수성을 얻는 데 한계가 있다는 엄혹한 현실을 직시해야만 했다.

마스터 소믈리에 지망자라면 누구라도 가장 먼저 자신의 미시적 동기들과 소믈리에라는 직업 사이의 적합성부터 제대로 따져봐야 한다. 자신의 동기 성향을 잘못 판단하면, 손잡아줄 사람 하나 없이 미지의 세계로 들어선 느낌이 들 때 계속 버티기 위해 꼭 필요한 동력을 갖추지 못한다. 따라서 처음부터 자신만의 불분명한 여러 장점들에 잘 맞는 적절한 전략을 찾으면서, 지극히 개인적이고도 만만찮은 시행착오의 과정을 헤쳐나가게 해줄 열정과 목표를 제대로 설계해야 한다.

마스터 소믈리에가 되기 위한 일직선의 경로 따위는 없다. **어떤 경우든** 성취감을 좇으며 자신의 개개인성을 잘 활용해야만 한다.

'자신의 미시적 동기 깨닫기'에 익숙해지면 자신만의 열정을 설계할 줄 알게 되며, 바로 그 열정을 통해 에너지와 진정성을 얻게 된다. 또 '자신의 선택 분간하기'에 익숙해지면 자신만의 목표를 설계할 수 있고, 바로 그 목표를 통해 의미와 방향을 얻게 된다. 게다가 '자신의 전략 알기'에 익숙해지면 자신만의 성취감을 설계할 수 있다. 그렇게 되면 결과적으로 보람 있는 큰일을 성취함으로써 자부심과 자존감을 뿌듯하게 느끼는 동시에 여전히 진정한 자아에 잘 맞는 삶을 살아가게 된다.

하지만 개인화된 성공에서 최상의 경지에 이르고 싶다면, 즉 자신이 잘하는 분야에서 우수성과 충족감을 최고치로 끌어올리길 바란다면, 우선 귀에 못이 박히게 들어온 교훈 한 가지부터 **잊어버려야**unlearn 한다.

DARK HORSE

5 장

목적지 무시하기

사실, 우리들 대다수는 자신이 어디로 향해 가는지
그곳에 도착해서야 깨닫는다.[1]

– 빌 워터슨, 『캘빈과 흡스』로 유명한 미국의 만화가 –

DARK HORSE

다크호스형 사고방식 Ⅳ

체스를 잘 모르는 사람들은 그랜드 마스터(최고 수준의 체스 선수—옮긴이)들이 여러 수를 미리 읽어내는 남다른 재능의 소유자라고 넘겨짚기 십상이다. 체스 고수들은 체스판 앞에서 깊은 생각에 잠겨 '내가 이렇게 두면 저쪽이 저렇게 둘 테고, 그 다음에 내가 또 이렇게 두면 저쪽이 저렇게 둘 거고…… 그때 장군을 부르면 되겠군.', 하는 식으로 수를 줄줄이 꿰고 있을 거라고 여기는 것이다. 심지어 미리 앞서서 쉽게 계산할 수 있는 수의 개수에 따라 프로급과 아마추어급이 어느 정도 구별된다는 생각도 한다.

하지만 뛰어난 체스 선수들은 대체로 그런 식으로 체스를 두지 않는다. 오히려 하나의 수에 집중한다. 다음에 둘 과감한 수에 정신을 모은다.

지금 당장 어떤 선택을 해야 승기를 잡기에 가장 유리할지 따진다. 그러기 위해 눈앞에 보이는 말들의 배열을 유심히 보고 맞수가 무슨 수를 시도하려 할지도 헤아린다. 상대 선수의 성향도 계산의 결정적인 고려 사항에 들어간다. 가리 카스파로프Gary Kasparov처럼 공격적이고 종잡기 힘든지, 마그누스 칼슨Magnus Carlsen처럼 특이하고 창의적인지, 티그란 페트로시안Tigran Petrosian처럼 끈기 있고 신중한 편인지도 중요하게 따져야 한다.

"제가 자신있게 말하는데, 체스 두는 방법을 보면 예외 없이 그 선수의 성격이 그대로 드러납니다. 그 선수에게 어떤 뚜렷한 성격이 있으면 체스도 그 성격대로 두게 됩니다." 전 세계 체스 챔피언 블라디미르 크람니크Vladimir Kramnik의 말이다.

3명의 그랜드 마스터가 똑같은 배열의 체스판 앞에 앉아도 서로 다른 수를 두기 십상이다. 다만 이들 중 누구도 다음 10개의 수를 위한 계획을 짜서 그 계획대로 부득부득 밀고 가는 행동만은 하지 **않는다**. 하지만 선수가 마침내 장군을 외치는 순간 잘 모르는 구경꾼에게는 그것이 모든 수를 미리 계획한 것처럼 보일 수도 있다. "저는 말의 배치 상태와 말을 놓아야 할 자리를 감으로 파악하는 재주가 있어요. 때로는 감에 따라 수를 정해야 할 때도 있죠." 현 세계 챔피언 칼슨이 어느 인터뷰 자리에서 한 말이다.

최정상급 선수들이 장기적 목표보다 상황에 따른 결정을 우선시하는 데는 그만한 이유가 있다. 가능한 모든 선택에 따라 가능한 모든 결과를 낱낱이 열거할 수 있어서 그만큼 제약성이 높은 게임인 체스에서조차 누가 계산하든 간에, 또는 어떤 컴퓨터로 계산하든 간에 앞으로 펼쳐질 수 있는 판세의 수가 엄청나게 많다. IBM 슈퍼컴퓨터 딥블루는 인간과 기계의 최초 시합에서 세계 챔피언 가리 카스파로프보다 우세했다. 하지만 딥블루가 초당 1억~2억 개의 말의 배치를 '볼' 수 있어서 최대 12개의 수까지 미리 고려할 수 있던 상황에서 결국엔 카스파로프가 딥블루를 이겼다.

하지만 슈퍼컴퓨터와 그랜드 마스터의 재대결에서는 딥블루가 이겼다.[2] 딥블루가 인간 챔피언을 꺾은 최초의 인공지능이 된 배경에는 프로그래머들이 무식하게 앞으로의 가능성만 마냥 계산하는 식이 아니라 인간처럼 바로 앞의 수를 상황에 따라 판단하는 식으로 코딩을 변경한 덕분이었다.

결국 슈퍼컴퓨터가 개인화된 성공에 대해 교훈 한두 가지를 보여준 것이다. 전통적 성공법과 다크호스형 성공법 사이에서 가장 두드러지는 차이는 목표 설정에서 나타난다. 표준 공식에서는 목적지를 의식하도록 강요한다. 그에 반해 다크호스형 사고방식의 네 번째이자 마지막 원칙에서는 **목적지를 무시하라**Ignore the Destination고 권한다.

목적지는 기관들의 관점에서는 중요하지만 충족감의 관점에서 따지면 재앙이다.

불분명한 장점의 다양성

모든 표준화 시스템에서는 표준화된 결과물을 낸다. 그것이 애초에 표준화가 존재하게 된 이유다. 표준화 계약을 채택한 목적은 오로지 우수성을 병, 볼트, 청바지와 다를 바 없는 복제 가능한 상품으로 전환시키려는 것 하나였다. 그에 따라 표준화 계약하에서 기회제공 기관은 우수성의 표준화에 몰두한다.

표준화 시대에서는 직업적 목적지에 몰입할 만도 했다. 삶의 초반부터 일찌감치 그 목적지로 이끌어줄 교육의 사다리를 선택해야 했기 때문이다. 목표를 MBA로 삼을지, 간호학 학위나 뉴욕 주 변호사 시험 등으로 삼을지 정해야 했다. 표준화 계약하에서는 당신이 선택한 유형의 표준화된 우수성이 당신의 목적지가 됐다.

다크호스들은 다른 시각을 취한다. 우수성의 고려에서 개개인성을 중요하게 따진다. 여기까지 읽으면서 이미 감이 잡혔을 테지만, 인간의 개개인성은 무제한적일 만큼 다양하다. 미시적 동기의 개개인성, 선택의 개개인성을 비롯해 다양한 개인적 전략을 유도하는 불분명한 장점의 개개인성까지, 이 모두를 한데 아우르면 무한대로 다양한 우수성으로 이끌어줄 구불구불한 경로가 무한대로 열린다.[3]

훌륭한 소설가가 되기 위해 필요한 조건은 뭘까? 수많은 학자들이 소설가가 되기 위해 꼭 필요하다고 꼽는 재능은 흥미로운 등장인물을 만들어내고, 흥미로운 대사를 엮어나가고, 흥미로운 줄거리를 짜내고, 설명 부분에서 너무 나가지 않고 절제할 줄 아는 역량이다. 방사선 의사나 토목 기사들을 표준화하는 식으로 소설가들을 표준화할 수 있다면 소설가 지망자는 누구나 위의 네 가지 재능 모두에서 우수성을 증명해야 할 것이다. 이런 식으로 표준화한다면 아마도 뛰어난 소설가들 상당수는 틀림없이 재능 미달로 분류될 것이다.

　소설가 엘모어 레너드Elmore Leonard는 대사, 극적 장면, 등장인물을 엮어나가는 면에서는 세계 수준급이지만, 그가 쓴 소설들의 줄거리 구성은 다소 두서없고 평범한 편이다. 스티븐 킹은 줄거리 구성의 대가이지만 그의 소설 속 등장인물들은 생기가 없고 매력이 부족하다. 톨스토이는 문학사에 길이길이 남을 만한 등장인물들을 탄생시켰고 중대한 절정부 대목까지 차근차근 이야기를 끌어가며 흥미진진하게 줄거리를 전개했지만, 가끔씩 교수 같은 어투로 설명하며 이야기를 질질 끌다가 갑자기 끝맺기도 했다. 그렇다면 최소한 흥미진진한 등장인물이나 흥미진진한 줄거리, **둘 중 하나**를 이끌어낼 수 있어야 훌륭한 소설가라고 할 수 있을까?[4] 하지만 호르헤 루이스 보르헤스Jorge Luis Borges(아르헨티나 소설가이자 시인─옮긴이)의 경우엔 등장인물도 줄거리도 별 특색이 없는 수필 같은 소설을 써서 묘한 매력이 있는 작품들을 탄생시켰다. 위의 작가들 모두 문학계에서 뛰어난 경지에 이른 인물들이지만 이 중에서 서로 흡사한 유형의 문학적 우수성을 보이는 두 사례는 아무리 찾아도 없다.

　다크호스 프로젝트에서 가장 주목할 만한 조사결과 한 가지를 꼽으라면 개개인들의 전문성이 굉장히 다양할 수 있다는 점이다.[5] 우리는 여러 전문가들과 인터뷰를 하는 동안 그들이 몸담은 모든 분야에서 다크호스들이 자신의 개개인성에 기반한 재능을 펼치는 방식에서 뚜렷한 차이점을 보인다는 사실을 발견했다. 잉그리드 카로치는 플로리스트업계의 표준 양식을 무시하고 현실을 왜곡하는 식의 멋진 양식을 독자적으로 개척했다. 그녀는 웅대한 디자인을 좋아한다(높이 6미터에 폭 12미터짜리 꽃장식을 디자인할 때도 있고, 언젠가 한번은 밟고 다닐 수 있는 백합 부엽浮葉 연못 형상까지 꾸민 실내 습지를 연출한 적도 있다). 기상천외한 연출(꽃들을 거꾸로 매달아놓거나 벽에 테이프로 붙이거나 반짝이를 뿌리거나 얼음 덩어리에 얼리기 등)도 한다. 반면에 또 한 명의 최상급 플로리스트인, 로라진 플로랄&디자인LauraJean Floral & Design의 로라 진 페치Laura Jean Pecci는 꽃들의 생명주기에 대한 이해가 함축된 연출에 각별한 관심을 갖고 있다. 그녀는 자신의 아내를 추모하며 뒷마당 뜰에 작약, 장미, 팬지, 푸크시아, 히비스커스, 여러 종의 다년생 식물과 야채를 길렀던 할아버지를 통해 식물의 생장, 개화, 소멸로 이어지는 생명주기 과정에 익숙해졌다. "식물의 생물학과 생명주기는 언제나 제 디자인 양식에 감응을 불어넣죠. 저는 꽃들이 자연에서 자라는 과정을 그대로 모방해 연출하는 편이에요. 제게는 '자연미를 살리는 것'이야말로 가장 아름다운 디자인이에요."

근본적으로 창의성에 바탕을 둔 이런 직업 분야에서 가지각색의 다양한 우수성이 나타난다는 것은 그리 놀랄 일도 아니다. 하지만 비교적 일상적인 분야의 직업은 어떨까? 개 조련처럼 일상적인 분야에서라면 우수성을 표준화하는 것이 가능하지 않을까? 이쯤에서 메간 스탠리의 경우를 다시 떠올려보자. 그녀는 앨버타 주의 캘거리에서 자신만의 독자적인 조련법을 개발했다. 클리커('딸깍' 소리를 내는 훈련도구로, 칭찬할 포인트에 순간적으로 눌러 소리를 내고 즉시 간식을 주거나 칭찬을 함으로써, '클릭 음'과 '간식 혹은 칭찬'의 관계를 맺어주는 트레이닝을 하는 데 사용함-옮긴이), 간식 등의 긍정강화(긍정적인 조건이나 상황이 발생하면 잇따라 어떤 행동이 강화되는 상태-옮긴이) 방법을 채택하면서 이런 인간적인 방법을 통해 아주 큰 효과를 내고 있다. 아브라함 마셜Abraham Marshal 역시 긍정강화 방법을 활용하고 있지만, 그는 미국 해병대에서 복무하면서 터득한 대체적 훈련수단을 채택하고 있다.

아브라함은 군 복무 당시에 전투환경에서의 개 조련 업무를 맡았다. 직무 성격상 때로는 클리커와 간식주기가 불가능한 곳에서 조련을 해야 했다. "이라크에서 개에게 냄새로 사제폭발물 탐지를 지시해야 할 때는 아무 보조수단 없이 개와 달랑 둘뿐인 조건에서도 개를 다룰 방법을 찾아내야 합니다." 아브라함은 이때의 경험들을 바탕으로 '리더십 접근법'이라는 개 조련법을 개발했다. 인간이 차분하고 정중한 권위를 끈기 있게 발휘하며 개를 부리는 조련법이다. 해병대 제대 후에는 일리노이 주 세인트 찰스St. Charles에 올웨이즈 페이스풀 도그 트레이닝Always Faithful Dog Training을 열어, 시카고에서 48킬로미터쯤 떨어진 외곽에서 4,000마리 이상의 개를 직접 조련시켰다. 그의 조련 방식은 인간적이고 효과적이긴 하지만 아무나 할 수 있는 조련법이 아니다. 그럼에도 아브라함은 사업이 대성공을 거두자 전국 체인으로 전환할 결심을 했고 그에 따라 현재 미국에서는 12곳의 올웨이즈 페이스풀 체인점에서 아브라함의 리더십 접근법이 활용되고 있다.

불분명한 장점과 다양한 우수성의 가치를 받아들이면 알게 될 테지만 자신이 장차 어떤 기량을 달성하게 될지 미리 알 방법은 없다. 또한 자신이 어디에 다다르게 될지 모른다면 고정불변의 목적지를 향해 흔들림 없이 나아가는 일 자체가 별 의미 없어진다. 너무 일찍부터 일직선의 경로에 매진하면, 만족감이 훨씬 큰 성공에 이르게 될 수많은 갈래의 구불구불한 경로가 차단될지도 모른다.

하지만 목적지를 의식하라는 표준화 계약의 명령은 보다 미묘한 방법으로 충족감과 우수성을 획득할 기회를 망치기도 한다. 해로운 시간 개념을 따르도록 부추기는 방법이다.

우수성의 표준화

표준화된 생산 시스템을 세울 때 관리자들이 가장 먼저 결정해야 할 문제는 최종 생산품의 형태다. 일단 생산품(결과물)이 확실히 정해지면 그 다음엔 투입물을 결과물로 전환시키기 위한 표준화된 과정, 즉 그 시스템에서 단 하나의 최상의 방법을 마련해야 한다. 그리고 단 하나의 최상의 방법을 획일적이고 일률적이며 안정적으로 다지기 위해 시간의 흐름도 엄격히 통제해야 한다.

그렇다면 표준화된 우수성을 생산하기 위한 모든 시스템(현대의 거의 모든 학교와 대학, 직업훈련 프로그램)에서 **표준화된 시간**standardized time을 정해서 강요하는 것도 놀랄 일은 아니다. 이런 시스템에서는 2학기 제도, 3학기 제도, 4학기 제도, 계절학기, 학년, 회계연도 같이 미리 개시일과 종료일이 정해진 고정된 수업 기간을 운영하고 있다. 대부분의 미국 대학에서는 정확히 4년(또는 120학점의 이수단위 시간)을 채워야만 학사 학위를 취득할 수 있다. 전공이 마케팅이든 해양 생물학이든 중국표준어이든 간에, 대규모의 공립 대학이든 소규모의 사립 문과대학이든 간에, 노벨상 수상 교수들의 지도를 받든 주의가 산만한 강의 조교들에게 배우든 간에, 학생의 학습 속도가 빠르든 더디든 간에 다 똑같다. 대다수 경영컨설팅 회사에서는 수석 컨설턴트가 되려면 능력이나 경력이 아무리 뛰어나도 대학원 학위가 있어야 한다. 소매 매장에서 매니저가 되는 일조차 팀 관리 경력이 아무리 많거나 그전까지의 실적이 아무리 뛰어나더라도 대체로 학사 학위가 필요하다.

사실, 기회제공 기관들로선 표준화된 우수성을 키우기 위해 시간을 표준화할 수밖에 없다. 하지만 여기에서 제대로 짚고 넘어갈 문제가 있다. 표준화된 시간은 단지 기관들에게나 이로울 뿐 당신에게 이로운 것은 아니다.

모두에게 똑같은 시간표를 따르게 강요하면 관리자들로선 입학 허가와 입학, 수강 기간, 기말 시험, 졸업의 고정된 날짜를 정해놓는 식으로 교육 과정 관리가 더 편리해진다. 모든 학위 취득 희망자들이 똑같은 경로를 따라 똑같은 속도로 나아가며 똑같은 간격으로 벌어진 똑같은 지점에 이르도록 강요하면, 아니 더 직설적으로 말해서 개개인의 교육 경험을 관리자의 일과에 따르도록 강요하면, 기관으로서는 예산 관리, 인력 배치, 등록금 처리 업무를 더 편리하게 할 수 있다.

결국 그에 따른 결과로써, 드러내놓고 우수성의 표준화를 간소화할 목적으로 설계된 시스템에서는 당신의 진전 상황을 알기 위한 정보가 단 하나의 숫자만으로 간결하게 파악된다. **지금까지 경과된 시간을 따지면 그만이다.** 한 미국의 대학생이 대학 3학년에 막 올라갔다면 학사 학위의 취득 과정에서 딱 절반에 와있는 것이다. 변호사가 꿈인 캐나다의 고등학교 최상급생이라면 정식 변호사로 돈을 벌기 시작할 시기는 앞으로 8년간 남은 개월을 계산하면 알 수 있다. 독일에 사는 13세 학생이 물리학자가 되길 꿈꾼다면 교수로 임용되기까지 앞으로 남은 11년의 개월 수를 헤아릴 수 있다.

이런 식이다 보니 우수성의 육성을 단순히 시간의 문제로 여기는 인식을 부추긴다.

당연한 이야기일 테지만, 과학자들 역시 이런 솔깃한 시간 인식에 쉽게 휘둘린다. 그들은 애초부터 연구 활동을 위해 갖춰야 할 표준화된 자격증명을 취득하기 위해서 진도가 고정된 일률적 교육 시스템을 통과해 그 자리에 이른 것이다. 게다가 과학자들이 연구하는 피험자들 대다수도 표준화된 시간을 강요하는 기관에서 교육을 받거나 활동하는 이들이다. 그런 탓에 우수성을 살펴보는 대부분의 연구가들은 시간을 종속 변수가 아닌 독립 변수로 다룬다. 말하자면 시간을 전문적 기량의 근원으로 바라본다. 그렇다 보니 과학자들이 '우수한 실력을 키우기 위해 필요한 시간은 어느 정도일까?' 같은 순진하게 들리는 의문을 제기하는 것이다.

연구가들이 '자신의 분야에서 최고의 경지에 이르기 위해서는 평균적으로 8,000시간의 연습이 필요하다'거나 '전문가가 되기 위해 필요한 학교 교육 시간의 중앙값(평균)은 12년이다' 같은 딱 떨어지는 답을 내놓으면, 우리는 그런 주장을 별 이의 없이 내재화한다. 이런 결론이 우수성과 시간 사이의 인과관계를 이해하는 우리의 제도화된 인식과 일치하기 때문이다.

하지만 다크호스들은 이런 결론들을 거부한다.

다크호스형 사고방식에서는 시간은 별 의미가 없다.

시간의 상대성

마스터 소믈리에 자격증 시험에 합격하려면 어느 정도의 시간 동안 공부하고 연습해야 할까? 그 답은 **상황에 따라 다르다.** 소믈리에의 개개인성에 따라 다르다. 다시 말해, 개인의 미시적 동기들과 불분명한 장점들의 독자적 조합에 따라 다르다. 그리고 특히 그 사람이 우수성을 추구하는 과정에서 어떤 선택을 내리느냐에 따라 가장 크게 좌우된다.

브램 칼라한에게는 시험에 합격하기까지 공부와 연습에 약 4,000시간 가량이 걸렸다. 마이클 미거의 경우엔 8,000시간 가깝게 걸렸다. 하지만 이런 시간의 수치만으로는 우수성을 키워간 실제 과정에 대해서는 거의 아무것도 알 수 없다. 소요 시간을 척도로 삼아 당신이 소믈리에 자격증 시험에 합격하는 데 얼마나 걸릴지 추정해봐야 헛다리 짚는 격이다. 한 개인과 그 개인의 전략 탐색 사이의 관계를 무시한 척도이기 때문이다. 만약 브램이 이론 공부에서 개인화된 '논문' 전략으로 갈아타지 않고 고집스럽게 '플래시 카드' 전략을 붙잡고 있었다면, 시험에 합격하는 데 마이클보다도 시간이 두 배 더 오래 걸렸을지 모른다. 마이클이 시음 시험을 대비하면서 처음부터 개인화된 '생리학적' 전략을 썼다면 브램의 합격 소요 시간보다 절반은 더 빨리 시험에 합격했을 수도 있다. 각각의 경우에서 가장 중요한 시간적 요인은 마스터하려는 활동이나 전반적 학습 능력에 내재된 어려움이 아니라, 자신만의 장점에 잘 맞는 전략을 찾아낼 줄 아는 각자의 능력이다. 여기서 반드시 주목해야 할 부분이 있다. 마스터 소믈리에를 꿈꾸던 사람들은 모두 자신의 고유한 개개인성에 맞춘 하나의 전략(혹은 일련의 전략)이 필요하다는 사실을 깨닫지 못하게 했던 정신적 장애물을 극복해야 했다. 이 사실을 깨닫고 자신의 불분명한 장점들에 잘 들어맞는 전략을 찾기까지 걸렸던 시간이, 적절한 전략을 선택한 후에 기량을 키우는 데 걸렸던 시간보다 시험 합격에서 훨씬 결정적인 영향을 미쳤던 점도 주목해야 한다.

다크호스형 사고방식에서는 시간이 상대적이다. 발전의 속도는 각 개개인이 추진하기로 선택한 특정 기회와 특정 전략에 따라 결정된다. 다시 말해 자기발전의 여정에서 경과된 시간은 언제나 당사자의 결정에 따라 상대적이다. 일정한 시간이 흐른다고 해서 절로 우수해지는 것은 아니다. 우수성을 획득하도록 북돋우는 것은 똑딱거리며 흘러가는 시간이 아니라 당신의 선택이다. '표준적 발전 시간표'를 비롯해서 기관에서 세운 온갖 시간표들에 의심을 품어야 한다. 그런 시간표는 개인 고유의 역동적이고 다차원적인 미시적 동기들과 불분명한 장점들은 무시한 채 고정된 일차원적인 평균만 고려하여 짜여진 것이기 때문이다.

'테니스를 마스터하려면 평균적으로 얼마나 걸릴까?', '왜 나의 유기화학 학습 진도는 다른 애들보다 훨씬 더 느릴까?' 따위의 무의미한 의문을 품을 것이 아니라 이렇게 자문해야 한다. '이것이 나에게 맞는 전략일까?'

표준화 계약은 가장 중요한 이 의문에 관심을 주지 못하게 방해한다. 상황에 따라 결정되는 식의 상대적 시간을 외면하고, 목적지를 의식하며 끝까지 버티는 식의 표준화된 시간을 바라보도록 강요한다. 바로 그것이 일직선의 경로를 걷기로 선택할 때 맺는 계약이며, 그 계약 기간 동안엔 대체로 부당한 대접을 받는다. 하지만 자신의 속도에 맞춰 독자적인 선택을 내리면서 상대적 시간을 포용하면 이제 시간은 중요하지 않다. 떼는 걸음걸음마다 충족감이 최대화되고, 충족감이 최대화되면 우수성을 키워나가는 속도도 최대화된다.

　다크호스형 사고방식에서 바라보면 표준화된 시간은 사실상 우수성의 획득 능력을 **해친다.** 기관에서 정한 속도에 뒤처지면 절망감으로 내몰면서 제대로 발전하지 못하게 방해한다. 자신은 몇 학기 휴학했는데 남들은 제때 졸업하는 모습을 보면 자칫 불안감에 초조해지기 쉽다. 남들은 승진하는데 자신은 사내 위계에서 아래에 처져 있다면 삶이 자신을 그냥 스쳐 지나가고 있다는 오래도록 지속될 느낌에 사로잡히기 쉽다. 실리콘밸리 기업가나 프로 선수, 의대 졸업생의 평균 나이가 어떻다느니 하는 글을 읽을 때마다 자신이 때를 놓친 것 같아 불안감이 들기도 한다. 심지어 기관에서 세워놓은 은퇴 개념 역시 우리의 발전을 방해한다. 세상이 우리를 퇴장 날짜로 떠밀고 있다는 오싹한 자각에 시달리다보면 자신의 가능성을 제대로 인식하지 못하게 되는 것이다. 한마디로 말해 표준화된 시간은 우리의 초점을 잘못된 방향으로 몰아간다.

　하지만 치료법은 있다. 목적지를 무시하면서 길의 저 끝에 놓인 가망보다 바로 앞에 놓인 기회에 초점을 맞추면 된다.

변화의 필연성

　청소년이라면 누구나 '커서 어떤 일을 하고 싶어?' 같은 질문에 시달리는 기분이 어떤지 잘 알 것이다. 대다수 청소년은 하고 싶은 일이 뭐냐는 질문을 받으면 의무적으로 '엔지니어가 되고 싶어요.' 나 '저널리스트가 되고 싶어요.' 같은 대답을 한다. 처음엔 마지못해 꺼낸 대답이지만 가족, 진로 상담사, 교사 들로부터 **목적지를 알라**know your destination고 끊임없이 강요받다 보면 어느새 그 임시적 구상이 결연한 계획으로 바뀌기 예사다. 하지만 어린 나이부터 직업 목표를 세워놓고 매진하면 대체로 실패로 끝나고 만다. 근본적인 현실의 한 측면, 즉 변화의 필연성을 무시하기 때문이다.

우수성을 획득하려면 목표를 설계해야 한다. 또 목표를 설계할 때는 미시적 동기들과 선택하려는 기회 사이의 적합성을 최대화해야 한다. 따라서 한참 먼 미래에 놓인 직업 기회를 추구할 경우엔 뻔히 예측되는 문제점이 두 가지 발생한다. 첫 번째 문제는 그 기회에 마침내 이르렀을 시점에는 이미 자신이 깨달은 미시적 동기들이 바뀌어 있을 가능성이다. 그리고 두 번째 문제는 그 기회 자체가 변해버렸을 가능성이다.

앞에서도 살펴봤듯이 표준화 계약은 대체로 미시적 동기를 깨닫지 못하게 억누르며, 그런 탓에 표준화된 기관 안에 머물 땐 자신의 진정한 정체성을 의식하는 일이 언제나 아주 힘겹다. 고등교육의 엄격한 위계 속으로 무턱대고 뛰어들었다간 자기이해가 분명해지기보다 억제될 가능성이 더 높다. 하지만 고도로 개인화된 교육 시스템의 세계에 들어간다고 해도 자신의 동기를 다차원적으로 두루 통찰하기 위해서는 여전히 수 차례의 과감한 행동과 값진 실패를 감수해야 한다. 자신의 진정한 미시적 동기들이 목표로 정한 목적지와 잘 조화될지 어떨지 미리 알 길이 없기 때문이다.

그리고 다행히 당신의 동기를 제대로 깨닫게 되더라도 시간이 흐르면서 그 동기들이 어떻게 변하게 될지 모를 일이다. 성공을 추구하는 바로 그 과정 중에 예측불허의 성장과 발전이 일어나면서, 아주 오래 전에 좇기로 마음먹었던 우수성의 표준화된 개념과는 더 이상 잘 맞지 않을 만한 여러 미시적 동기들이 생겨나기 마련이다. 굳이 말할 필요도 없겠지만, 목적지가 멀리 떨어져 있을수록 그곳에 도착하기 전에 자신의 개개인성 깨닫기가 더욱 더 진전될 가능성이 그만큼 높아진다.

하지만 변화 가능성은 당신에게만 있는 것이 아니다. 당신이 목적지에 도달할 무렵에는 세상도 변해 있을 것이 뻔하다. 처음 그 일직선의 경로에 들어섰던 당시엔 존재하지 않았던 새로운 기회들이 보이기 마련이다. 실제로 10년 전만 해도 소셜미디어 커뮤니티 코디네이터나 스마트카 엔지니어, 브랜드 경험 디자이너, 3D 프린터 사업가는 존재하지도 않았다. 앞으로 또 10년 후에는 어떤 멋진 기회들이 생겨날지 누가 알겠는가?

체스의 그랜드 마스터를 비롯한 다크호스들이 잘 보여주고 있듯이 목적지를 전혀 몰라도 성공을 일굴 수 있다. 단, 당신이 어떤 사람인지 모른 채로는 그런 성공에 이를 수 없다.

운명이 걸린 순간

제니 도시Jenny Dorsey는 어려서부터 도달하고 싶은 목적지가 분명했다. 사다리의 꼭대기였다. 부모님의 엄한 훈육 하에서, 성공하려면 남들보다 더 높이 더 빠르게 올라가야 한다는 인식을 철저히 주입받았다. "저는 타이거 패런츠Tiger parents(자녀를 엄격하게 훈육하는 부모) 밑에서 컸어요. 두 분은 커서 높은 지위에 올라서려면 만점 성적을 받고 경쟁에서 다른 애들을 모두 앞서야 한다고 가르치셨어요. 저는 워낙 경쟁을 좋아하던 성격이라 그런 가르침에 의문을 가진 적이 없었죠."

제니는 학창 시절에 단순한 우등생이 아니었다. 15세 때 고등학교를 졸업한 후 19세의 나이에 워싱턴 대학교에서 금융학을 이수했다. "제 반 성적이 너무 좋아서 상대평가에서 균형이 깨지니까 선생님들은 다른 학생들이 합격할 수 있게 저를 그냥 빼고 평가하셨죠. 저는 대체로 반에서 제일 똑똑한 학생이었고 자만심이 하늘을 찌를 정도였어요." 대학 졸업 후 몇 달도 채 지나지 않아 그녀는 미국의 다국적 경영 컨설팅 기업 액센츄어Accenture에 경영 컨설턴트로 채용됐다. 두둑한 급여에 복지혜택도 괜찮고 출장 기회까지 있어서, 대체로 대단한 커리어의 출발로 볼 만했다. 더군다나 당시 그녀가 십대였다는 점을 감안하면 더욱더 대단한 일이었다. 하지만 제니는 그쯤에서 만족하지 못하고 꼭대기에 오르고 싶은 열망에 사로잡혀서 벌써부터 회사 최고위직에 오를 방법을 구상하고 있었다.

"저는 패션업계 명품 브랜드를 상대하는 컨설턴트를 맡고 싶었어요. 그 자리가 최고위직에 오를 기회를 잡기에 좋은 직위였거든요." 제니에겐 안된 일이었지만 회사에서는 그녀에게 할인점 담당 업무를 맡겼다. 그 자리는 액센츄어에서 가장 따분한 직무로 통했고 승진 기회도 희박했다. "처음엔 이렇게 생각했어요. '괜찮아, 적어도 뉴욕에 입성하긴 했으니 이 자리부터 시작해 올라서면 되지 뭐.' 그런데 얼마 뒤에 회사에서 저에게 아칸소 주로 발령을 내렸을 땐 이런 생각이 들었어요. '안 돼, 이건 아니야.' 저는 무슨 수를 쓰더라도 승진하겠다고 다짐했어요."

그 뒤로 제니는 상사들의 눈에 들기 위해 아부하고, 압력을 가하고, 주저 없이 동료들을 밟고 올라서면서 승진을 거듭하다가 마침내 맨해튼에 본사를 둔 글로벌 고급 패션 브랜드, 띠어리Theory의 컨설턴트 지위를 차지했다. 21세의 나이에 벌써 목적지에 다다른 것이었다.

제니의 커리어 궤적은 흔히들 이야기하는 '개인적 감정은 없어요. 이건 그냥 일일 뿐이에요.'라는 말에 딱 들어맞는다. 제니의 성공 스토리에 거부감이 들지도 모르지만 그녀는 단지 표준화 계약이 요구하는 그대로 했던 것이지 않을까? 단지 남들 모두와 똑같이 되되 훨씬 뛰어나기 위해 사다리를 올랐던 것이 아닐까? 애초에 시스템이 양성하려 의도했던 성공 스토리를 써나갔던 것이지 않을까?

제니는 정말로 그렇게 생각했다. 그녀는 소셜미디어 계정에 자신의 화려한 생활을 업데이트해 전 세계에 과시하면서 목적지 도착을 즐겼다. "그때 저는 제가 원한다고 생각했던 모든 것을 얻었어요." 제니가 말문을 뗐다가 뒤이어 긴 한숨을 내쉬었다. "그런데 삶이 지긋지긋해졌어요."

그녀는 그 짧은 인생을 살아오는 동안 내내 갈망했던 목적지에 도달했지만 도무지 충족감이 느껴지지 않았다. "전 페이스북과 링크드인LinkedIn(기업들이 신규시장 개척과 바이어 발굴 등에 주로 활용하는 세계 최대 비즈니스 전문 소셜네트워크서비스-옮긴이)에 집착했어요. 끊임없이 업데이트를 했죠. 하지만 현실에서는 친구가 없었어요. 저는 회사 사람들을 경쟁관계로 생각했어요. 회사를 잡아먹느냐 잡아먹히느냐의 전쟁터로 여겼죠." 그녀는 몸에 안 좋은 식습관을 갖게 됐다. 한밤중에 폭식을 하고는 그 다음 며칠은 음식을 입에 대지도 않는, 정말 안 좋은 식습관이었다. "도저히 저 자신을 주체할 수가 없었어요. 잠도 잘 못 자고 일도 제대로 못했어요."

그러던 중 마침내 터닝포인트에 이르렀다.

"거울을 들여다보다가 깨달았어요. **내가 누군지 모르겠다**는 생각이 들었어요."

제니는 너무 오랜 시간 동안 표준화된 성공을 향해 질주하느라 잠깐 멈춰 서서 자신이 정말로 원하는 것이 뭔지 생각해본 적이 한 번도 없었다. "처음부터 다시 시작해야 한다는 확신이 퍼뜩 들었어요. 저는 그때까지도 여전히 부모님을 위해 살고 있었어요. 부모님의 기대에 어긋나지 않기 위해 부모님이 생각하는 성공 기준에 맞춰 살고 있었던 거죠. 이제는 제가 어떤 사람이고, 남은 평생을 바쳐 정말로 하고 싶은 일이 무엇인지, 그 답을 알아내기 위해 방법을 찾아야 했어요."

그래서 회사를 그만두고 장기간의 자기 탐구 시간을 가졌다. 카페에서 바리스타로 일해보고, 혼합과실 음료 외판원도 해봤다. 레스토랑 몇 곳에서 주방 일도 했다. 제니의 부모님은 딸이 그동안 쌓은 커리어를 포기한 것에 격분하고 좌절했다. 부모자식 관계가 파탄 지경까지 이르렀다. 그녀는 그 점을 생각하면 속이 상했지만 그 시기가 자신의 운명이 걸린 중대한 순간이라는 것도 잘 알았다. 따지고 보면 다른 누군가의 성공관에 따라 살다가 지금의 이 지경에 이른 게 아닌가.

시간이 흐르면서 예전보다 건전한 대인관계를 차츰 쌓았다. 하나둘씩 진정한 친구들도 생겼다. 얼마 뒤에는 자기 자신으로 살아갈 길을 찾고 있는 그녀를 이해하고 좋아하는 남자와 결혼도 했다. 그는 그녀의 선택을 응원하면서 이러저러한 성공의 기대로 부담감을 주지 않았다. 그녀는 마침내 건강하고 균형 잡힌 식습관도 회복했다. 이제 보니 자신이 요리 과정을 하나하나 재미있어하고 있었다. 그래서 취미 삼아 요리교실에 다니다가 나중엔 아예 요리학교 ICEInstitute of Culinary Education에 입학했다. 그러던 어느 날 새롭게 익힌 기량을 시험하기 위해 남편과 함께 디너파티에 친구들을 초대해 5단계 코스 요리를 대접하기로 했다.

제니는 음식을 요리했고 남편은 마실 음료를 준비했다. "음식은 형편없었고 음료는 더 형편없었지만 그날의 디너파티는 저에게 일종의 계시였어요. 처음으로 전적인 제 자신이 되었던 기분이랄까요. 메뉴를 정하고 그 메뉴대로 요리하고 파티를 준비하며 창의력을 발휘하면서 온전한 저 자신이 되어 손님들이 즐거운 시간을 갖게 마음 쓴 시간이었죠."

제니는 너무 즐거웠던 나머지 남편과 함께 매주 디너파티를 열었다. 매번 파티를 열 때마다 손님들이 더 늘었다. "그러던 어느 날, 누군지도 모르는 낯선 사람도 왔어요. 그때 저희는 느꼈어요. 사람들이 우리 파티를 즐길 만하다고 느끼고 있고 우리도 이런 자리가 즐거우니, 다음 단계로 끌어올릴 수 있을지 알아봐야겠다고요."

그 다음 단계란 제니가 처음으로 자신의 진정한 미시적 동기에 따라 과감한 행동을 벌여야 하는 일이었다. 그녀는 남편과 같이 뉴욕 시에 넓은 공간을 임대한 후 100장의 디너 파티 티켓을 팔았다. "저희는 그 행사에 큰돈을 쓰면서 그 돈을 전부 회수할 줄 알았어요. 그런데 투자금의 반을 날리고 말았죠! 속은 쓰렸지만 신경 쓰이지 않았어요. 그런 제가 저 자신도 놀라웠어요."

이들 부부는 뉴욕에서 자신들의 '팝업 서퍼클럽pop-up supper club(팝업은 이벤트성으로 한시적으로 운영하는 매장을 의미하고, 서퍼클럽은 식사와 음료를 제공하는 고급 나이트클럽을 말함-옮긴이)'을 계속 더 좋게 개선시켰고, 수요일마다 행사를 열었던 점에 착안해서 'I Forgot It's Wednesday(아, 맞다. 오늘이 수요일이지)'라는 이름을 붙였다. "너무 뿌듯했어요. 그전까지 그 어떤 일도 서퍼클럽만큼 좋아했던 적이 없었어요. 그 서퍼클럽은 마침내 찾아낸, 나만의 일이었어요. 저희가 제공하던 코스 중에는 '아시아 요리 바로잡기?You Make Asian Food Right?'라는 요리가 있었어요. 아시아 요리가 아니면서 아시아의 영향이 듬뿍 들어간 음식으로, 아시아계 미국인 여자로서 제가 일차원적인 사람이 아니라는 사실을 기리는 의미였죠. 또 다른 코스로 '프랑스식이라서 끝내주는Fancy 'Cause It's French'도 있었죠. (팥, 소금 간을 한 오리 알을 곁들여) 아주 전통적인 맛을 살린 월병(중국의 전통 과자—옮긴이)으로, 재료를 앙증맞은 앙트르메(서양요리의 식사 코스에서 마지막에 나오는 디저트 중 단맛이 나는 과자—옮긴이)의 프랑스식 요리법으로 재구상해 프랑스풍 파이처럼 내놓은 것이었어요. 그 월병은 질을 제대로 따져보지도 않고 지위를 매기는 현실을 풍자한 요리였어요."

제니의 과감한 행동은 그만한 보람이 있었다. 그녀는 남편과 함께 샌프란시스코로 옮겨가서 'I Forgot It's Wednesday'를 계속 열었다. 1년도 채 지나지 않아 샌프란시스코 최고의 지하 서퍼클럽으로 유명해졌다. 다시 뉴욕으로 돌아와서도 게스트오브어게스트 Guest of a Guest(상류사회 행사와 인물 등의 소식을 다루는 웹사이트—옮긴이)로부터 숨겨진 뉴욕 최고의 다이닝 클럽으로 선정되었는가 하면 CBS 뉴욕 지부로부터 뉴욕 시 최고 맛집 중 한곳으로 뽑혔다. '웬즈데이즈 Wednesdays'로 명칭이 바뀐 제니 부부의 팝업 디너클럽 시리즈는 현재까지도 명성을 굳건히 이어가고 있다.

제니는 살아온 삶의 3분의 2를 다른 누군가의 성공관을 좇으며 살아오다 마침내 자신의 개개인성을 중요시하게 됐다. "저희는 진정성을 중심으로 저희만의 브랜드를 구축한 거예요. 모든 것 하나하나에 진정한 저희 자신을 담아내고 있기 때문이죠."

목표 vs. 목적지

다크호스들은 목적지는 무시해도 목표를 무시하지는 않는다. 다크호스형 사고방식에서는 목적지와 목표가 명확히 다른 개념이다.

우선 목표는 언제나 개개인성을 근원으로 삼는다. 보다 명확히 말하자면 적극적 선택을 통해 목표를 세운다. 반면에 목적지는 다른 누군가의 목표관에 응해 따라가는 지향점이다. 이런 목적지는 대체로 표준화된 기회제공 기관에서 정해놓은 것이다.

목표는 당장 구체적으로 행동에 옮길 수 있다. 목표를 달성하는 데 유용할 만한 여러 가지 전략을 바로 당장 시도해볼 수 있다. 출판사의 마감일 전에 소설을 탈고하기, 다음 해에 판매 실적 높이기, 다음 번 축구 시합에서 승리하기 등은 다크호스형 사고방식에서는 모두가 타당한 목표다.

그에 반해 목적지에 도달하는 일은 언제나 **의존적**이다. 중간에 발생하는 상황이나, 불확실한 상황, 예측 불가능한 상황에 따라 달라진다. 목적지에 가려면 다수의 미래 전략들이 필요하고, 이 미래 전략들은 중간에 개입되는 전략의 결과에 좌우된다. 목적지에

도달하기까지 앞으로 벌어질 상황에 대한 의존도가 높을수록 충족
감을 달성하기는 그만큼 어려워진다. 노벨 문학상 타기, 사내 최고
영업사원 되기, 월드컵 승리는 모두가 목적지에 해당되는 사례다.

당신이 고등학생인데 하버드 법대 입학이 목적지라고 치자. 당
신이 목적지에 도달하기까지는 불확실한 상황과 중간에 발생하는
상황들이 너무 많으며, 목적지 자체도 전적으로 표준화 계약에서
정해놓은 것이다. 하지만 지금 당장 실행 가능한 목표들도 많다.
예를 들어 철학책 읽기, 다음 번 그룹토론 대회에서 이기기, 현지
로펌에 인턴 지원해보기 같은 목표를 세우는 것이다. 물론, 목적지
를 지향하더라도 장차 하버드 법대에 입학할 가능성은 분명 있다.
하지만 이렇게 지금 당장 시도할 수 있는 목표들을 수행하면서 얻
는 경험을 통해 자기이해를 하게 되면, 자신의 진정한 개개인성에
더 잘 맞는 전혀 새로운 차원의 선택들이 눈앞에 펼쳐질 가능성이
훨씬 더 커진다.

목표와 목적지의 차이가 의미론적 장난처럼 여겨질 수도 있다.
하지만 결코 그렇지 않다. 그 둘은 목표의 당위성을 서로 별개의
추론체계를 통해 도출해낸, 서로 다른 개념이다. 목적지를 무시하
면, 무턱대고 맹신할 필요가 없어진다.

그냥 수학 이론만 믿으면 된다.

경사 상승

Designed by Bruno Gazzoni

우수성의 지형

위의 그림처럼, 눈으로 볼 수 있는 한 멀리까지 봉우리와 계곡들이 쫙 펼쳐진 지형을 상상해보자. 여기서 당신에게 주어진 임무는 가장 높은 봉우리의 꼭대기로 올라가는 일이다. 하지만 넘어야 할 난관이 있다. 이곳은 미답의 지대라 지도가 없다. 이 드넓은 산악지대의 위치도 정상들의 고도도 알 길이 없다. 또 거의 해수면 높이의 낮은 곳에서부터 등반을 시작해야 해서 시야에 확보되는 광경이라곤 바로 눈앞 주변의 바위투성이 비탈길뿐이다. 이런 상황이라면 가장 가능성이 높은 등반 경로를 어떻게 찾을 것인가?

이것은 단순한 사고思考 실험이 아니다. 수학계에서 통용되는 이른바 '포괄적 최적화 문제global optimization problem'에 해당되는 사례다.

당신이 우수성을 추구하는 것은 당신 개인의 포괄적 최적화 문제다. 앞의 그림에서 산봉우리와 계곡들은, 당신의 고유한 미시적 동기들과 불분명한 장점들이 갖춰질 경우에 당신이 도달할 수 있는 여러 우수성을 상징한다. 또 각각의 산과 계곡은 여러 시도를 상징한다. 이 '우수성의 지형'에도 수많은 경사와 골짜기들이 놓여 있는 것처럼 당신에게 모든 것을 다 잘 해낼 잠재력이 있지는 않다. 하지만 또 한편으론 당신이 뛰어난 실력을 **펼칠 수 있는** 활동들의 수도 무한대에 가깝다. 문제는 어디로 오르면 좋을지 안내할 지도가 없는 상황에서 자신이 도달할 수 있는 우수성의 꼭대기까지 어떻게 도착하는가이다.

이런 난관을 극복하는 데는 다크호스형 사고방식이 제격이다. 잘 모르는 사람들의 관점에서는 앨런 룰로, 수잔 로저스, 더그 호어 같은 다크호스들이 자기 분야를 마스터하기 위해 따라갔던 구불구불 굽은 경로가 이성적 과정이라기보다 행운에 따른 것처럼 보이기 쉽다. 하지만 수학계에는 다크호스들이 우수성 획득을 위해 활용하는, 뚜렷하지 않지만 목표의식 있는 과정을 가리키는 용어가 있다.

경사 상승gradient ascent이다.

지난 수년 동안 응용 수학자들은 최단 시간에 도달할 수 있는 최고봉을 찾아내기 위한 포괄적 최적화 문제를 풀기 위해 다양한 경사 상승 알고리즘을 생각해냈다. 수많은 업계에서도 렌즈, 차량 현가장치, 무선센서망, 정보검색 시스템 등의 상품 디자인에 경사 상승 알고리즘을 자주 활용하고 있다.

다크호스형 사고방식의 4대 원칙을 한데 모아 적용시키면 바로 이런 경사 상승 알고리즘의 역할을 한다.[6]

그러면 지금부터 경사 상승의 원리를 살펴보자. 먼저, 출발지점 근처의 모든 경사지를 쭉 둘러보며 어떤 경사지가 가장 가파른지 파악한다. 그쪽 경사지를 타고 조금 올라가다가 멈춰 선 후 그 새로운 전망 지점에서 주변을 둘러보며 올라가기에 더 유리한 방향이 있는지 살펴본다. 이때는 더 가파른 경사지가 없는지에 특히 유의한다. 이 과정을 거듭거듭 되풀이하다 보면 점점 더 높이 올라가 마침내 정상에 다다르게 된다. 이 과정은 가능한 한 가장 빠른 정상정복 루트는 아닐지 몰라도 정상에 확실히 오르게 해줄 루트다.[7]

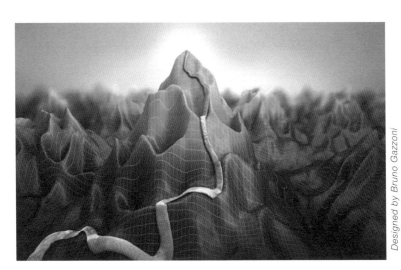

경사 상승: 우수성에 이르는 구불구불한 경로

Designed by Bruno Gazzoni

'자신의 전략 알기'에서 시행착오 방식의 밑바탕에도 이 경사 상승 과정이 깔려 있다. 불분명한 장점에 적합한 전략을 탐색하는 일도 정상 등반을 위해 산 중턱에 오르는 가장 가파른 경사지를 탐색하는 과정이다. 당신의 개개인성에 잘 맞는 전략을 선택하면 가파른 경사지를 빠르게 오르겠지만, 잘 맞지 않는 전략을 선택하면 오르는 속도가 더디거나 아예 오르지 못할 수도 있다.

일정 기간 동안 한 전략을 실행하다가 잠깐 멈춰 서서 둘러보며 이쯤에서 시도할 만한 더 좋은 전략(오르기에 더 가망성 높은 경사지)이 없는지 살펴보는 것이 좋다. 다크호스형 사고방식의 경사 상승 과정에서는 '자신의 미시적 동기 깨닫기'와 '자신의 선택 분간하기'도 한 몫을 한다. 당신이 과감한 행동을 취하고 새로운 기회를 선택할 때마다 그곳 특유의 험준한 바위와 산등성이가 펼쳐진 완전히 새로운 산으로 도약하게 되며, 또 그 산이 이전보다 훨씬 더 높은 정상으로 인도할 수도 있다.[8]

성공으로 이끌어줄 가능성을 비교할 때 목적지를 의식하고 열심히 노력하며 끝까지 버티는 식의 표준 공식보다 다크호스형 사고방식이 훨씬 유용한 이유를 이해하고 싶다면, 이 우수성의 지형에서 나타나는 한 특징에 주목하면 된다. 사실 모든 사람의 우수성의 지형은 저마다 독특한 지세로 펼쳐져 있다. 사람마다 미시적 동기와 불분명한 장점이 자신만의 독특한 패턴을 이루고 있기 때문이다. 자신에게 가망성 높은 산봉우리들과 계곡들도 사람마다 다 다르다. 그런데 두 사람의 지형이 서로 똑같은 경우가 없다면 우수성에 이르는 보편적 경로도 있을 턱이 없다. 누구에게나 유효한, 전문성 육성의 단 하나의 최상의 방법이 있다는 식의 개념은 수학적으로 따지자면 말도 안 되는 헛소리다.

경사 상승은 목표와 목적지의 차이도 분명히 보여준다. 오르면서 중간중간 방향을 새로 바꾸는 방식을 선택하면 스스로 목표를 정하게 된다. 그것도 그 산에서 약간 더 높은 특정 지점이자 지금의 위치에서 볼 수 있는 지점을 목표로 잡으며 오르게 된다. 곧바로 산봉우리를 목표로 공략하지 않는다. 산봉우리가 아직 가까이에 있지 않아서 목표가 어디쯤에 위치해 있고, 거기까지 오르는 최상의 루트도 파악하지 못한 상태이기 때문이다. 차라리 상황에 따라 선택하는 방식에 의존하면, 즉 단기 목표를 추진하면서 더 좋은 전략이나 기회가 보이면 코스를 변경하는 유연성도 발휘하면 어떤 상황에서든 더 높이 오르게 된다.

반면에 목적지를 선택하면 지형을 전혀 고려하지 않은 채 '반드시 X지점까지 도달하겠어!'라고 선포하는 격이다. 심지어 X지점이 까마득히 높은 허공 어디쯤에 있어 가까이 갈 수도 오를 수도 없는 상황인데도 개인적 현실을 무시한 채 말이다.

우수성의 다양함과 미시적 동기의 개개인성, 불분명한 장점을 믿고 받아들이면 경사 상승의 수학을 통해 목적지를 모르는 채로도 목적지에 다다를 수 있는 방법을 터득할 수 있다. 열정과 목표, 성취감의 설계에 계속 집중하면 언젠가 개인적 우수성의 정상에 오를 거라는 자신감도 생긴다.

다크호스식 처방전

경사 상승의 과정을 보면 다크호스형 사고방식이 어떻게 당신만의 고유한 여러 가지 우수성을 이끌어내는지 알 수 있다. 하지만 우수성 획득 외에, 개인화된 성공에서의 또 다른 절반인 충족감의 획득은 어떨까?

옥스퍼드 영어 사전에서는 '충족감'을 '잠재력을 한껏 끌어냄으로써 얻게 되는 만족감이나 행복'이라고 정의하고 있다. 나쁘지 않은 정의이지만 아쉽게도 **어떻게** 잠재력을 끌어낼지에 대한 설명이 빠져 있다.

만족감과 행복을 이루기 위해 잠재력을 한껏 끌어내려면 **어떻게** 해야 할까?

표준화형 사고방식은 도움이 되지 않는다. 개개인성이 문제라는 가정에 기반한 시스템에서 개인적 충족감을 지지하는 환경을 조성할 리 없다. '우수성의 추구가 충족감을 가져다준다'는 표준화 계약의 보장은 예나 지금이나 거짓 약속이다. 표준화 시대에 들어와 충족감이 크게 결여된 것도 다 그런 이유 때문이다.

반면에 다크호스형 사고방식은 이런 '어떻게'의 문제에서 가장 진가를 발휘한다. 다크호스형 사고방식에서는 잠재력을 최대한 끌어내는 간단한 방법을 일러준다.

가장 관심 있는 일을 더 잘하면 된다.

이것이 개인화된 성공에 대한 다크호스식 처방이다. 이 처방은 다크호스형 사고방식의 4대 원칙이 모두 절묘히 축약되어 있을 뿐만 아니라 경사 상승을 몇 마디 간단한 지침으로 정리하고 있다. 즉, **더 잘하라**는 지침은 곧 개인적 우수성의 정상을 향해 올라가는 것에 해당된다. '자신의 전략 알기'와 '목적지 무시하기'를 통해 성취를 설계하는 과정이다. 또한 **가장 관심 있는 일**은 어떤 산을 오를지 선택하는 문제에 해당한다. '자신의 미시적 동기 깨닫기'를 통해 열정을 설계하고, '자신의 선택 분간하기'를 통해 목표를 설계하는 과정이다.

이런 처방은 충족감과 우수성이 얼마나 긴밀히 엮여 있는지 잘 보여주기도 한다. 자신의 충족감을 우선시해야만 우수성의 정상을 향해 나아갈 수 있고, 우수성의 정상을 향해 나아가야만 충족감을 누릴 수 있다. 우수성이라는 산을 오르기 위해서는 자신이 설계한 열정의 에너지와 자신이 설계한 목표의 방향이 필요하며, 충족감을 한껏 누리기 위해서는 자부심과 자존감, 자신이 설계한 성과를 통해 얻는 의미 있는 성취감이 필요하다.

삶에 다크호스형 사고방식의 4대 원칙을 적용시키면 충족감과 우수성을 의식적으로 통제할 수 있다. 더 이상 운명의 꼭두각시가 아니라 운명의 주인이 되는 것이다. 가장 관심 있는 일을 더 잘하기에 전념하면 헤맬 일이 없어진다. 진정한 자아가 비춰주는 밝은 횃불을 지침 삼아 산 중턱을 오르며 길을 개척하면 된다.

구불구불 굽은 경로는 목적 없는 막연한 길이 아니다. 단지 길이 곧게 뻗어 있지 않을 뿐이다.[9]

미시적 동기의 변화

수잔 로저스는 L.A. 포럼에서 프린스의 녹음기사로 공연에 참여했을 때 인생 최고의 한 순간을 맛봤다. 하지만 그것으로 그녀의 구불구불 굽은 경로가 마무리된 것은 아니었다. 프린스와 3년 동안 공동 작업을 이어가다가 새로운 산을 찾아야 할 때가 됐다는 자각을 했다. 결국엔 프린스와 사이좋게 작별한 후 로스앤젤레스로 돌아와 새로운 목표의식을 설계했다.

수잔은 초반엔 여러 음반사에 녹음기사로 들어가서 그 음반사의 밴드나 간부들의 감수성에 맞게 트랙을 깔거나 믹싱하는 작업을 했다. 하지만 높은 신뢰성, 흠잡을 데 없는 기술적 견해, 성격 고약한 록 스타들과의 친화력, 함께 작업하는 어떤 뮤지션과도 음악 감수성을 잘 맞춰주는 능력으로 입소문이 나면서 영향력 있는 프로듀서의 역할로 격상됐다.

수잔은 1990년대 내내 바이올런트 팜므Violent Femmes, 데이비드 번David Byrne, 러스티드 루트Rusted Root, 로벤 포드Robben Ford, 게기 타Geggy Tah, 셀레나Selena의 앨범을 프로듀싱하며 활발한 활동을 벌였다. 이렇게 활동을 이어가던 끝에 2000년에 이르러 **성공한** 음악 프로듀서로 등극하며 음악계에서 정말 힘든 업적을 성취해냈다.

수잔의 충족감은 굉장했다. 자신의 우수성의 지형에서 또 하나의 정상에 오른 것이었다. 하지만 그녀의 미시적 동기들은 그 뒤로도 서서히 변해서 30대 후반에도 또 한 번 과감한 행동을 벌일 때가 됐다는 자각에 이르렀다.

"어느 순간부터 인간의 뇌에 흥미가 생겼어요. 음악에 흥미를 잃은 것은 아니었고, 대학에 다녔다면 뭘 공부했을지 궁금해지기 시작했어요. 아마도 과학을 공부했을 것 같더라고요. 예전부터 쭉 사물의 작동원리를 알아내는 것이 재미있었고, 특히 의식에 대해 흥미가 많았으니까요. 평생에 걸쳐 흥미로웠던 문제들 중 하나도 뇌에서 특정 스타일의 음악이 '공명 주파수'가 되도록 유도하는 뭔가가 있지 않을까, 하는 의문이었어요."

수잔은 대학에 들어가 인지과학을 공부하기로 결심하면서 대학 연구원이 되길 희망했다. 그전까지 수잔은 성인기의 삶 거의 내내 음악계에 몸담았다. 말하자면 표준화의 정도가 가장 낮은 분야에 드는 업계에서 졸업장, 자격증, GPA 따위는 전혀 중요하지 않은 직업 활동을 해왔던 그녀가 이제는 미국의 고등교육이라는 표준화의 사자굴로 들어가려 하고 있었다는 이야기다.

아무리 생각해봐도 인지과학자가 되기 위한 기회를 얻으려면 박사 학위를 따는 방법밖에 없었다. 그리고 박사 학위를 따려면 표준화 계약의 요구에 따라 대학에 가서 학사 학위부터 따야 했다.

L.A. 포럼으로 다시 오겠다던 치기 어린 맹세가 그랬듯이, 한창 잘나가는 음악계 커리어를 접고 이제 중년에 접어든 나이에 인지 과학자가 되기로 마음먹은 새로운 다짐 역시 다소 어림없어 보였다. 그녀가 고등학교도 졸업하지 못했다는 사실을 감안하면 더욱 그렇게 보였다.

수잔은 대학 입학을 어떻게 준비해야 할지 전혀 감을 잡지 못했다. 그때까지 음악 제작 및 사운드 엔지니어링 부문의 준학사 학위만 수여하던 소규모 시설인 음향예술 대학교에서 접수계원으로 일한 것 외에는, 학계에 속한 적이 없었다. 대학생활에 대해 아는 것이라곤 모두 영화와 친구들을 통해 보고 들은 것이 거의 전부였다. 어쨌든 그녀는 나름대로 가장 먼저 해결해야 할 난관을 정했다. 제법 알아주는 인지과학 학부를 둔 대학에 다니기 위해 필요한 학비였다.

히트 앨범을 프로듀싱해서 뜻밖의 여윳돈이 굴러들어오면 그 돈을 학비로 쓸 수 있을 것 같았다. 물론, 말이 쉽지 어려운 일이었다. 프로듀서라면 누구나 히트 앨범을 제작하고 싶어 하지만 실제로 성공하는 사람은 드물다. 하지만 수잔은 바로 그 다음에 들어온 기회를 통해 성취해냈다. 록밴드 베어네이키드 레이디스Barenaked Ladies의 의뢰로 〈스턴트Stunt〉 앨범을 프로듀싱했는데 이 앨범이 백만 장 이상 팔려나갔다. 앨범에 수록된 'One Week'가 빌보드 핫 100 차트에서 1위에 오르기도 했다. 이 앨범의 성공으로 뜻밖의 여윳돈이 생겼고 수잔의 대학 학비가 마련됐다.

수잔은 캘리포니아 주를 떠나 미네소타 주의 학교에 지원하기로 마음먹었다. "그곳은 뭔가를 성취할 황금 티켓을 얻었던 곳이죠. 저에게 미네소타는 도로시에게 오즈와도 같은 곳이었어요. 그곳에서 고정된 자아상에 얽매이지 않았어요." 수잔은 순진하게도 대학 입학을 단순한 상거래처럼 생각했다. 다니고 싶은 대학을 선택해서 돈을 지불하면 학교에서 강의를 듣게 해주려니 여겼다. 어쨌든 그것이 음향예술 대학교에서 본 입학 방식이었다. "입학 절차가 있는 줄은 생각도 못했어요."

그런 순진한 생각으로 그녀는 어느 여름날에 미네소타 대학교의 입학처에 수표장을 들고 들어가 가을 학기에 등록하고 싶다고 밝혔다. 접수계원은 당황스러워하며 지원서를 작성해야 한다고 알려줬다. 수잔은 당장 써내겠다며 지원서를 달라고 했다. 접수계원은 멈칫거리며 지원서를 내줬다. 수잔은 부랴부랴 지원서 양식을 채워 다시 건넸다. 접수계원은 한동안 말이 없다가 지원서에 첨부할 양식이 더 있다고 설명했다. 자기소개서 같은 것이 더 필요하다고. 수잔은 당장 쓸 테니 종이가 있으면 달라고 부탁했다. 접수계원은 고개를 내저었다. 수잔은 포스트잇 뭉치가 눈에 띄자 거기에 쓰겠다고 말했다. 몇 장의 포스트잇에 급하게 '자기소개서'를 휘갈겨 쓴 다음 지원서에 붙여 접수계원에게 내밀었다.

접수계원은 수잔을 바라보며 한참 뜸을 들이다 대답했다. "잠시 기다려주세요."

그러더니 그것이 방사성 폐기물에 담겨 있던 종이라도 되는 양 지원서를 들고는 사무실 뒤쪽으로 갔다. 몇 분 후에 학부 입학처장이 그녀와 함께 왔다. 그는 수잔을 쓱 훑어봤다.

"그게 말이죠, 지원 마감일이 몇 달 전에 끝났는데 모르셨나 보군요." 수잔은 맥이 탁 풀렸다. 그때 입학처장이 포스트잇으로 다시 시선을 돌려 고장의 영웅 프린스의 곡 작업을 돕고 히트 앨범들을 프로듀싱한 그녀의 경력을 대강 읽어봤다. 그러더니 손가락으로 책상을 탕탕 쳤다. "그런데요, 수잔…… 굉장히 의욕적인 분이신 것 같네요. 축하드립니다. 합격입니다. 미네소타 대학교에 들어오신 걸 환영합니다!"

당시에 수잔은 41세였다. 뇌과학을 배우고 싶은 의욕이야 뜨거웠지만 이젠 나이가 들어 새로운 전문 분야를 학습할 능력이 줄었을까 봐 초조한 마음도 있었다. 하지만 괜한 걱정이었다. 막상 수업에 들어가보니 에너지가 무한대로 발산되는 듯한 기분이 들면서 지식을 마구 빨아들였다. 남성이 지배하는 음악 세계를 헤쳐온 경험이 있던 그녀였는데도 중년의 성인이 십대의 신입생들과 잘 어울릴지 걱정스러웠다. 이것 역시 괜한 걱정이었다. 막상 접해보니 같이 공부하는 학생들은 그녀를 좋아했다. 스터디 그룹에 들어와 같이 공부하자고 적극 권유하기도 했다. "미네소타 대학의 재학 시절은 제 삶에서 가장 방종을 부렸던 4년이었어요. 배움과 공부에만 푹 빠져 지냈죠. 그리고 목표가 확실했기 때문에, 그러니까 대학에 들어온 이유와 하고 싶은 일을 잘 알았기 때문에 정말 끝내주는 시절이었어요."

수잔은 졸업 후에 몬트리올의 맥길 대학교McGill University에서 음악 인지 박사 과정에 합격해서 이 분야에서 가장 명성 높은 권위자에 드는 다니엘 레비틴Daniel Levitin 교수에게 지도를 받았다. 박사 학위 취득 직후에는 바로 보스턴 버클리 음대의 교수직을 따냈고, 현재까지 이곳에서 교수로 재직하고 있다. 교수직은 그녀에게 잘 맞는 직업이다. 연구에 전념할 시간이 더 많으면 좋겠다는 아쉬움이 있지만, 과학자로서 존경받고 있고, 자신이 좋아하는 과목을 가르치면서 제자들에게 애정을 느끼고 있고, 자신이 원하는 라이프스타일을 이어갈 수 있어서 만족스러워한다. 고등학교를 중퇴하고 폭력 남편에 시달리던 과거와는 천지차이의 삶을 누리고 있다.

"저는 지금 너무 행복해요. 하지만 솔직히 말해서 여기까지 오기 위해 쓰라린 희생을 겪어야 했어요. 어찌 보면 그 누구라도 굳이 겪지 않아도 될 그런 희생이었죠. 그래도 돌아보면 제 선택들에 만족스러워요. 제 스스로 내린 선택이었기 때문이죠. 미래의 젊은이들은 저와 같은 희생을 치르지 않고도 원하는 대로 자유롭게 선택할 수 있길 바랄 따름이에요. 우리 뒤에서 오는 사람들이 지금보다 더 살기 쉬운 세상을 만들기 위해 노력해야 해요."

현재는 관리자들이 (중략) 노동자를 과학적 원리에 따라 선별한 뒤

훈련과 교육을 통해 기량을 육성시키는 반면,

과거에는 노동자가 할 일을 스스로 선택해

스스로 최대한의 기량을 갈고닦았다.

– 프레드릭 테일러, 『과학적 관리법(The Principles of Scientific Management)』 –

자신에게 잘 맞는 일을 찾아서 그 일을 수행할 기회를 잡는 것,

그것이 바로 행복을 여는 열쇠다.

– 존 듀이, 『민주주의와 교육(Democracy and Education)』 –

인간 잠재력의 진수를 놓고 벌이는 공방

　서문에서도 밝혔듯이, 이 책의 최우선적 용도는 다크호스형 사고방식의 사용 설명서로 활용하는 것이다. 여기까지 읽었다면 이제 사용 설명서는 다 뗀 셈이다.

　이제 당신은 표준화 계약이 자아상에 어떤 영향을 미치는지 알게 되었고 당신에게 다양한 삶의 가능성이 존재한다는 것도 알게 됐다. 하지만 표준화형 사고방식과 다크호스형 사고방식은 자신을 바라보는 관점에서만 상반되는 것이 아니다. 남들을 바라보는 관점에서도 상반된다. 그에 따라 모든 사람이 잠재력을 최대한 발휘하며 살아가도록 도울 최선의 방법에 대해서도 서로 다른 처방을 내놓는다.

　본질적으로 말해서 두 사고방식은 우리가 서로에게 진 **의무**에 대해 상반된 이상을 따르고 있다.

　그러면 두 사고방식의 상반성을 확실히 짚어보는 의미에서 두 방식을 나란히 대조해보자.

표준화형 사고방식	다크호스형 사고방식
미시적 동기의 무시	미시적 동기의 의식
선택 무시	선택 의식
전략 무시	전략 의식
목적지 의식	목적지 무시
우수성의 추구를 통해 충족감 성취	충족감의 추구를 통해 우수성 획득
목적지를 의식하고 열심히 노력하면서 끝까지 버티기	개개인성을 활용해 충족감을 추구하면서 우수성을 획득
남들 모두와 똑같되 더 뛰어나기	최고의 자신이 되기
기관 중심적	개인 중심적
일직선의 곧은 경로	구불구불 굽은 경로
우수성의 표준화	우수성의 다양성
보편적 동기	미시적 동기
열정을 좇기	열정을 설계하기
고르기	선택하기
확률	적합성
끝까지 버티기	시행착오
목적지	목표
표준화된 시간	상대적 시간
사다리 오르기	경사 상승
개개인성을 문제시함	개개인성을 중요시함

이렇게 나란히 대조하니 두 사고방식의 차이가 정말로 극명해 보인다. 두 사고방식은 성공방식에서 근본적으로 상반된다. 서로 타협하거나 절충할 도리가 없다. 중립지대나 중도노선이 없다. 개인의 우수성 육성에 대해 상반된 가정을 취하고 있어서 사회의 기회 시스템 구성 방법에 대해서도 상호 배타적인 방침을 제시한다.

두 사고방식 간의 대립은 그야말로 인간 잠재력의 진수를 놓고 벌이는 공방이나 다름없다.[1]

당신은 둘 중 한쪽을 선택해야 한다.

DARK HORSE

6 장

착시와 기만

어떤 사람이 유명한 철학자 비트겐슈타인에게

코페르니쿠스 이전 시대에 살았던 중세 유럽인들의 이야기를 꺼내며

하늘을 보면서 태양이 지구를 돈다고 생각하다니

정말 멍청한 사람들 아니냐고 말했다. (중략)

가만히 듣던 비트겐슈타인은 이렇게 대꾸했다고 한다.

"그래요. 그런데 태양이 지구를 돌았다면 하늘이 어떻게 보였을지 궁금하군요."[1]

— 제임스 버크, 영국의 저명한 TV 프로듀서이자 과학사가 —

DARK HORSE

인식의 속임수

1632년, 갈릴레오는『천문대화Dialogue Concerning the Two Chief World Systems』를 발표하며 우주의 이해에 전환점을 일으켰다. 이 책을 통해 갈릴레오는 당시에 태양중심 사고방식과 지구중심 사고방식 사이에 벌어지던 논쟁에 끼어들어 중요한 깨우침을 인식시켰다. 우주에서 우리 지구의 위치를 놓고 양측에서 첨예하게 대립하는 모든 의견 차이는 궁극적으로 하나의 근본 현상에 뿌리를 두고 있다는 것이었다.

바로 **중력**이었다.

당시 태양이 지구 주위를 돈다고 믿었던 이들에게 지구는 중력을 발생시키는 유일한 천체였다. 그런 이유로 지구가 모든 천체의 중심에 있다고 여겼다. 하늘에 떠 있는 다른 천체들은 모두 자체 중력 없이 지구의 중력에 끌려오는 것이라고 생각했다.

지구가 태양 주위를 돈다고 믿었던 사람들은 반대 의견을 폈다. 태양, 행성, 혜성들은 물론 심지어 달까지도 **모든** 천체가 중력을 발생시킨다고 주장했다.

갈릴레오의 저서 출간으로 논쟁이 가열되던 무렵엔 여러 온건파 학자들이 양측의 싸움을 중재할 방법을 모색 중이었다. 일부 학자는 지구중심 사고방식의 수학논리를 태양중심 사고방식의 수학논리로 전환시킬 '환산식'을 찾아보기도 했다. 말하자면 화씨온도를 섭씨온도로 환산시키는 공식을 찾았던 셈이다. 하지만 중력이 화두로 대두되며 어느 쪽으로든 결정을 강요하면서 우주체계를 놓고 벌어진 양측의 갈등 중재는 물 건너가게 됐다.

구시대적 사고방식을 가진 이들은 '특별한 천체에만 중력이 존재한다'고 주장했고, 새로운 사고방식을 가진 이들은 '모든 천체에 중력이 존재한다'고 주장했다. 그렇다면 둘 중 하나는 틀린 주장일 수밖에 없었다.

인간 잠재력의 정수를 둘러싼 논쟁에서도 타협의 여지가 없다. 표준화형 사고방식과 다크호스형 사고방식 사이의 모든 첨예한 차이는 궁극적으로 **인간 잠재력**에 대한 서로 다른 관점에서 비롯된다. 구시대적 사고방식에서는 '특별한 사람에게만 재능이 있다'고 주장하고, 새로운 사고방식에서는 '모든 인간에게 재능이 있다'고 주장한다. 그렇다면 둘 중 하나는 틀린 주장일 수밖에 없다.

둘 중에 한쪽을 선택해야 한다.

두 개의 상반되는 중력론이 물리적 우주에 대해 극심하게 다른 개념(지구가 우주의 중심이라는 개념과 우주에는 중심이 없으며 지구는 무수한 행성 중 하나라는 개념)을 이끌어냈던 것처럼, 두 개의 상반되는 인간 잠재력 이론도 우리의 사회적 우주에서 개인과 기관의 상대적 역할에 대해 극도로 다른 개념을 낳았다. 표준화형 사고방식에 따르면 소수의 사람들만 우수성을 획득할 수 있다(그에 따라 소수만 충족감을 획득할 수 있기도 하다). 또한 기관은 이런 재능 있는 개개인을 가려내 보상할 독점권을 가져야 한다. 반면 다크호스형 사고방식에 따르면, 모든 사람에게는 우수성과 충족감을 획득할 재능이 있고 기관은 모든 개개인이 자신의 잠재력을 최대한 발전시키도록 이끌어야 한다.

구시대적 사고방식을 탈피해서 새로운 사고방식을 적극 수용하는 데 유일하고도 가장 큰 걸림돌은 400년 전이나 현재나 똑같다. 바로 명백해 보이는 것 극복하기다. 과거에는 지구에만 중력이 있는 것이 명백하게 **여겨졌던** 것처럼, 현재는 특별한 사람들에게만 재능이 있는 것이 명백하게 **여겨지고** 있다.

하지만 갈릴레오가 자신의 망원경으로 증명했듯이 그것은 그저 인식의 속임수일 뿐이다.

소련 vs. 미국

소련은 제2차 세계대전의 종식 이후부터 정권이 몰락한 1991년까지 지구상에서 가장 확실한 엘리트 인재 양성국이었다. 미국과 소련 양국이 올림픽에서 경합을 펼치던 수년 동안 소련측이 금메달을 비롯해 전체 메달까지도 더 많이 따갔다. 사실, 소련은 역대 그 어떤 나라보다도 올림픽 대회당 평균 메달 획득 수가 많다. 소련의 음악가, 작곡가, 오페라 가수, 발레 무용수 들이 공연 예술계의 세계 대회를 석권하기도 했다. 소련은 체스 무대까지도 호령했다. 1945년~1991년 사이의 세계 체스 챔피언 17명 중 16명이 소련인이었다. 뿐만 아니라 수학에서 미국을 묵사발 만들기도 했다. 국제 수학올림피아드에서 소련 세력권 국가들이 26차례나 우승하는 동안 미국은 2차례밖에 우승을 하지 못했다. 또 냉전시대의 적수였던 두 나라가 아주 드물게 공중전에서 맞붙기라도 하면 소련의 조종사들이 미국의 조종사들보다 5배나 많이 비행기를 격추시켰다. 미국이 마침내 우주개발 경쟁에서 최고의 상(인류 최초의 유인 달 착륙)을 고국의 품에 안기긴 했지만, 1950년대를 걸쳐 1960년대가 거의 저물 때까지 공산주의 국가 소련이 최초의 인공위성, 최초의 우주 동물 실험, 최초의 남성 우주인, 최초의 여성 우주인, 최초의 달 착륙, 최초의 행성간 탐사 로켓, 최초의 우주 유영, 최초의 우주 정거장 등으로 우주개발의 '최초' 타이틀을 독식하다시피 하면서 더 부유한 서방국가 미국을 앞질러 나갔다.

경제 시스템은 형편없었고 전체주의 정권하에서 개인의 자유라는 개념도 용인되지 않았지만, 소련은 전후 시대 내내 미국과의 재능 균형에서 당당히 위상을 지켰다. 아니, 실질적으로 따지자면 미국은 소련과 실력에서 1대 1로 붙는 대다수 경쟁에서 스스로를 약자로 보는 것이 타당할 정도였다.[2] 현재 미국에서 미국 하키팀이 소련 팀을 이긴 1980년 동계 올림픽의 '은반 위의 기적Miracle on Ice'을 기쁘게 기념하는 이유는 그날의 승리가 오래 이어져온 경쟁에 정점을 찍었기 때문이 아니라 소련인들이 몇십 년 동안 미국 팀을 끊임없이 맥을 못 추게 했던 쓰라린 기억 때문이다. 체스 그랜드 마스터 보비 피셔Bobby Fischer가 국가적 영웅으로 떠올랐던 것도, 미국의 수재가 소련의 천재와 붙어서 상대할 수 있었다는 것 자체가 당시로선 신기하게 여길 상황이었기 때문이다.

하지만 당시에 소련이 재능에서 용케 자유 세계와 어깨를 나란히 했던 사실은 그리 놀랄 일도 아니다. 어쨌든, 소련인들은 남들과 똑같은 인재 육성 시스템을 활용하되, 더 뛰어나게 활용했을 뿐이니까.[3]

동일한 가정, 동일한 시스템

소련인들은 처음부터 두 팔 벌려 표준화 계약을 힘껏 끌어안았다. 소비에트 사회주의 공화국 연방에서는 우수성의 경로가 단 하나의 유일한 일직선 경로밖에 없었다. 소련 세력권 국가들은 학문, 운동, 예술 등 모든 분야에 재능 사다리를 세워놓고 학생이든 운동선수든 공연 예술가든 누구나 큰 꿈을 품은 사람들은 한 칸 한 칸

사다리를 밟아 올라가면서 마침내 꼭대기에 올라서도록 정해놓았다. 각 단계에 올라서는 성공의 기준은 지극히 명확했다. 동료들보다 더 뛰어난 재능을 증명해야 했다.

사다리의 첫 번째 칸은 대체로 수영 클럽, 물리학 클럽, 발레 클럽 같은 각 지역 학교 '클럽'에 해당됐다. 초등학교나 고등학교에 마련된 이런 클럽들은 들어오고 싶은 학생 누구에게든 개방됐다. 음악 학교, 기술 학교 같이 전문 학교들도 세워 입학 시험에 붙기만 하면 7세 때부터 일찌감치 입학할 수 있게 했다. 이때부터 다음 단계로 올라설 자격이 되는 사람을 가려내기 위해 모든 후보생들을 끊임없이 경쟁시켰다.

이런 고정된 이정표의 경로에서, 큰 뜻을 품은 사람들은 해당 분야별로 표준화된 과제에서의 수행능력에 따라 등급이 매겨졌다. 이를테면 100미터 달리기 속도, 물리 시험 성적, 첼로 연주회 성적 따위로 등급이 정해졌다는 이야기다. 여기에서 상위권에 든 사람들은 사다리의 다음 칸으로 승급되었지만 나머지는 가차없이 사다리에서 걷어차였다. 연속된 각 칸마다 생존자들은 더 많은 자원을 받으며 더 열심히 공부하고 연습했고, 경쟁은 더욱 치열해졌다.

한 예로, 운동을 잘하게 생긴 10세 소녀 하이디 크리거_{Heidi Krieger}는 교사들에게 소련 세력권 국가이던 동독 동베를린의 육상경기 클럽에 가입하라는 격려를 받았다. 코치들은 그녀에게서 특별한 재능을 알아봤고 4년 후에 그녀를 그 도시의 명문 스포츠 특화 학교에 진학시켰다. 이 학교에서는 매회 교내 대회 이후에 특정 목표를 달성하지 못한 학생들은 2주 내로 자퇴를 해야 했다. 하이디는 한 번도 자퇴 권고를 받은 적이 없었다. 투포환 실력이 뛰어나서 학교에 다닌 지 불과 2년 만에 동독의 전국 청소년 체육대회인 스파르타키아트Spartakiad의 투포환 종목에서 2위에 올랐다. 이후엔 전국의 상위권 프로 선수들이 들어가는 국가 지원 시설인 SC 뒤나모 SC Dynamo에 진학해 철의 장막 국가에서 제공할 수 있는 가장 최상급 훈련을 받았다. 뛰어난 능력을 꾸준히 증명하며 운동선수로서의 재능 사다리를 차근차근 올라가면서 7년이 지난 1986년에는 유럽 챔피언전에서 여성 투포환 종목의 금메달을 따내기도 했다.

소련의 시스템이 어떤 식으로 작동되었는지 잘 보여주는 이 사례가 낯설지 않은 이야기로 들린다면, 이 시스템이 모든 민주주의 국가에서 활용되는 인재 육성 시스템을 그대로 본뜬 것이기 때문이다. 미국에서는 최고 명문의 대학에 들어가려면 고등학교에서 남들을 모두 이겨야 하고, 가장 좋은 대학원 과정에 들어가려면 대학에서 남들을 모두 이겨야 하고, 최고의 일자리를 얻으려면 대학원에서 남들을 모두 이겨야 하며, 가장 좋은 직위로 승진하려면 직장에서 남들을 모두 이겨야 하지 않는가.

소련과 미국의 교육 시스템은 구조 면에서나, 운용 면에서나, 산출 결과에서나 서로 동일하다. 우수성을 획득하기 위해서는 엄격히 표준화된 재능의 사다리를 올라가야 한다. 더 높은 칸으로 올라서려면 동료들보다 뛰어난 재능을 펼쳐야 한다. 재능이 가장 뛰어난 사람들만이 사다리 꼭대기에 오르게 된다.

표준화 계약을 지키는 모든 나라에서 인재 육성 시스템의 설계가 다 똑같은 이유는, 인간 잠재력에 대해 똑같은 가정을 취하기 때문이다.

바로 **재능(인재)은 흔치 않다**는 가정이다.

인재 쿼터제

사람들은 인재는 흔치 않다는 개념에 좀처럼 의문을 갖지 않는다. 인재가 흔하지 않고 특별하다는 개념을 의심 없이 받아들이는 이유는 사다리의 꼭대기에 오르는 사람들이 극소수이기 때문이다. 극소수의 사람들만 육상경기 국가 대표팀이나 수학 올림피아드 국가 대표팀에 들어간다. 극소수의 사람들만 우등생 장학금이나 체육 특기자 장학금을 탄다. 또 극소수의 사람들만 보스턴 심포니 오케스트라 단원이 되거나 「뉴욕타임스」 선정 베스트셀러에 들 만한 책을 쓰거나 NASA 우주비행사가 된다.

인재가 흔치 않아 보이는 현상으로 치자면 소수의 학생들만 명문 대학교에 합격하는 고등교육만큼 두드러지는 분야도 없다. 프린스턴 대학교에 합격하는 연간 입학 정원은 약 1,300명이다. 예일 대학교도 마찬가지다. MIT와 컬럼비아 대학교는 약 1,400명이다. 하버드 대학교와 브라운 대학교는 대략 1,600명이고, 스탠퍼드 대학교는 2,000명이 약간 넘는다. 미국의 전체 인구 3억 3,000만 명을 감안하면 정말 소수의 인원이다.

우리는 직관적으로 명문 대학에 합격한 소수의 입학 허용자들이 어떤 식으로든 전체 지원자 중에서 인재의 가능성이 있는 사람일 거라고 추정한다. 과연 그럴까?

위의 대학들 모두 인재의 가능성이 있는 지원자가 얼마나 되는지 제대로 평가도 하지 않고 바로 입학 허용 인원을 정한다. 명문 대학은 하나같이 지원서조차 검토하지 않은 채로 특정 인원수를 염두에 두고 입학 심사 절차에 들어간다. 그 결과 입학 허용 정원은 지원자들의 자질에 따라 늘거나 줄어들지 않는다. 여기서 더 주목해야 할 부분은 따로 있다. 자격이 충분한 지원자들을 **모두 다** 받지 않고, 미리 정해진 인원만 받는다는 것이다.

다시 말해, 최고의 기회제공 기관들은 **인재 쿼터제**_{talent quota}를 시행하고 있다.

원래 대학들이 쿼터제를 채택한 것은 합리적인 이유에서였다. 표준화 시대 동안에는 학교 건물에 물리적으로 수용 가능한 학생 수가 크게 한정되어 있었다. 교실에서 수업을 들을 자리가 한정되어 있었다. 기숙사에 비치할 수 있는 침대의 수도 한정되어 있었다. 캠퍼스에서 받을 수 있는 교직원과 학생들의 인원도 한정되어 있었다. 그러다 20세기 초에 들어와 대학에 지원하는 학생 수가 급격히 늘어나면서 사실상 물리적 기반시설에 제한이 생기자 사립 대학과 공립 대학 모두 학생 수에 쿼터제를 뒀다. (현재는 대학들이 그 외에도 또 다른 이유로 입학 정원을 제한하고 있다. 특히 명문대 이미지를 지키기 위한 경우도 있다.)

하지만 이는 다시 말하자면 대학들이 우수성의 잠재력을 갖춘 학생들의 실질적 수를 염두에 두지 않은 채 우수성 획득의 기회를 부여해줄 지원자의 수에 상한선을 두고 있다는 이야기다. 대학들이 스스로 부여한 쿼터제의 굴레에 구속되는 바람에 지원자 중 재능 있는 지원자가 몇 명이나 되는지 파악하는 일은 등한시되고 있다.

육상경기 국가 대표팀과 수학 올림피아드 국가 대표팀, 체육 특기자 장학금, 우등생 장학금, 보스턴 심포니 오케스트라, 「뉴욕타임스」 베스트셀러, NASA 역시 자체적 쿼터제를 시행하고 있다. 보스턴 심포니 오케스트라에서는 재능 있는 바이올리니스트들이 예상보다 많다는 이유만으로 바이올린 단원 수를 더 늘리지는 않는다. 「뉴욕타임스」에서는 특히 잘 팔린 책이 많이 나왔다는 이유만으로 베스트셀러 명단의 수를 세 배로 늘리지는 않는다. NASA는 자격 충분한 지원자의 수가 넘쳐난다는 이유만으로 우주 비행사 훈련생을 30명쯤 더 뽑지는 않는다.

우리는 주변에서 우수성을 **획득하는** 사람이 소수밖에 없으니 소수만 우수성의 **잠재력**을 가지고 있다고 추정하면서, 그것이 인간 본질에 대한 불변의 사실이라고 받아들인다. 그에 따라 특별한 사람들만 재능을 가진 것이 확실하다고 여기고 있지만, 그것은 착시일 뿐이다.

표준화 계약하에서는 실증적 사실에 의거해서 인재가 희귀한 것이 아니라, 기관의 규정에 의거해서 희귀한 것이다.

인재 '선발' 시스템

물론, 일단 쿼터제를 두면 누구를 받아들이고 누구를 탈락시킬지 결정할 방법이 필요하다. 인간이 모두 동일하다면 쿼터를 채우는 문제는 단순해진다. 가령 1,000명의 대학원생을 뽑아야 한다면 그냥 지원서 1,000개를 무작정 고르면 된다. 이는 인재 **육성** 시스템의 본모습을 상징한다. 알고 보면 우수성을 획득하려는 사람들 중에 **아무나** 뽑아 잠재력을 육성시키는 시스템이나 다름없다.

하지만 표준화를 누구보다 열렬히 옹호하는 이들조차 인정할 테지만 인간은 다양하다. 두 명의 지원자가 하나부터 열까지 똑같은 경우는 없다. 따라서 표준화의 모든 인재 육성 시스템에서는 그 귀한 쿼터에 할당될 자격자를 정하는 데 활용할 일련의 선별 기준이 필요하다. 이때 가장 확실한 선별 기준은 지원자들을 이미 재능을 펼쳐 보인 사람과 그러지 못한 사람으로 구별하는 방식이다. 누가 봐도 합리적인 방식 같겠지만, 이런 식이라면 인재를 **육성**developing하는 것이 아니라 인재를 **선발**selecting하겠다는 취지가 된다.

따라서 **표준화된 인재 육성 시스템은 하나의 예외도 없이 인재 선발 시스템이다.**

영재교육 프로그램을 생각해보자. 미국의 대다수 학교 시스템에서는 영재교육 프로그램 합격의 선별 기준이 IQ 테스트 같은 표준화 시험에서 백분위수 상위권에 드는 것이다. 이런 프로그램은 사실 프로그램에 들어오고 싶은 학생이라면 누구든 재능을 **육성**시키기 위해서가 아니라 미리 정해진 '영재성' 기준에 드는 학생들을 **선발**하기 위해 마련된 것이다. 영재교육 프로그램이 희망 학생을 모두 받아서 각 학생별로 자신의 동기와 장점을 깨닫도록 이끌어주는 방식이라면 좋겠지만 실제로는 그렇지 않다. 오히려 프로그램에 들어올 만한 학생을 가려내기 위해 표준화된 모든 교육 프로그램과 다를 바 없이 **겉보기에** 승자 같은 학생을 뽑는다.

실제로 교육 시스템은 최종 생산품보다는 원료를 주된 기준으로 삼아 평가하는 생산 시스템에 불과하다. 「U.S. 뉴스 & 월드 리포트 U.S. News & World Report」는 미국 대학의 순위 선정 시에 상위권 대학을 가려내기 위해 일련의 '학업 성취도 지표'를 활용한다. 입학생들의 등급과 SAT 점수가 그 주요 지표 두 가지다. 지원자 대비 입학 허용 비율도 지표로 활용된다. 그런데 모든 지표 중에서 가장 중요하게 반영되는 지표가 뭔지 아는가? 학교기관 관리자들의 견해다. 그렇다면 정작 이 대학에 다니는 학생들의 견해는 얼마나 반영될까? 전혀 반영되지 않는다.

말이 나온 김에 말이지만, 졸업생들의 초봉, 졸업생들의 구직 기간, 졸업생들의 직업 만족도 등 대다수 가정에서 관심 갖는 사항들도 전혀 반영되지 않는다. 「U.S. 뉴스 & 월드 리포트」의 기준에 따르면 이런 사항들은 유용한 '학업 성취도 지표'가 아니다. 학생의 체감도가 반영된 지표는 학교기관측에서 발표한 동문 기부 비율뿐이다.

이쯤에서 잠시 다음의 문제를 생각해볼 만하다. 이 대학 순위에는 인재 육성 기관에서 진행되는 실질적 인재 육성 과정이 **단 하나도 반영되어 있지 않다**는 문제다. 학교에서 교육 기회에 대해 쿼터제를 시행하면 결과적으로 학생이나 학부모, 고용주의 생각보다는 관리자들의 생각이 중요시되고 만다. 결국 어떤 사람으로 양성시키느냐보다는 어떤 사람을 들어오게 하느냐에 더 초점이 맞춰진다.

　우리가 계속 이런 상황을 이의 없이 받아들이고 있다는 사실은 우리가 그만큼 이 해괴한 상황에 깊이 빠져 있음을 잘 보여준다. 날마다 각양각색의 배경과 사회경제적 수준을 가진 가정들이 이런 순위들을 믿고 어디에 지원하고 어느 정도의 돈을 쓸지 가늠하면서 일생일대의 결정을 내리고 있다. 하지만 그 민낯을 들여다보면 이 순위들은 우리의 잠재력 육성과는 아무 상관이 없고 오로지 쿼터를 채우는 문제와 연관되어 있을 뿐임을 알게 된다.

　하지만 우리는 우리의 시스템이 재능 있는 모든 사람에게 똑같은 성공 기회를 제공하지 않는다고 해도 적어도 마땅히 자격이 되는 사람들에게 그 기회를 주고 있다고 추정하기 쉽다. 우리가 쿼터 중심 시스템에 이의를 제기하지 않는 이유도 우리의 대학기관들이 어떤 한계를 안고 있든 간에 적어도 객관적 가치 기준에 따라 기회를 부여하고 있다고 믿기 때문이다.

쿼터와 기준의 양립불가성

모든 인재 평가 기준에는 빠지지 않고 포함되는 특징이 하나 있다. 미리 정해진 고정불변의 커트라인이다. 이 기준을 넘으면 재능 있는 인재의 자격을 얻고 기준에 못 미치면 자격을 얻지 못한다. 사전에서는 기준을 '**고정된 가치 척도**'라고 정의한다. 정말 간단하기 이를 데 없다.

이런 한결같은 특징인 커트라인은 기준에 객관성과 타당성을 부여해준다. 마스터 소믈리에 자격증 시험이 그런 객관적이고 타당한 기준의 좋은 예다. 마스터 소믈리에로 인정받기 위해서는 일정한 커트라인 점수 이상을 받아야 한다. 운전면허증 시험도 좋은 예다. 미국의 대다수 주에서는 운전면허증을 따려면 이론 시험과 도로주행 시험에 모두 합격해야 한다. 각 시험의 합격 점수는 분명히 정해져 있고 고정불변이다. 각각의 시험에서 이 합격 점수에 미치지 못하면 차를 운전하지 못한다.

당연히, 기준은 평가받는 사람이나 같이 시험을 치르는 다른 사람들이 얼마나 잘 하느냐에 따라 달라지지 않는다. 당신 앞에 있는 남자가 도로주행 시험 중에 우체통을 들이받아도 당신이 합격하기 위해 수행해야 할 기준에 변화가 생기지 않는다. 당신 옆의 여자가 마스터 소믈리에 자격증 시험에서 만점을 받아도 당신이 마스터 소믈리에가 되기 위해 획득해야 하는 점수에 영향을 주지 않는다. 문턱은 평가자의 변덕에 따라 높아지거나 낮아지지 않는다. 도로주행 시험의 평가자가 속도제한을 지키는 것이 평행주차보다 더 중요한 운전기술이라는 식의 개인적인 생각을 하더라도 임의로 속 도제한의 준수에 배정된 점수를 높이고 평행주차에 배정된 점수를 줄이지는 않는다.

기회제공 기관들은 일관되고 성실한 기준에 따라 지원자를 평가 함으로써 대중의 신뢰와 믿음을 얻는다. 우리가 인재는 흔치 않다 는 개념을 받아들이는 결정적 이유도, 기관들이 어떤 지원자를 쿼 터 안에 포함할지 아닐지 평가할 때 철저하고 엄격한 기준을 활용 한다고 여기기 때문이다. 우리는 '아주 까다로운' 것은 '기준이 아주 높은' 것이라고 당연시하기도 한다.

하지만 모든 기준에는 간과할 수 없는 한계가 있다. 그것도 기회 제공 기관들이 아주 난감해할 한계다. 인재 평가에 고정불변의 일 정한 커트라인을 적용하면 얼마나 많은 지원자가 커트라인 안에 들어올지 미리 알 수 없다는 것이다.

마스터 소믈리에 자격증 시험에서는 단 한 사람만 합격 점수를 넘으면 그 사람 한 명만 마스터 소믈리에가 된다. 또 100명이 합격 점수를 넘으면 그 100명이 마스터 소믈리에가 된다. 지난 10년 동 안 미국에서 자신이 거주하는 주의 운전면허 시험에 합격한 사람 들의 수는 매년 약 300만 명쯤 되지만, 대략의 수치가 아닌 정확 한 수치로 보면 연도별로 합격자 수에 다양한 차이가 있다. 합격자 수가 몇십 만 명이 더 많은 때도 있었고 몇십 만 명이 더 적은 때도 있었다.

이런 인원 수의 예측불가능성을 강조하는 데는 그만한 이유가 있다. 예측불가능성이 기회제공 기관들에게 피할 수 없는 딜레마를 유발시키기 때문이다. 이 딜레마는 다루기 워낙 까다로워서 **모든** 표준화된 시스템의 공정성과 공평성 이행에 걸림돌이 된다.

어떤 기관이 기준을 채택할 경우엔 미리 정해진 일정 기준을 넘는 모든 지원자를 받아들여야 한다. 기준을 넘는 지원자가 모두 몇 명일지 미리 알 방법은 없다.

하지만 기관에서 쿼터를 채택하면 재능 있는 지원자 수가 얼마나 되는지와는 무관하게 미리 정해진 일정 수의 지원자를 받아들여야 한다.

두 경우의 인원 수가 일치하기는 거의 불가능하다.

쿼터와 기준의 양립불가성을 해결하기 위한 가장 간단한 해결책은 하나를 지키고 다른 하나를 버리는 것이다. 쿼터를 지키면서 객관적 기준을 사용하지 않기로 하거나 기준을 지키면서 쿼터를 버리거나 둘 중 하나를 선택하면 된다.

하지만 기관들은 한번에 두 마리 토끼를 다 잡고 싶어 한다. 기준이 있는 것처럼 보여서 대중의 신뢰를 얻는 동시에 쿼터를 활용하면서 효율성을 (더불어 독보적인 브랜드 이미지까지) 지키고 싶어 한다. 둘 중 하나를 선택하기보다는 프톨레마이오스라는 천문학자가 해결 불가능한 또 다른 모순을 해결하기 위해 했던 방식대로 자신들의 모순된 상황을 해결하기로 결심한 것이다.

조작을 하는 것이다.

자기정의의 속임수

천년이 더 넘는 시대에 걸쳐, 학자와 천문학자들은 지구가 우주의 중심이라고 믿으면서도 행성과 혜성, 일식, 월식의 출현을 정확히 예측할 수 있었다. 우주의 작동원리를 완전히 잘못 알았는데도 어떻게 그럴 수 있었을까? 엄청 복잡한 방정식들을 활용한 덕분이었다. 그 수학 시스템은 고대 그리스의 천문학자이자 수학자 프톨레마이오스가 2세기에 발표한 저서『알마게스트Almagest』에 수록된 방정식들이었다.

『알마게스트』의 방정식들은 그리스의 천문학자 히파르코스가 집대성한 훨씬 더 오래 전의 지구중심적 공식을 바탕으로 삼았다. 하지만 프톨레마이오스는 히파르코스의 방정식들이 불완전하다는 것을 깨닫게 됐다. 제대로 설명하지 못한 모순이 하나 있었다.

고대 천문학자들 대다수는 행성들이 일률적 속도로 지구 주위를 돈다고 믿었다. 하지만 히파르코스의 방정식은 하늘에서의 행성들 위치는 정확히 예측하긴 했으나 행성들의 속도가 빨라지거나 느려지는가 하면 심지어 역회전하는 식의 계산 값을 내놓기도 했다. 즉, 히파르코스의 방정식에 따르면 행성들이 지구 주위를 도는 것이라면 공전 속도가 계속 변해야 맞는 것이었다. 하지만 행성들이 일률적 속도로 공전하고 있는 것이라면 지구 주위를 도는 것이 아니어야 맞다.

이런 모순의 해결책 한 가지는 갈릴레오와 뉴턴이 결국엔 그렇게 했듯이, 지구중심적 사고방식을 완전히 버리고 태양중심적 사고방식을 받아들이는 것이었다. 하지만 프톨레마이오스는 속임수를 쓰기로 결정했다. 모든 사람이 원하는 계산값이 나오도록 조종하는 임시 해결책으로, 지구중심적 궤도와 일률적 속도에 오차범위를 도입했다. 프톨레마이오스가 도입한 이 오차범위를 일명 동시심equant이라고 한다.

동시심이란 당신이 원하는 움직임의 궤도로 해답이 나오도록 계산을 시작해야 하는 위치다. 그래서 수학자들이 동시심을 고상한 명칭으로 '자기정의self-defining'라고 부른다. 어떤 값이든 바라는 답을 내주게 되어 있다는 의미가 담긴 명칭이다.

1,400년이 더 넘도록 아무도 동시심의 타당성에 의문을 제기하지 않았다. 어쨌든 이 동시심을 활용하면 지구가 여전히 만물의 중심이고 모든 것이 믿음대로 돌아갔으니 누구도 나서지 않았던 것이다. 물론, 예측에 동시심을 활용하면 몇 가지 거북한 오류가 나타나긴 했다. 이 오류는 수 세기를 지나는 동안 점점 더 심각해졌지만, 결과값은 여전히 직관을 만족시켰을 뿐만 아니라 실질적 대안도 없었던 탓에 『알마게스트』는 중세시대 내내 천문학에서의 단하나의 최상의 방법으로 생명력을 지탱했다.

우리의 인재 육성 시스템에서도 표준화 시대 내내 기대하는 결과를 도출하기 위한 그 나름의 서투른 해결법을 채택해왔다. 교육기관에서는 쿼터제를 지키기 위해, 속이기 쉬운 책략을 구사하면서 객관적 기준을 따르고 있는 듯한 환상으로 대중을 현혹해왔다.

우리 두 사람은 직관적 만족감을 주는 이런 오차범위를 **인재 동시심**talent equant이라고 이름 붙였다.

인재 동시심

존스 홉킨스 대학교나 MIT의 입학 기준은 어떻게 될까?「U.S. 뉴스 & 월드 리포트」의 순위에 오른 상위권 100개 대학의 입학 기준은 또 어떻게 될까?

어느 대학이든 그 답은 똑같다. 즉, **변수에 따라 입학 기준이 달라진다.**[4]

입학 지원자들의 구성에 따라 다르고 학교측의 시급한 필요성에 따라 달라진다. 담당 평가자들의 주관적 견해에 따라 달라지기도 한다. 변수가 되지 **않는** 것도 있다. 지원자의 가치에 대한 공평한 평가다. 다시 말해, 객관적 기준에 따라 달라지지 않는다.

모든 쿼터 중심의 고등교육기관에서는 입학을 원하는 지원자들에게 특정 기준치의 능력을 요구한다. 미국에서는 이런 기준치에 등급과 시험 성적이 거의 예외 없이 포함된다. 교육기관에서는 입학 지원자들에게 우수한 등급과 시험 성적이 필요하다고 대놓고 밝히면서, 정말로 객관적 척도로 인재를 가려내고 있다는 인상을 풍긴다. 그런데 정작 이런 척도가 기준으로 제대로 반영되지 않는 이유는 뭘까? 교육기관에서 말하는 '우수함'의 정의가 자기정의이기 때문이다.

이 우수함의 정의에서는 반드시 취득해야 할 시험 성적 커트라인도, 넘어야 할 평균 성적 커트라인도, **고정된** 기준점benchmark도 마련되어 있지 않다. 그러기는커녕 쿼터제를 시행하는 교육 프로그램에 입학 허가를 받기 위해 넘어야 하는 관문이, 교육기관들이 쿼터를 딱 맞춰서 채우는 데 유연성을 발휘할 수 있도록 그때그때 되는대로 높여지거나 낮춰진다.

교육기관에서는 경우에 따라 플로리다 주 출신의 어떤 지원자는 GPA 성적이 입학 허용 기준에 충분하지만 텍사스 주 출신의 동일 성적 GPA 취득자는 그렇지 못하다고 결정한다. 재치 있는 논술문을 쓴 어떤 지원자는 SAT 성적이 입학 허용 기준에 충분하지만 동일한 SAT 성적 취득자이지만 따분한 논술문을 쓴 또 다른 지원자는 그렇지 못하다는 결정을 내릴 수도 있다. 여름방학에 과테말라에서 집짓기 봉사 활동을 하고 온 바이올린 특기생은 입학할 자격이 되지만 여름방학에 우간다에서 영어교육 봉사 활동을 하고 온 트롬본 특기생은 그렇지 못한 것으로 결정할 수도 있다. 변덕스럽기 짝이 없는 이런 식의 지원자 평가 기준이 인재 동시심이 된다.

우수성을 평가할 객관적 기준이 없으면, 인재 평가가 보는 사람의 관점에 직접적으로 좌우된다. 여기에서는 교육기관이 인재의 평가에서 **어떤** 기준을 따르느냐의 문제는 중요하지 않다. 그런 점에서는 기준이 **얼마나 많은지**도 중요하지 않다. 교육기관에서 오로지 지원자의 평균 성적만 고려하든 '전체론적 입학 허용 절차'로써

100가지의 측정 기준을 채택하든 간에, 모든 지원자가 미리 정해진 고정된 기준점에 따라 똑같이 평가받지 않는다면, 결국 지원자 평가에서 교육기관들이 자신들이 기대하는 결과를 얻을 수단으로 주관적 조작을 할 여지가 여전히 존재하게 된다. 전체론적 입학 허용은 대체로 비전체론적 입학 허용에 비해 뚜렷이 개선된 형태이긴 하지만 그 저변의 딜레마는 그대로 남아 있다. 평가자들에게 우수성에 대한 개인 견해에 따라 지원자를 선별하는 자유재량을 더 많이 부여함으로써 동시심에 오차범위를 더욱 더 넓히고 여전히 재능 있는 학생들 대다수를 방관하고 있다.

교육기관이 지원자들을 객관적으로 평가하는 **동시에** 쿼터제를 지키길 진심으로 바란다면 합리적이고 실질적인 해법이 있다. 그것도 누가 봐도 동시심보다 공평한 해법이다. 기준을 미리 발표한 다음 그 기준에 부응하는 지원자들 중에 쿼터를 채울 만한 적정 인원을 무작위로 뽑으면 된다. 물론, 이런 추첨제는 쿼터제의 전면 폐지에 비하면 공평하지 못한 해법이지만, 자기정의식 동시심에 비하면 투명성과 불공평성 양면에서 크게 개선되는 셈이다. 이뿐만 아니라 선발제 학교에 합격해야만 특별하고 재능 있는 인재로 바라보는, 부당한 인식도 없어질 것이다. 더 나아가 명문 교육기관에서 발표 기준에 부응한 지원자들을 공개할 수도 있다. 그렇게 되면 추첨 대상에 뽑힐 자격은 되지만 무작위 추첨에서 떨어진 지원자들은 잠재적 고용주나 다른 교육기관들에게 '하버드 대학교에 들어갈 만큼 실력이 되는' 등의 자격을 논의의 여지 없이 입증할 수 있게 된다.

인재 동시심에 대한 의존은 학계만의 문제가 아니다. 동시심은 쿼터제에 의존하는 기회제공 기관이라면 어디든 슬그머니 침투해 있으며, 심지어 표면상으로는 자기정의식 기준이 별로 조장되지 않는 것처럼 보이는 체육계 분야마저 예외가 아니다. 실제로 대다수 고등학교의 운동 프로그램에는 쿼터가 있어서 어떤 아이들은 스포츠팀이나 스포츠 프로그램에 들어가고 어떤 아이들은 들어가지 못한다. 하지만 어떤 이유에서건 인재에 쿼터제를 부여하면 개인의 잠재력 평가가 보는 사람의 관점에 따라 바뀔 수밖에 없다.

한 예로써 예전에 소련에서는 여자 투포환 선수의 평가에 자의적이고 주관적인 틀을 채택했다. 소련 코치들은 꿈 많은 열혈 선수들을 당연히 포환 투척 거리에 따라 평가했다. 하지만 여기에 더해 투포환을 잘하기 위한 **외관** 조건에 대한 주관을 세워놓고는 여선수의 체격이 그 기준에 얼마나 잘 맞는지도 따졌다. 코치들이 생각하는 그 이상적 외관은 재능있는 남자 투포환 선수의 외관이었다. 그에 따라 소련 세력권 국가들은 대체로 남자 같은 체격의 여자 투포환 선수들을 찾아내 육성시켰다. 하이디 크리거는 사춘기 때 어깨가 넓고 가슴이 납작한 데다 좁은 엉덩이와 탄탄한 체격을 갖추고 있었다.[5] 객관적 기준에서 볼 때 투포환에 재능이 있었고 노력도 굉장히 열심히 했다. 하지만 초반에 재능 육성의 기회를 얻게 된 이유는 운동선수로서의 재능을 평가하는 소련식 주관적 틀에 들어맞은 덕분이었다. 상체 힘이 약하고 여성적 몸매를 가진 신체조건으로 투포환 선수를 꿈꾸던 소녀였다면 소련식 인재 육성 시스템에서 유망 선수로 선발되지 못했을 것이다.

인재 동시심을 감안하면 표준화 계약의 타당성을 어떻게 봐야 할까? 표준화 계약은 표준화된 우수성의 사다리를 오르기 위해 목적지를 의식하고 열심히 노력하며 끝까지 버티라고 명령한다. 하지만 사다리의 다음 칸으로 올라설 자격이 되는지를 결정하는 불투명하고 변덕스러운 평가 과정에 복종하도록 요구하기도 한다. 인재 육성 시스템은 얼핏 보기엔 공평하고 능력 위주인 것처럼 보인다. 하지만 현실은 그렇지 않다. 오히려 표준화된 기관들이 우리 모두에게 미인대회의 경쟁자처럼 '날 뽑아줘요! 날 뽑아줘요! 날 뽑아줘요!'라고 애원하길 강요하고 있다.[6]

모든 권한은 개인적 잣대로 우수성을 가려내 승자를 선발하는 심사위원에게 있다.

반박불가의 증거

지구중심적 사고방식의 그릇된 가정을 지키기 위해서는 사회 전체가 믿어야 했다. 평범한 사람들은 창 밖으로 태양이 지구 주위를 돌고 있는 것을 자신들의 눈으로 직접 보고 있었다. 한편 명성 높은 교육기관들은 대중의 이런 믿음을 정당화할 특별한 공식이 있다고 공언했다.

물론, 누구나 다 알다시피 지구중심적 사고방식은 결국 파국을 맞았다. 어느 시점에 이르면서 끝장나버렸다. 동시심의 실상이 드러난 것이었다. 하지만 코페르니쿠스의 사례가 보여주었듯이 동시심의 실상 폭로만으로는 지구중심적 사고방식을 뿌리 뽑기에는 역부족이었다. 지구중심적 사고방식을 버리고 태양중심적 사고방식을 받아들이는 사회의 일대 전환이 가능해지기까지는 먼저 두 가지의 선결 과제가 해결돼야 했다. 가장 먼저 지구중심적 사고방식이 틀렸다는 구체적 **증거**가 필요했다. 우주에서 지구가 중력이 있는 유일한 천체가 아님을 증명할 반박불가의 증거가 있어야 했다. 이런 증거와 더불어 동시심을 대신할 **실질적 대체물**도 필요했다. 정말로 모든 천체에 중력이 있다면 우주의 움직임을 실질적으로 예측할 수 있는 새로운 논리적 형식이 필요했다.

지구가 중력이 있는 유일한 천체가 아니라는 반박불가의 증거가 처음으로 제기된 계기는 갈릴레오가 망원경으로 목성을 관찰하다가 기절초풍할 만한 발견을 하면서였다. 갈릴레오가 목성 주위를 공전하는 네 개의 달을 발견하면서 지구가 특별하다는 신조가 **틀렸음**이 확실해졌다. 다른 행성에도 중력이 있었던 것이다. 사람들이 (머리 아프다는 말 없이) 눈으로 직접 목성의 달을 보기 시작하면서 비로소 지구중심적 사고방식의 기본 가정이 완전히 **틀렸다**는 것을 깨닫게 됐다.

인재가 특별하다고 여기는 표준화형 사고방식을 반증하기 위해서는 우리의 망원경을 사회적 우주에 맞추고 사회의 인재 사다리 꼭대기에 용케 올라선 사람들이 아니어도 재능을 가진 사람이 있는지 살펴보면 된다. 다시 말해, 우리의 표준화된 기관에서 발견되는 재능 이외에도 훨씬 더 다양한 재능이 있음을 증명할 확실한 증거가 필요하다.

다행히 그 증거는 우리 주변 곳곳에 있다.

바로 다크호스들이다.

새로운 달의 발견

투포환 선수 미셸 카터Michelle Carter는 소련의 투포환 사다리 첫 번째 칸에서 탈락했을 법한 선수다. 단지 아프리카계 미국인이기 때문만이 아니라 신체 조건이 하이디와는 상당히 다르기 때문이다. 우선, 미셸은 여성적 곡선이 두드러진다. 미셸을 보면서 육감적이라고 말하는 사람들도 있을 테지만, 그녀는 어린 시절엔 몸 때문에 툭하면 괴롭힘을 당했다(수치심을 느끼기도 했다). 몸무게도 116킬로그램이어서 75킬로그램인 하이디와 비교된다. 상체의 힘도 하이디보다 뛰어나지 않다. 고등학교와 대학교 재학 시절에 팔굽혀펴기를 겨우 한 번 할 정도였다. 어느 모로 보나 미셸의 체격은 전형적인 운동선수의 체격과는 거리가 있는 편이다.

미셸은 이렇게 말한다. "사람들은 가끔 겉모습에 속아요. 전 보기보다 빨라요. 대다수 투포환 선수들과 비교해서 유연성이 아주

하이디 크리거 vs. 미셸 카터

좋기도 해요. 다른 선수들은 잘못해서 낑낑대는 자세도 많이 취할 수 있어요. 회전력을 강하게 거는 쪽으로도 재간이 있어요. 그리고 일찌감치부터 다리를 잘 활용하는 요령까지 터득했는데 그게 저의 가장 강력한 무기예요. 저는 두껍고 강한 허벅지를 활용해 팔이 아니라 다리에서 힘을 끌어내는 요령을 터득했어요."

미셸은 2016년에 리우데자네이루 올림픽에 참가해 자신만의 독자적 스타일을 활용해 포환을 20.63미터까지 던져 미국 신기록을 세우며 금메달을 걸고 귀국했다. "그래서 겉모습만 보고 판단해선 안 되는 겁니다. 특정 신체 유형만으로 판단해서는 안 돼요. 가끔씩 그런 신체 유형의 사람 중에 기대하던 자질을 갖춘 경우도 있을 수 있지만 다른 겉모습을 하고 나타날 수도 있으니까요."

틀을 깨며 재능을 펼친 사례는 미셀의 사례 외에도 많다. 다크호스 프로젝트를 진행하는 내내 우리는 시선을 돌리는 곳마다 새로운 달을 발견했다. 기관이 세운 기준에 순응하지 않고 우수한 재능을 펼친 사람들이 곳곳에서 눈에 띄었다.

하지만 표준화형 사고방식이 틀렸음을 증명하기란 쉬운 일이 아니다. 우리의 시스템으로부터 자격 미달이라는 선언을 받고도 우수성을 획득한 이들이 남녀를 불문하고 수두룩하다는 사실을 지적하는 것만으로는 부족하다. 더 바람직하고 공평한 기회제공 시스템을 세우고 싶다면 꼭 필요한 것이 있다. 누구나 재능을 갖출 수 있는 방법과 더불어, 이런 개념을 중심으로 새로운 시스템을 설계할 방법을 확실히 밝혀줄 논리적 형식이다.

개개인성

결국 프톨레마이오스의 동시심을 대체하게 된 과학적 진보는 아이작 뉴턴의 만유인력의 법칙이었다. 뉴턴의 만유인력의 법칙은 『알마게스트』의 복잡한 동시심과 자기정의식 오차범위에 비해 훨씬 간결했을 뿐만 아니라 태양중심적 사고방식의 실질적 작동 **원리**를 확실히 설명하며, 질량이 있는 모든 물체들은 떨어진 거리의 제곱에 반비례하는 힘으로 서로를 끌어당긴다는 것을 규명했다. 뉴턴의 공식은 아인슈타인의 일반 상대론과 현대의 우주 팽창론 개

넘에 초석을 놓기도 했다.

누구에게나 재능이 있다는 견해의 제시는 이 책이 처음이 아니다. 이런 신념은 고대 시대의 몇몇 철학자들에게까지 그 뿌리가 거슬러 올라가지만 계몽운동 시대에 이르러서야 주류 사상으로 자리 잡았다. 이때가 개개인성을 전적으로 포용한 최초의 시대였다. 하지만 예전까지의 견해에서는 줄곧 결여된 것이 있었다. 인간의 잠재력에서 만유인력의 법칙에 해당할 법한 요소였다. 즉, 특별한 사람들만이 아니라 누구든 다 재능을 갖출 수 있다는 개념을 논리적으로 형식화하여 확실히 설명할 수단이 없었다. 그런데 다행스럽게도 개개인학이 그 기초 개념을 통해 그런 형식화를 제시하고 있다.

바로 들쭉날쭉한 측면jagged profile이다.[7]

미시적 동기의 패턴

'당신은 똑똑한가요?' 표준화된 기회제공 기관들의 문지기들이 으레 던지는 질문이다. 이들은 이 질문의 답을 판정하기 위해 여러 표준화된 지능 측정 기준을 채택하고 있다. 그중 가장 잘 알려진 기준이 IQ 점수다.

IQ 점수는 고수준부터 저수준까지 일련의 등급으로 구분하는 일차원적 지능 측정 수단이다. 한 사람의 지적 능력을 달랑 숫자 하나로 치환시킨다. IQ 테스트를 고안하고 활용하는 사람들에 따르면, 100점이 평균이고, 130이면 천재 수준이며, 70점이면 테스트 창안자들이 붙인 명칭대로라면 '저능아'에 해당된다. 이 명칭은 그 뒤에 '경도 정신지체'로 완화됐다가 현재는 '인지 장애'로 지칭되고 있다.

이런 명칭에는 IQ 테스트를 활용하는 이들의 태도나 의도가 노골적으로 드러나 있다.

IQ 점수는 지능을 평가하기에 완벽한 측정 기준처럼 보이고, 그런 이유로 다수의 교육 프로그램에서 입학 허용의 기준으로 활용하고 있다. 이 기준을 활용하면 두 명의 학생 중에 누가 더 똑똑한지 판정할 때 수학에 취미가 없는 관리자도 쉬운 비교 작업만 하면 된다. '누구의 IQ 점수가 더 높은가?'만 따지면 된다.

IQ 점수는 지적 능력을 여러 차원별로 평가하여 평균값을 내는 것으로, 부문별 점수가 따로 있다. 한 예로 유아 대상용으로 가장 많이 활용되는 IQ 테스트로, 흔히 WPPSI-IV로 약칭되는 웩슬러 유아지능검사 제4판Wechsler Preschool and Primary Scale of Intelligence, Fourth Edition을 살펴보자. 이 테스트는 10가지 차원에서 지적 능력(기호 찾기, 블록 맞추기, 어휘 이해 등)을 측정하여 각 차원별로 부문별 점수를 매긴다.

표준화형 사고방식에서는 이런 부문별 점수를 거의 활용하지 않는다. 어쨌든 개개인성을 문제로 치부하고 있는 데다, 지적 능력을 단 하나의 숫자로 축약시키면 최고 수재에서부터 최고 멍청이까지 학생들을 등급 매기기에 편리한 마당에 각 개인의 지능평가 점수를 세부적으로 복잡하게 살필 만한 유용성을 느끼지 않는다.

하지만 다크호스형 사고방식에서는 개개인성이 중요시된다. 다시 말해, 세부적 부분을 중요하게 여긴다. 다크호스형 사고방식에 따른 지적 능력 평가에서는 1차원적 재능 **점수** 대신 다차원적 재능 **패턴**을 활용한다.

패턴의 힘을 이해하기 위해 다음의 도표를 살펴보자. WPPSI-IV를 받은 매사추세츠 주 출신의 두 소년이 실제로 얻은 부문별 점수를 표시한 이 도표상에서 어떤 소년이 더 똑똑해 보이는가?

단순히 부문별 점수의 패턴을 비교하면 어떤 소년이 더 똑똑한지 판가름하기 쉽지 않다. 지그재그 형태의 이런 패턴은 해석하기 까다로워서 그냥 단순하게 숫자 하나로 평가하는 방식으로 되돌아가고 싶은 유혹도 든다. 하지만 다크호스형 사고방식에서는 일원화된 점수보다는 이런 다차원적 패턴이 각 소년별 지능의 장점을 이해하는 데 훨씬 유용한 수단이라고 본다.

이런 지그재그형 패턴을 일명 '들쭉날쭉한 측면'이라고 한다.

개개인학 분야에서 통용되는 의미에 따르면, 들쭉날쭉한 측면은 여러 차원들 간에 연관성이 낮은 인간의 다차원적 특성을 통틀어 이르는 말이다. 여기에서 연관성이 낮다는 것은, 어떤 차원의 값을 다른 차원의 값으로 미루어 예측하기 쉽지 않다는 의미다. 연관성을 구체적 예로 설명하자면, 미국의 주식시장이 영국의 주식시장과 연관성이 높은 이유는 미국 주식시장의 상승 여부에 따라 영국 주식시장의 상승 가능성이 무난히 예측되기 때문이다. 반면 미국

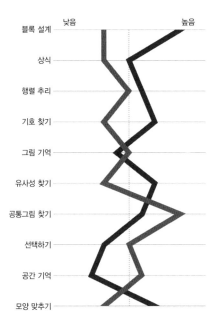

	낮음		높음
블록 설계			
상식			
행렬 추리			
기호 찾기			
그림 기억			
유사성 찾기			
공통그림 찾기			
선택하기			
공간 기억			
모양 맞추기			

두 소년의 지능에서 나타나는 들쭉날쭉한 측면

의 주식시장이 영국의 강우량과 연관성이 낮은 이유는 미국의 주식시장 상승 여부에 따라 영국에서 비가 내릴지 말지 예측할 수 없기 때문이다.

100년이 넘도록 이어져온 연구들을 통해 증명되었듯이 인간의 지능에서 가장 많이 거론되는 여러 차원들은 서로 연관성이 낮다. 단지 어휘력이 풍부하다고 해서 글을 잘 쓰는 건 아니다. 삼각법을 잘한다고 해서 미적분을 잘하는 것은 아니다. 이름을 잘 외운다고 해서 멜로디를 잘 외우는 것도 아니다.

그렇다면 어떤 소년이 더 똑똑할까? 도표의 들쭉날쭉한 측면을 다시 보자. 한 소년이 지적 능력 중 블록 설계, 기호 찾기, 유사성 찾기, 모양 맞추기의 **네 가지** 차원에서 상대 소년보다 월등하다. 상대 소년은 공통그림 찾기, 선택하기(일종의 이미지 처리), 그림 기억의 **세 가지** 차원에서 이 소년보다 훨씬 뛰어나다. 이쯤에서 두 소년의 IQ 점수가 비슷한데 우리가 괜히 속임수로 누가 더 똑똑하냐는 질문을 던진 게 아닐까, 싶어질지도 모르겠다.

그렇게 생각했다면 틀렸다.

한 소년의 IQ 점수는 117점이며 85번째 백분위수(분포에 있는 사례들에 대하여 제시된 백분율이 그 이하에 놓이게 되는 점수를 말한다. 백분점수라고도 한다. 백분위가 0에서 100 사이의 값만 취하는 백분율인 반면, 백분위수는 0에서 100 사이의 값만 가질 수 있는 점수는 아니다. 어떤 사람이 중간고사에서 76점을 받았고, 그 학급의 28퍼센트가 그 점수 이하에 있다면, 이 사람의 백분위는 28이고, 28번째 백분위수는 76점이다—옮긴이)에 해당된다. 상대 소년은 IQ 점수가 98점이고 45번째 백분위수에 해당되어 앞 소년의 백분위수 순위에 비해 거의 절반쯤의 수준에 든다. 따라서 표준화형 사고방식의 기준에 따르면 한 소년은 똑똑하고 상대 소년은 평균 이하이다. 표준화 계약하에서는 이런 IQ 점수 차이에 따라 서로 다른 교육 자원과 기회를 누릴 가능성이 높다. 첫 출발점부터 한 소년은 다수의 영재 프로그램에 적격자로 인정받겠지만 다른 소년은 그러지 못할 것이 확실시된다. 한 소년이 재능 육성에서 남들보다 더 많은 지원을 받게 될 테니 시간이 흐르는 사이에 이런 교육 기회의 차이가 누적되면 성인이 되었을 때의 성공에서도 차이가 점점 벌어진다.

다크호스형 사고방식은 관점이 크게 다르다. 각 소년별 들쭉날쭉한 측면의 차이를 저마다 우수성을 펼칠 고유한 잠재력을 가진 것으로 해석한다. 또 이런 들쭉날쭉한 측면의 차이는 각 소년의 장점에 잘 맞을 만한 전략 유형이 다르다는 암시다(즉, 한 소년은 사물 기반의 전략을 중심으로 삼을 만하고 다른 소년은 이미지 기반의 전략을 중심으로 삼을 만한 것으로 보인다). 하지만 궁극적으로 두 소년의 우수성의 잠재력은 WPPSI-IV로 평가되지 못하는 무수한 차원들을 아우르는 전반적 지능 패턴에 따라 좌우된다. 이 대목에서 명심해야 할 사실이 있다. 다크호스형 사고방식에 따르면 각 소년에게 다양한 우수성을 획득할 잠재력에 영향을 미치는 가장 중요한 요소는 다름 아닌 미시적 동기의 패턴이며, 이런 패턴은 그 어떤 IQ 테스트로도 포착되지 않는다.

개개인성이나 우수성의 잠재력과 관련해서 중요한 모든 요소는 IQ 점수에서 배제되는 데다 기회제공의 기준으로 IQ 점수를 활용하는 인재 동시심에서도 (즉, 그 모든 인재 기준에서도) 으레 등한시된다. 1차원적 점수를 바탕으로 삼으면 어떤 사람이 다른 사람들보다 재능이 뛰어나다는 주장을 펼 수 있지만, 들쭉날쭉한 측면에 의거하면 그런 주장은 불가능하다.

이 점을 반드시 짚고 넘어가야 하는 이유는, 당신과 관련된 중요한 모든 요소가 들쭉날쭉하기 때문이다.

들쭉날쭉한 재능

우리 인간의 신체는 들쭉날쭉하다. 단지 목이 두껍다고 해서 손목까지 두껍지는 않다. 단지 팔이 길다고 해서 다리까지 긴 것은 아니다. 백화점에 탈의실이 마련되어 있는 데에는 그만한 이유가 있다. 같은 '미디엄' 사이즈라도 다른 옷들은 잘 맞는데 어떤 옷은 맞지 않을 수도 있기 때문이다. 저널리스트 데이비드 엡스타인David Epstein은 『스포츠 유전자The Sports Gene』를 통해 '체형의 빅뱅Big Bang of Body Types'이라는 것을 이야기했다. 점차 인식이 부각되고 있는 바에 따르면, 인체의 골상과 근육조직이 무한대일 정도의 가변성이 있어서 어떤 스포츠에서건 특정 운동의 필요조건에 꼭 맞는 유형의 들쭉날쭉한 신체가 존재한다는 논지였다. 인체의 이런 들쭉날쭉성은 개인맞춤형 트레이닝과 맞춤 옷의 근간이다.

인간의 생리기능은 들쭉날쭉하다. 면역계와 내분비계, 소화계, 폐기관계, 신진대사 모두 사람마다 천차만별이다. 당신에게 효과가 있는 암 치료가 다른 사람에게는 효과가 없을 수도 있고, 이웃 사람은 끄떡없는데 당신은 툭하면 독감에 잘 걸릴 수도 있고, 운동을 할 때 같은 형제보다 당신이 산소를 더 많이 소모할 수도 있다. 신체의 세균 생태인, 미생물군집조차 들쭉날쭉하다. 인체 생리기능의 들쭉날쭉성은 개인맞춤형 의료와 개인맞춤형 영양치료의 근간이다. 인체의 게놈 역시 들쭉날쭉한데, 바로 이런 특징이 개인맞춤형 유전학의 근간을 이룬다. 당연한 이야기이겠지만 일란성 쌍

둥이들도 DNA 세트가 서로 다르다.

인간의 감정도 들쭉날쭉하긴 마찬가지다. 인간 감정의 패턴과 원인, 표현은 지난 반세기의 대다수 기간 동안 주류 심리학에서 믿었던 것처럼 보편적이지 않다. 오히려 사람마다 아주 다양하다. 심리학자 리사 펠드만 바렛Lisa Feldman Barrett이 2017년에 출간한『감정은 어떻게 만들어지는가?How Emotions Are Made』에서 자세히 다뤘듯이, "과학계에서 1세기가 지나도록 연구 노력을 이어왔으나 단 하나의 감정에 대해서조차 일관된 실질적 특징을 찾아내지 못했다. 과학자들이 사람의 얼굴에 전극을 부착해서 감정의 체험 동안 얼굴 근육이 실제로 어떻게 움직이는지 관찰하면서 밝혀진 결과는 보편성이 아니라 어마어마한 다양성이다. 사람에 따라 분노를 느낄 때 혈압이 급증하기도 하고 그렇지 않기도 한다. 공포를 느낄 때도 편도체에 변화가 일어나기도 하고 일어나지 않기도 한다."

인간은 정신도 신체도 마음도 모두 들쭉날쭉하다. 그리고 이 세 가지가 한데 어우러지면서 그 사람 고유의 들쭉날쭉한 재능을 이룬다.[8]

무한대의 가능성

들쭉날쭉한 측면은 인간의 우수성이 다양하다는 사실을 뒷받침하는 개념적 근거다.[9] 누구에게나 재능이 있는 이유를 확실히 밝혀

주는 논리적 형식이다.[10]

'누구나 뭔가에 재능이 있다'는 말은 희망 사항에 그치는 게 아니다. 인문과학 연구에서 개개인의 신체적·정신적·정서적 측면을 해체해 점점 늘어나는 개수의 개별적 차원들로 나누다가 마침내 좁쌀처럼 자잘한 수준에 이를 때마다 어김없이 발견되고 있다. 실제로 모든 사람에게는 평균 이상의 몇 가지 차원이 있다(평균 이하에 드는 차원들도 몇 가지 있다). 또한 모든 사람이 뭔가에 크게 동기를 자극받는다(뭔가에 동기를 그다지 자극받지 않기도 한다). 모든 사람에게는 평균보다 비대한 신체 부위가 있다(평균보다 왜소한 신체 부위 역시 있다). 모든 사람에게는 천성적으로 잘하는 일들이 있다(천성적으로 한계를 느끼는 일들도 있다). 이런 면들을 찾아내는 일은 자신의 차원을 팽창시키기 위해 반드시 필요한 과정이다.

장점의 맥락성 역시 모든 사람이 재능을 지닐 수 있는 이유를 잘 설명해준다. 개개인만이 아니라 환경에도 들쭉날쭉한 측면이 있다. 때때로 빈약해 보이는 어떤 차원의 재능이 적절한 환경에서 장점으로 작용하기도 한다. 다행히 바야흐로 개인화 시대로 접어들면서 현재의 사회에서는 사람들이 의미 있는 성취를 이룰 만한 맥락이 전례 없이 다양해지고 있다. 앞에서 소개한 재택근무 워킹맘들을 위한 생활공간 정리하기, 도심지의 지하에서 서퍼클럽 운영하기, 조산사들을 위한 입법 전략 세우기 등이 그러한 사례에 든다. 현재는 수제 아이폰 케이스 제작, 주차장을 찾아주는 앱 개발, 고양이 치료, 와인 추천, 그림그리기 파티 기획, 프로 농구팀을 위한 수학 계산 같은 것도 생업이 될 수 있다. 들쭉날쭉한 재능이 가진 무한대의 다양성에 더해 급격히 팽창하는 직업 기회의 다양성이 어우러지면 개개인성의 적합성은 큰 폭으로 확대될 수밖에 없다.

아주 적합한 기회들 중 하나를 선택해 삶의 가능성을 샅샅이 탐색하려는 것이 생각만으로도 버겁게 느껴진다면 경사 상승의 힘을 떠올리기 바란다. 가장 관심 있는 일을 더 잘하게 되는 그 힘을 생각해봐라. 수학 원리가 증명하듯이, 경사 상승의 힘만 있으면 개인적 우수성의 정상에 오를 수 있다.

표준화 계약에서는 기관의 자기 위주식 동시심에 잘 맞는 사람들만 인재로 선포하는 식의 기만으로 당신이 잠재력을 최대한 육성시킬 기회를 빼앗고 있다.

그러면 이쯤에서 정리를 해보자. 표준화형 사고방식의 재능에 대한 가정은 틀린 것이며, 이를 뒷받침하는 확실한 증거가 바로 곳곳에 존재하는 다크호스들이다. 사람은 누구나 우수성의 잠재력이 있으며, 그 이유를 확실히 밝히는 논리적 형식이 바로 들쭉날쭉한 측면이다. 바로 이 논리적 형식은 잠재력을 실력으로 전환시킬 방법도 알려준다. 미시적 동기들의 들쭉날쭉한 측면을 잘 활용하고 불분명한 장점의 들쭉날쭉한 측면에 잘 맞는 전략을 찾아가는 시행착오 과정을 이용하면 된다.

그런데 당신이 일관성 있는 데다 증거도 뒷받침되는 사고방식과 자기모순적인 데다 증거상으로 유효성이 없는 또 다른 사고방식을 동시에 갖고 있으면 말짱 꽝이 된다.

암흑시대라는 시대명이 괜히 붙은 게 아니다(고대 로마의 몰락 후 학문과 예술의 부흥을 보게 되는 15세기경까지의 중세시대. 고전문화 및 르네상스문화와 다른 이질적 문화라는 시각에서 중세를 비난·경멸하면서 사용한 말-옮긴이).

남은 선택

개인의 자유와 인류평등주의를 민주주의 사회의 기본 원칙으로 믿는 사람이라면 마땅히 다음의 의문을 가져야 하지 않을까? '우리는 우리의 뿌리로부터 얼마나 멀어졌는가? 미국에서처럼 소련에서도 무난히 받아들인 기회 시스템을 왜 여태껏 사용하고 있는 걸까? 그렇게 무례할 정도로 비민주적인 사회 계약이 어떻게 그 오랜 세월 동안 지탱된 것일까?'

이 일은 강압에 따라 일어난 것이 아니다. 배후에 숨은 악인이 조정한 것도 아니다. 비난받을 집단은 아주 명백하다. 소련에서는 표준화 계약이 독재자의 명령에 따라 강요되고 전체주의 정권에 의해 집행됐다. 하지만 서구에서는 우리가 자발적으로 이행했다.

우리는 사다리를 오르려면 정해진 틀에 자신을 맞추도록 강요하는 기회 시스템을 포용하기로 선택했다. 인간의 잠재력에 대해 소수의 특별한 사람들만 사회의 최상의 기회를 누릴 자격이 된다는 관점을 지지하기로 선택했다. 얼마나 높이 올라갔고, 공부한 기간이 얼마나 되고, 얼마나 높은 점수를 올렸는가 등으로 단순한 숫자를 성공의 잣대로 삼기로 선택했다.

그래도 다행이라면 수많은 다크호스들이 틀을 깬 성공을 거두면서 우리 모두에게 희망을 주고 있다. 다크호스형 사고방식의 참된 가치는 잘못 인식한 냉소적이고 심각할 만큼 불공평한 기회 시스템을 거스르는 데 있지 않다. 스스로를 더 발전시키도록 우리의 능력을 키워주는 데 있다.

우리에게 필요한 일은, 다시 말해 **당신**에게 필요한 일은 단지 선택뿐이다.[11]

DARK HORSE

7 장

다크호스 계약

최고 소득의 급증은 일종의 '능력주의의 극단'을 원인으로 봐도 무방하다.

다시 말해, 현대 사회, 특히 미국 사회에서 특정 개인들이 출신이나 배경보다

본인의 가치에 따라 선택된 것처럼 보이면 '승자'로 지명해서

더 후한 보상을 해줘야 할 필요성이 대두되면서 빚어진 결과다.[1]

– 토마 피케티, 『21세기 자본』을 출간해 큰 반향을 일으킨 프랑스의 경제학자 –

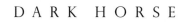

DARK HORSE

재능 귀족제

쿼터제 중심 인재선발 시스템에는 대체로 능력주의라는 명칭이 따라붙는다. 이 명칭은 수사적 설득력이 상당하다. 누구라도 열심히 노력해서 재능을 갖추면 꼭대기에 오를 수 있다는, 가치 기반의 기회 시스템을 암시하기 때문이다. 그런데 현 시점에서 보면, 다들 알다시피 그 암시대로 되고 있지는 않다. 바라는 만큼 열심히 노력해도 당신의 들쭉날쭉한 측면이 기관의 변덕스러운 틀에 잘 맞지 않으면 헛수고에 그칠 수도 있다. 인재 쿼터제가 존재하는 한, 가치를 지녔으나 맨 밑바닥에서 꼼짝없이 막혀 있는 사람들이 수두룩하게 양산되기 마련이다.

현재의 기회 시스템이 애초부터 능력주의보다는 재능 귀족제 talent aristocracy라고 이름이 붙여졌다면, 우리는 스스로 무엇을 자처하려는 것인지에 대해 더 신중했을지 모른다. 아이러니하게도 '능력주의meritocracy'라는 말을 처음 만든 사람이 의도했던 것이 바로 그런 신중성이었다.[2] 1958년에 영국의 사회학자 마이클 영Michael Young은 『능력주의의 출현The Rise of the Meritocracy』이라는 책을 펴냈다. 이 풍자소설은 테스트 중심의 표준화된 인재 선발 시스템이 영국 전역을 휩쓸고 있는 현상을 찬양하는 내용이 아니었다. 오히려 영은 'aristocracy'와 경멸적으로 대비시킨 'meritocracy'라는 단어를 만들어 조롱 섞인 비난의 수단으로 삼았다. 영이 이 책에서 써놓았듯이 "우리가 사는 현대의 사회는 사람들이 알아채지 못하는 사이에 슬금슬금 태생에 따른 귀족제에서 재능에 따른 귀족제로 변신했다."

하지만 영이 원통하게도 이 조롱조의 신조어를 다른 사람도 아닌 그가 비난하려던 대상들이 멋대로 차용했다.[3] 교육가, 전문기관, 정부 관료 들이 자신들이 '능력주의'를 육성하고 있다며 의기양양하게 선전하기 시작했다. 이들이 영의 신조어를 강탈한 데는 충분히 그럴 만한 이유가 있었다. 애초에 영은 'merit-ocracy'에서 'arist-ocracy'를 연상시키려는 의도였지만, 대다수 사람들의 귀에 솔깃하게 다가온 부분은 'merit(가치, 우수성)'였다. 그에 따라 영의 신조어는 공평성과 평등주의를 상징하는 단어처럼 보였다. 덕분에 당국에서는 자신들이 특권 중심의 기회 시스템을 재능 중심의 기회 시스템으로 바꾸고 있다는 주장을 설득력 있게 펼 수 있었다. 그러면서 사회의 최하위 소외계층 중에서도 우수성을 발굴해 성공과 지위로 올라서는 사다리를 놓아주겠다고 공언했다.

'능력주의'의 옹호자들은 새로운 기회 시스템이 계층을 가리지 않고 숨겨진 인재를 발굴하고 선발해 육성시킬 것이라고 주장하면서 사회의 우수성도 **최대화**될 것이라고 대중을 확신시켰다. 하지만 기회가 임의적 쿼터에 따라서 획득 가능할 뿐이라면 그런 시스템은 진정한 능력주의가 아니다. 차라리 쿼터주의quotacracy라고 해야 맞다.[4]

그리고 쿼터주의에서는 어떤 경우든 우수성에서 네거티브섬 게임negative-sum game(전원의 득실을 합했을 때 실이 더 많은 게임—옮긴이)이 된다.

쿼터주의의 작동 구조

테니스와 백개먼backgammon(두 사람이 보드 주위로 말을 움직이는 서양 주사위놀이—옮긴이), 스모 레슬링은 모두 '제로섬 게임'의 사례에 든다. 게임이론학에서 나온 이 용어는 결과적으로 한 사람의 득이 다른 누군가의 실과 같은 상황을 가리킨다. 내가 이기면 당신이 지고, 당신이 이기면 내가 지는 식으로 득실의 차가 0인 게임이다.

쿼터주의가 (예를 들면 대학 지원자 중 50퍼센트에게는 입학을 허용하고 50퍼센트는 떨어뜨리는 등으로) 50퍼센트의 승자들과 50퍼센트의 패자들이 나오는 구조였다면 우수성에서 제로섬 게임이 되었을 것이다. 사다리에 오르길 갈망하는 사람들의 절반은 자신이 가진 우수성의 잠재력을 깨닫게 되고 나머지 절반은 그러지 못했을 것이다. **누가 승자가 되고 패자가 될지는 크게 문제되지 않았을 것이다.** 우수성을 발전시키는 사람 한 명당 또 다른 한 명이 우수성을 발전시키지 못하는 정도였을 테니까.

하지만 현실 세계에서 쿼터주의는 그런 방식으로 작동되지 않는다. 오히려 소수의 승자들과 절대다수의 패자들이 나오는 구조다. 예일대에 들어가는 지원자 1명당 15명 꼴의 사람들이 떨어지게 된다. 스탠퍼드 의대 지원자의 합격자 1명당 42명의 탈락자가 나온다. 로즈 장학생Rhodes Scholar(옥스퍼드 대학 장학생)으로 선발되는 1명당 다른 수백 명이 장학생으로 선발되지 못한다. 쿼터제 시행 기관들이 기회의 문지기를 맡고 있는 한, 내가 얻는 우수성의 획득 기회는 당신의 희생과, 당신의 형제들, 친구들, 이웃들의 희생을 발판으로 삼게 되는 식이다.

쿼터주의에서는 소수의 기회를 위해 다수의 기회가 희생된다.[5] 이런 구조는 제로섬 게임보다도 안 좋은 **네거티브섬 게임**이다.

임의적인 소수에게 교육 기회의 보상이 편중되는 시스템이 운영되는 한 어떻게 해도 우수성에서의 네거티브섬 게임을 벗어나지 못할 것이다. 이런 시스템이 표준화 계약을 따르는 모든 사회에 던지는 다음의 시사점을 확실히 인식해야 한다.

절반을 훌쩍 넘는 인구가 자신의 잠재력을 충분히 깨달을 만한 기회조차 얻지 못하게 된다.[6]

해마다 1만 5,000명에 가까운 신입생이 사실상 사회에서 가장 유리한 기회의 관문을 지키는 수문장에 해당하는 아이비리그 대학들에 입학한다. 하지만 99퍼센트에 해당하는 220만 명의 다른 신입생들은 이 대학들의 문턱을 넘지 못한다. 정말 놀랄 노자이지만, 미국 인구의 명문 대학 진학자 비율은 영국과 스페인, 이탈리아, 러시아의 귀족제 최절정기 동안의 귀족 비율보다도 더 낮다. 우리들 대다수는 (쿼터주의에서 받은 판정대로) 평범한 삶에 만족하면서 특별한 소수의 사람들이 프린스턴대나 예일대, 하버드대에 들어가 미국의 알짜 기회를 누리는 모습을 구경만 해야 한다. 특별한 소수에들지 못한 나머지 사람들은 부스러기로 떨어진 기회들을 놓고 쟁탈전을 벌여야 한다. 물론, 쿼터주의 사회에서는 안정된 인원의 걸출한 인물들을 꾸준하고 확실하게 배출시키지만 당신이 그 인원 안에 들기는 정말로 힘들다.

고등학교 중퇴자인 제니 맥코믹은 패스트푸드점에서 일하며 한달 벌어 한달 생활하는 신세가 됐다. 그저 그런 대학에 다녔던 잉그리드 카로치는 저임금의 접객업에 종사하게 됐다. 고등학교를 중퇴한 수잔 로저스는 의료기기 조립라인에서 일하게 됐다. 하지만 이런 어려운 궁지에 처하게 됐다고 해서 쿼터주의가 우리에게 심어놓은 편견대로 낙오자로 취급해 제니, 잉그리드, 수잔 같은 사람들이 그런 운명에 처해질 만했다고 단정해선 안 된다. 이들은 단지 뛰어난 재능과 진취성을 가진 사람들에게 밀려났을 뿐이다. 이들에게 쿼터주의의 기준에 따른 적절한 자질이 있었다면 충분히 기관의 사다리 꼭대기에 올라섰을 것이다.

최상의 기회를 얻은 사람들이 객관적으로 그런 보상을 받을 자격이 충분했다면 우수성의 네거티브섬 게임을 용인하는 것도 괜찮을까? 아니, 괜찮지 않다. 시스템이 동시심에 기대 인재를 평가할 경우 그 시스템은 어김없이 객관적 기준을 폐지하게 될 뿐만 아니라 필히 부패하게 되어 있다.

능력주의의 부패

미국에서 일어나는 이른바 능력주의의 부패양상 중에서도 가장 노골적이고 악질적인 사례를 꼽자면 바로 '기여' 입학제다. 미국의 선망받는 대학 순위에서 최상위권에 드는 대학들은 모두 상당수의 지원자들을 집안을 보고 합격시키고 있다. 대다수 아이비리그 대학들이 기여입학 지원자의 30~40퍼센트를 합격시키고 있다. 이 수치는 그 외 지원자들의 합격 비율인 11~17퍼센트보다도 더 높다. 하버드대에서는 기여입학 지원자들의 합격 가능성이 단지 '재능만 있는' 지원자들에 비해 여섯 배나 높다.

이는 '능력'주의가 아니라 '특혜'주의다.

하지만 우리의 이른바 능력주의 시스템에서 훼손된 양상은 이외에도 또 있다.[7] 대학들은 쿼터를 채우기 위해 비슷한 인재 틀을 쓰고 있는 탓에 같은 집단의 '재능 있는' 학생들을 서로 유치하려고 끊임없는 경쟁을 벌이고 있다. 지원자 유치 쟁탈전에서 구사하는 주된 방법은 더 인상적인 시설을 갖추는 것이다. 스포츠 경기장, 푸드코트, 경비 서비스가 제공되는 기숙사 짓기 등 우수성의 육성과는 거리가 멀고 오로지 학생 유치를 염두에 둔 갖가지 프로젝트를 벌인다. 이런 프로젝트는 돈이 많이 들고, 그에 따라 대학들은 계속해서 자금 조달을 꾀하게 된다.

대학들은 수익을 높이기 위한 일환으로써, 더 많은 재능을 보이는 학생들보다는 기꺼이 더 많은 수업료를 내려는 학생들을 받아들이고 있다. 요즘 주립 대학들이 다른 주의 지원자들을 우대하는 것도 이들이 주내 지원자들보다 수업료를 더 많이 내기 때문이다. 캘리포니아 주립대학교의 한 회계감사관에 따르면, 2016년에 이 대학에서는 "입학심사에서 수업료를 더 많이 내는 주외 출신자와 해외 유학생 수천 명을 우대하면서 캘리포니아 출신자들에게 손실을 입혔다."[8] 주 납세자들의 돈이 투입되는 주립 대학의 대다수가 자금 조달에 혈안이 되어 가장 많은 수업료를 낼 만한 학생들을 유치하느라, 정작 설립 취지에 따른 기여 대상인 지역사회를 무시하는 상황이다.

쿼터주의에서는 돈이 별로 아쉽지 않은 대학들은 집안의 후광을 입은 입학자를 어쩔 수 없이 받아들이는가 하면 돈이 절박한 대학들은 최고 입찰자에게 자신을 팔고 있다. 따라서 임의적인 쿼터와 기관들의 자기위주식 기준으로 돌아가는 시스템을 이대로 끌고 가는 한 계속해서 부유층과 특권층이 다른 사람들보다 유리한 우위를 차지하게 된다.[9]

현실적인 의미에서 보면 인재 동시심은 조지 오웰의 『동물 농장』에 나온 그 유명한 농장의 계명을 실현시키고 있다. "모든 동물은 평등하다. 하지만 어떤 동물은 다른 동물들보다 더 평등하다."

헝거 게임

쿼터주의는 기껏해야 반쪽짜리 능력주의에 불과하다. 참된 능력주의보다는 귀족제와의 공통점이 훨씬 많다. 물론, 재능과 노력은 정말로 이점으로 작용하지만 여기에는 당신이 가진 재능의 들쭉날쭉한 측면이 기관의 틀에 어쩌다 잘 맞아야 한다는 단서가 따라붙는다. 게다가 재능과 노력 없이도 좋은 집안이나 두둑한 지갑만 있으면 사다리를 오를 수 있다. 수 세대가 지나도록 국민의 대다수는 사다리의 중간 자리를 수용하라는 압박을 받았던 반면, 딱 맞는 적격자들만 사다리 맨 윗칸까지 고속 엘리베이터를 타고 오르는 듯이 성공가도를 누려왔다. 때로는 이런저런 집단에게 사다리 꼭대기에 오르는 우위가 주어지는 듯이 보여서 그 집단에 속하지 못한 이들의 분개와 원성을 유발시키기도 한다. 쿼터주의에서는 언제나 쿼터의 자리가 수요에 비해 부족하기 때문에 사회적 기회를 놓고 영원히 헝거 게임(서바이벌 생존게임)을 벌이는 운명에 얽매일 수밖에 없다.

우리는 현재의 능력주의 양식을 대안이 없는 유일한 양식처럼 여기고 있지만, 사실 현재의 양식은 예나 지금이나 걸음마 단계의 능력주의 시스템에서 머물고 있다. 말하자면 아직도 미완성의 초고와 같다. 현재의 양식은 19세기 말의 가치관과 신념, 수학을 바탕으로 세워진 인재 육성 시스템이다. 하지만 이제는 21세기형 인재 개념을 바탕으로 새로운 기회제공 시스템을 구상할 가망이 엿보인다. 얼마 전까지만 해도 쿼터주의는 우리가 현실적으로 기대할 수 있는 최상의 시스템이었다.

더 이상은 아니다.

마침내 더 도약할 수 있는 때가 도래했다.

변화의 바람

지난 1세기 동안 표준화된 인재 육성 시스템의 이런저런 결함을 인지하고 안타까운 마음을 표해온 이들은 한둘이 아니었다.[10] 미국의 심리학자이자 교육자 존 듀이John Dewey, 영국의 수학자이자 철학자 버트런드 러셀Bertrand Russell, 이탈리아의 의사이자 교육자 마리아 몬테소리Maria Montessori, 미국의 노동운동 지도자 새뮤얼 곰퍼스 Samuel Gompers, 그리고 미국의 교육 심리학자 벤저민 블룸Benjamin Bloom 이 모두 노동과 학습의 표준화를 맹비난했던 인물들이다. 예술계에서도 표준화 시대를 신랄하게 꼬집은 사례가 많았다. 조지 오웰(『1984』), 로이스 로리(『기억 전달자The Giver』), 토머스 핀천(『중력의 무지개

Gravity's Rainbow』) 등의 소설가와 〈브라질Brazil〉, 〈매트릭스Matrix〉 3부작 같은 영화가 여기에 해당된다. 이 사례들 모두 개개인성을 문제시하는 개념에 기반한 사회가 어떻게 영혼을 짓밟고 있는지 그 증표들을 찾아내 맹렬한 비난을 가했다.

하지만 이 중에 그 누구도 대안은 제시하지 못했다.

반표준화를 표방한 주장자들은 표준화 시대의 여명기 이후부터 쭉 반전 주장자들과 아주 흡사한 자세를 취했다. 즉, 현상에서 드러나는 명확한 폐해를 규탄하며 신속한 종결을 요구하면서도 실질적 수단은 구체적으로 제시하지 못했다. 20세기 동안 사회체제 양식으로서의 표준화는, 정치체제 양식으로서의 민주주의에 대해 남긴 윈스턴 처칠의 유명한 말에 빗대서 말할 만했다. "민주주의는 최악의 정치체제다. 단지, 우리가 아는 정치체제 중에서는 최선일 뿐이다." 그동안에는 경제와 과학, 기술 수준이 아직 따라주지 못했던 탓에 쿼터주의를 개혁시킬 실행 가능한 희망이 정말로 없었다.

하지만 개인화 시대에 들어서면서 비로소 전면적 변화의 실질적 가망이 엿보이고 있다.

지금까지 우리는 개인화라고 하면 으레 아이폰, 페이스북, VOD(주문형 비디오) 등 더 쉽게 우리 자신을 표현하거나, 좋아하는 것을 찾아보거나, 환경을 취향에 맞추게 하는 기기들을 떠올렸다. 하지만 개인화에 내포된 실질적 가망성은 이런 수준을 한참 뛰어넘는다. 개인화는 우수성의 네거티브섬 게임에서 벗어나 포지티브섬 게임positive-sum game으로 도약할 수단이다. 태양이 지구 주위를 도는 우주관에서 지구가 태양 주위를 도는 우주관으로 도약할 수단이다.

　개인화 시대에는 공정한 방식을 대폭 늘려 시행하는 방식의 기회 시스템을 세우기에 적당한 여건이 갖춰져 있다. 여전히 당신 자신이 성과를 거둬야 하지만, 기관이 세운 틀에 들어맞는 사람들이 아닌, 누구든 **그리고** 모두에게 다 기회가 주어지는 시스템이자, 개인적 충족감을 약속대로 이행하는 시스템을 이제는 기대할 수 있다. 마침내 제 이름에 걸맞는 능력주의를 세우는 데 필요한 모든 여건이 처음으로 마련된 것이다.

　민주주의적 능력주의democratic meritocracy가 가능한 시대가 열렸다.

민주주의적 능력주의

　현재는 민주주의적 능력주의를 세우기에 적절한 경제가 구축되어 있다.[11] 미국이 처음으로 표준화 계약을 수용했을 때, 다수의 표준화된 산업부문 일자리와 관리부문 일자리는 표준화된 교육을 마치면 누구든 취업이 가능했고 평생 한 회사에서 근무할 수 있었다. 이제는 더 이상 그런 세상이 아니다. 일자리 종류가 과거의 그 어느 때에 비해 훨씬 더 다양해지고 진입장벽이 거의 또는 아예 없는 소규모 창업의 생태계가 급성장함에 따라, 이제 경제 표준화는 대폭 증대된 경제의 다양성에 추월당하고 있다. 제조업체에서는 상품을 매주, 아니 상당수의 경우에는 매일 변경할 수 있다. 도급자, 프리랜서 등의 자유계약직 종사자들에게 임시 계약을 맺고 일을 맡기는 형태의 긱 경제gig economy가 형성되어 있기도 하다. 롱테일 경제long-tail economy(긴 꼬리가 큰 머리보다 부가가치가 크다는 관점의 개념으로, 20퍼센트가 80퍼센트의 결과를 창출한다는 '파레토의 법칙'에서 벗어나 하위 80퍼센트에서 시장의 가능성을 찾는 것―옮긴이)가 생겨나 전세계적 규모로 틈새시장의 소수 소비자를 공략할 수 있게 됐다. 민주주의적 능력주의에 따라 점점 다양해지는 우수성에 기회가 주어지려면 이처럼 다양하고 유연하며 개인화된 경제가 갖춰져야 한다.

현재는 민주주의적 능력주의를 세우기에 적절한 기술이 갖춰져 있다. 1세기도 더 전에 표준화의 아버지 프레드릭 테일러가 표준화가 필요한 이유로 내세운 주장은 재조종하기에는 사람이 기계보다 더 싸고 더 수월하기 때문이라는 것이었다. 하지만 1세기가 흐른 현재는 재조종의 측면에서 기계가 사람보다 더 싸고 더 쉽다. 스마트폰, 스마트워치, 스마트 홈, 소셜미디어 앱, 알렉사나 시리나 코타나 같은 디지털 조수가 일상화되어 있다. 1세기 전만 해도 대기업들은 명실상부한 표준화의 대가들이었다. 그런데 현재는 점차 개인화에 따르고 있다. 한때 의약품 표준화의 개척자였던 브리스톨―마이어스 스큅조차 변화의 길로 들어서며 개인맞춤형의료연합Personalized Medicine Coalition에 가입했고 '획일적' 의료를 공식적으로 폐기했다. 특히 인터넷이 보편화되어 거의 누구나 다 이용할 수 있게 되었고, 이는 궁극적으로 개인화 기술에 해당된다. 이렇게 탄탄히 자리잡고 비용이 저렴하며 보편화된 개인화 기술이 있어야만 민주주의적 능력주의에 꼭 필요한 개인맞춤형 학습과 개인별 선택이 가능해진다.

현재는 민주주의적 능력주의를 세우기에 적절한 과학이 자리잡혀 있다. 개개인학을 통해 19세기의 통계학이 아니라 21세기의 동역학계 수학에 맞춰 개개인의 이해 · 평가 · 육성에 유용한 새로운 방법과 수학이 제시되고 있다. 개개인학의 원칙을 바탕으로 삼은 개인맞춤형 의료, 개인맞춤형 영양치료, 개인맞춤형 유전체학, 개인맞춤형 트레이닝, 개인맞춤형 학습, 개인맞춤형 제조 등의 분야가 활성화되면서 하루가 다르게 진전되고 있다. 개개인 관련 분야에 매진하여 새로운 연구 프로그램과 새로운 영역의 개발에 열정적으로 힘쓰는 과학자들도 점점 느는 추세다. 이렇게 개개인학이 탄탄히 자리잡혀야 본질적으로 유연한 구조의 민주주의적 능력주의를 끊임없이 개선시키고 향상시킬 수 있다.

이제는 시대에 뒤진 쿼터주의에서 진정한 민주주의적 능력주의로 일대 전환하는 데 필요한 거의 모든 조건이 갖춰져 있다. 다만, 아직 한 가지가 부족하다. 우리 모두가 수동적으로 수용하는 것이 아니라 적극적으로 **선택**해야 하는 것이 있다.[12]

바로 새로운 계약의 승인이다.

새로운 계약의 승인

사실, 한 사회의 사회 계약을 활성화시키는 원동력은 그 사회가 가진 가치에 대한 관점과 기회 시스템이다.[13] 이와 관련해서 근래의 역사를 떠올리면 가장 먼저 귀족주의 계약이라고 이름 붙일 만한 시대가 떠오른다. 이 계약은 **특별한 혈통만 가치를 가진다**는 믿음을 근간으로 **전통**의 가치를 중시하며 **누구나 다, 모두가 다 성공할 수는 없는** 기회 시스템을 유도했다. 이 기회 시스템은 귀족층이 다른 사람들의 동의도 없이 실행 주체가 됐다.

그 뒤에는 표준화 계약이 생겨났다. 표준화 계약에서는 **특별한 개인들만 가치를 지닌다**는 신념을 바탕으로 **효율성**의 가치를 중시하면서 **누구나 다 성공할 수 있지만 모두가 다 성공할 수는 없는** 기회 시스템을 유도했다. 이 계약의 쿼터주의에서는 기관들이 개개인의 동의하에 실행 주체가 됐다.

이제는 다크호스 계약을 승인할 기회가 갖춰졌다. 다크호스 계약은 **모든 사람이 자신만의 다양한 우수성을 펼칠 잠재력을 갖추고 있다**는 신념을 바탕으로 **충족감**의 가치를 중시하면서 **누구나 다, 모두가 다 성공할 수 있는** 기회 시스템을 유도한다. 이 계약의 민주주의적 능력주의에서는 개개인의 동의하에 개개인이 실행 주체가 된다.

계약의 의무

사회 계약을 여러 조항들이 빼곡히 담긴 장황한 법적 문서로 확실히 정리해야 한다고 생각하는 사람도 있을지 모르겠다. 하지만 사회 계약의 진짜 권위는 종이 쪼가리가 아니라 우리 모두가 준수하는 몇 가지 단순한 진실에서 비롯된다. 바로 그 진실들이 우리가 우리에게 기여하도록 세운 기관들과 개개인들 사이의 관계를 암묵적으로 정해준다. 본질적으로 따지자면, 사회 계약이란 서로가 맡아야 할 의무를 규정하는 것이다.

이쯤에서 표준화 계약의 조건을 다시 한번 살펴보자.

사회는 보상으로 기회를 부여할 의무가 있다. 단, 당신이 표준화된 우수성을 추구하기 위해 개인적 충족감을 추구하는 길을 포기해야만 그 의무를 이행한다.

우리 자신과 아이들이 민주주의적 능력주의를 누리길 원한다면 우리 각자가 다음과 같은 새로운 사회 계약의 승인을 선택해야 한다.

사회는 충족감 추구의 기회를 제공해야 할 의무가 있으며, 충족감의 책임 주체는 당신 자신이 된다.[14]

다크호스 계약에서 기관의 가장 중요한 의무는 **동등한 적합성** Equal Fit의 제공이다. 또한 개개인의 가장 중요한 의무는 **개인적 책임** Personal Accountability이다. 이 두 의무사항은 모두 민주주의적 능력주의를 출범시키기 위한 필요조건이자 충분조건이다.[15]

동등한 기회라는 허상

표준화 시대가 차츰 박차를 가하기 시작할 무렵 자유 진영에서는 **동등한 기회**Equal Opportunity를 핵심 가치로 크게 부각시켰다. 이 동등한 기회는 원칙상으로는 혈통, 성별, 신념과 무관하게 모든 사람이 사회의 기회를 공정히 누려야 한다는 신조를 표방했다. 하지만 실질적으로 보면 대체로 쿼터주의의 필연적 부패를 개선하려는 시도로 들먹였을 뿐이다.

지금까지 살펴보았듯이 쿼터의 접근성은 부유층과 특권층에게 책략이 될 소지가 있다. 인재 동시심으로 심사관의 관점에 따라 우수성이 달라지기 때문에 성차별, 인종차별 등의 제도적 편견에도 크게 취약하다. 그 결과로 표준화 시대 내내 인재 쿼터 대부분은 한정된 동질 계층에게 지배적으로 점유되었다. 이런 상황에 대항하기 위한 시도로 배경을 막론하고 모든 사람이 쿼터에 받아들여지는 식으로 동등한 기회가 마련됐다. 쿼터 통계 특성을 인구 통계 특성과 비슷하게 맞추려는 시도였다. 그에 따라 동등한 기회는 지금껏 줄곧 동등한 접근성으로 규정됐다.

동등한 접근성은 꼭 필요한 숭고한 시도다. 하지만 동등한 접근성을 통한 동등한 기회로는 쿼터 중심 기회 시스템의 근본적 불공평성을 해소하지 못한다. 그 첫 번째 문제는, 여전히 엘리트층에게 사다리 꼭대기 칸이 미리 예약되어 있다는 점이다. 동등한 접근성 정책은 대학들에게 부유층과 특권층에 배당된 쿼터의 자리를 줄일 것을 촉구하지 않은 채, 나머지 계층의 사람들이 이용 가능한 쿼터의 자리에만 영향을 미쳤다.

　더 중요한 문제는 따로 있다. 동등한 접근성을 통한 동등한 기회는 본질적으로 내재된 네거티브섬 게임의 역학관계를 바꾸지 못한다. 쿼터는 고정되어 있어서 한 사람에게 접근권을 제공하면, 그 사람과 똑같이 열심히 노력하여 우수성을 갖춘 또 다른 사람들 다수가 탈락하게 된다. 쿼터에 받아들여진 그 한 사람이 아무리 불우한 환경 출신자라도 이 사실은 달라지지 않는다. 쿼터에서 라틴계 미국인들에게 배당된 비율이 적다고 여겨질 경우, 동등한 접근성 정책은 라틴계 미국인에 대한 할당을 늘리는 데는 유용하다. 하지만 그로 인해 아프리카계 미국인, 아메리카 원주민, 아시아계 미국인들에게 배당되는 자리는 줄어든다. 똑같이 재능이 있지만 탈락하는 다른 라틴계 미국인들도 여전히 수두룩하게 된다.

　동등한 접근성으로서의 동등한 기회는 기회를 늘리지 않는다. 이는 의자의 개수보다 게임 참여자가 50배 많은 '의자에 먼저 앉기 게임'에서 자리를 지정하려는 시도와 같다. 현 사회 계약하에서 인종과 성별, 사회경제적 지위에 따른 시스템적 불균형을 완화시키는 식으로, 근본적으로 불공평한 시스템에서 공평성을 살짝 늘리는 것뿐이다. 이 사회 계약에서는 모든 사람이 인위적으로 제한된 기회를 놓고 싸우는 운명에 처할 수밖에 없다. 우수성을 놓고 벌이는 우리의 헝거 게임에서는 게임 참가자들의 정체성이 변해도 결과에는 변화가 없다. 여전히 승자의 수는 변함없이 고정적이다.

동등한 접근성으로서의 동등한 기회는 쿼터주의에서 기대할 수 있는 최선의 방법이다. 하지만 동등한 접근성이 꼭 필요한 숭고한 시도라고 해서 그것이 표준화된 문제에 대한 표준화된 해법이라는 실상을 무시할 수는 없다. 동등한 접근성은 하나의 동시심으로 또 다른 동시심을 해결하는 것일 뿐이다. 동등한 접근성의 궁극적 목적과 궁극적 성과는 (모두 다가 아니라) 누구나 다 우수성과 충족감의 획득 기회를 갖게 하는 것이었다.

이제 우리에게는 더 바람직하게 도약할 길이 열려 있다.

새로운 사회 계약을 채택하면 된다. 이 사회 계약에서는 공평성을 사뭇 다른 개념으로 다루는 의무 조항들이 따른다. 누구나 다, **그리고** 모두에게 다 진정한 기회의 공평성을 제공하고 싶다면 동등한 기회를 동등한 적합성으로 새롭게 규정해야 한다.

동등한 적합성하에서는 모든 사람이 자신의 개개인성에 따라 최고의 성공기회를 얻는다. 동시심 자체가 없기 때문에 인재 동시심에 적응하려고 애먹지 않아도 된다. 자신을 끼워 맞춰야 하는 틀도, 눈에 들기 위해 신경써야 할 심사관도 없다. 오히려 동등한 적합성이 당신의 고유한 들쭉날쭉 측면에 맞춰서 조절된다. 동등한 적합성을 채택하는 시스템에서는 비좁은 사다리의 다음 칸으로 올라서기 위해 서로서로 경쟁하는 것이 아니라 각자가 자신만의 경사 상승을 수행한다. 동등한 적합성하에서는 당신의 승리가 곧 나의 패배가 되지 않는다. 다크호스 계약하에서의 목표는 (대대적인 네거티브섬 게임인) 전국 최고가 아니라 최선의 자신이 되는 것이다. 그 과정에서는 남들이 그들 나름의 최선의 자신이 되기 위한 능력을 펼치지 못하게 제한하지 않는다.

동등한 접근성이 보다 다양한 집단의 국민을 표준화된 우수성에 접근시키는 쪽에 초점을 맞추고 있다면, 동등한 적합성의 초점은 충족감의 추구를 보편적 권리로 보장함으로써 개개인이 우수성을 최대한 다양하고 역량 높게 육성하도록 하는 것이다.

다크호스 계약을 승인하려면 동등한 적합성을 공평성에 대한 개인적 개념으로 채택하면 된다. 하지만 민주주의적 능력주의가 효과적으로 수행되기 위해서는 우리의 기관들이 동등한 적합성을 **마련하는** 일에 적극적이고 헌신적으로 나서야 한다.[16]

개인화의 보장

이제부터는 실질적인 문제를 살펴보자. 기관들이 동등한 적합성을 마련하려면 어떻게 해야 할까? 이 문제는 개인화의 시대와도 결부되어 있다. 동등한 적합성이 모든 사람들의 진정한 개인화를 보장하기 때문이다.

동등한 적합성의 원칙에서는, 기관들에게 배우고, 일하고, 살아가는 방법을 지원하는 모든 대면 시스템human-facing system을 개인화할 것을 의무화한다. 더 명확히 말하자면, 상대가 누구든 배경과 나이와 무관하게 기관의 시스템과 서비스가 그 사람의 들쭉날쭉한 측면에 맞춰야 한다. 다크호스 계약하의 기관들이 의무적으로 따라야 하는 설계 기준은 효율성보다는 유연성이다. 민주주의적 능력주의에서의 개인화는 특전이나, 고급 시설물 증축, 경박한 애프터마켓(판매자가 제품을 판매한 이후 추가적으로 발생하는 수요에 의해 형성된 시장-옮긴이) 같은 것이 아니라, 동등한 적합성과 보편적인 충족감 추구권을 보장할 수 있는 유일한 방법이다.

다행히도 이런 개인화 방법을 따로 고안하지 않아도 된다. 세계에서 가장 성공한 사업으로 꼽히는 몇몇 사업에서 모든 고객의 개인적 욕구와 바람을 채우기 위해 이미 정교하고 고도화된 개인화 기술을 활용하고 있다. 이런 개인화 기술을 주변적 생활영역에서 중심적 생활영역으로, 소비자 상품 분야에서 교육과 직업 분야로 옮겨오기만 하면 된다.

개인화가 확실하게 보장하는 것은 끝내주는 디지털 기기나 전방위적인 상업 생태계가 아니다. 모든 사람에게 동등한 적합성을 마련하는 데 없어서는 안 될 시스템과 서비스의 구축이다. 그런 시스템과 서비스가 구축되면 누구나 다, 그리고 모두가 다 자신의 방식대로 성공을 이루어나갈 자율권을 얻게 된다.

모든 사람에게 개인화의 기반을 마련하는 일은 민주주의적 능력주의를 세우는 과정에서 가장 험난한 장애물처럼 보일 수도 있다. 과거라면 정말로 그랬을 테지만 지금은 아니다. 칸 아카데미Khan Academy는 교육자나 IT 기술자도 아닌 금융전문가인 남자가 10년이라는 짧은 기간에 비영리 개인맞춤형 온라인 학습 시스템을 구축한 사례로, 지금까지 이미 6,000만 명 이상의 학생과 200만 명 이상의 교사들에게 10억 개에 달하는 자율진도형 자기 주도 수업을 전액 무료로 제공해왔다.

사실, 동등한 적합성을 마련하는 일에서 진짜로 힘든 난관은 모든 사람에게 개인맞춤형 기술을 제공하는 것이 아니다.[17] 실질적으로 따지면 이런 일의 난이도는 넷플릭스가 가입자 모두에게 추천 영화 알림을 보낼 방법을 찾아내는 정도의 수준이다.

동등한 적합성을 제공하는 일에서 정작 힘든 난관은 개인의 선택을 보장하는 것이다. 그러기 위해서는 새로운 계약에 부여될 새로운 사회 진리가 필요하다.

선택의 유도

충족감을 위해서는 선택이 절대적인 필수요소다. 자신의 미시적 동기에 잘 맞는 여러 기회를 찾아내서 비교한 후 선택하기 위해서는 참다운 선택이 필요하다. 자신의 불분명한 장점에 잘 맞을 만한 여러 전략을 자유롭게 탐색하기 위해서도 마찬가지다. 선택이 경사 상승의 네비게이션인 셈이다.

어떤 기관의 시스템이나 서비스가 동등한 적합성을 제공하는지 아닌지 평가하는 방법은 간단하다. **'개인화와 개인의 선택을 둘 다 제공하고 있는가'**를 따져보면 된다.

개인화가 빠진 선택은 고르기에 불과하다. 지금 현재 우리가 하고 있는 선택과 다르지 않다. 현재 기관들은 자기들이 메뉴를 짜놓고는 자기본위식의 선택지 중에서 고르라고 강요한다. 기관들이 개개인성과 조화될 만한 유연한 절차와 경로를 마련해야만 참다운 선택을 제공할 수 있다. 개인화 기술은 참다운 선택의 필수조건이지만 충분조건은 아니다.

참다운 선택을 제공하려면 기관에서 인위적 통제를 어느 정도 기꺼이 포기해야 한다. 인위적 통제를 하면 대폭적인 성장 가능성, 직원 몰입도, 생산성 증대 등의 큰 장점이 있다. 하지만 이제는 기관의 리더십에 대한 인식을 대대적으로 전환해야 한다. 이런 인식의 대전환을, 기관 외부에 있는 우리들이 최선을 다해 촉구해야 한다. 그러지 못하면 쿼터주의보다 훨씬 심각한 결과를 맞게 될 것이다.

개인화 시대는 이전까지 유례없는 약속을 보장하는 시대인 동시에 굉장히 위험한 시대이기도 하다. 개인화 없는 선택보다 훨씬 억압적인 위험성의 소지가 있기 때문이다. 그것은 바로 선택 없는 개인화다.

사람들의 개개인성에 맞춰주기만 하고 정작 참다운 선택을 부여하지 않는 시스템은 무제한의 통제력을 지닌 시스템이 된다. 괜한 걱정으로 불안감을 조성하려는 말이 아니다. 인터넷의 민주화 촉발 잠재성이 전체주의 정권에 의해 감시·조작·국민 탄압의 유례없는 수단으로 변질된 국가들이 점점 늘고 있다. 팔짱만 끼고 방관하다간 서구 세계도 그렇게 변질될 위험이 높다는 점을 분명히 알아야 한다.

대기업들은 이미 방대한 양의 개인 자료를 수집해놓고 이 자료를 활용해 개인맞춤형 광고를 발송해 상품 구매를 유도하고, 인터넷 사이트 검색에서 개인맞춤형 검색 결과를 띄우고, 생각이나 투표할 인물의 선택에 영향을 미칠 만한 개인맞춤형 뉴스를 보내고 있다. 정부와 기업들이 (점점 더 똑똑해지는 인공지능 시스템과 합세해) 당신이 의식하지 못하는 사이에 동의도 없이 당신에게 점점 더 중요한 선택을 내리게 유도하고 있다.

단언컨대 이런 기관들은 점점 더 폭넓은 개인화를 제공하고 싶어 한다. 그것도 자신들의 조건에 맞춰서, 그리고 자신들의 목적을 위해서만 제공하고 싶어 한다. 더 정확히 말하자면, 상응하는 선택권은 쏙 뺀 채로 개인화만 제공하고 싶어 한다는 이야기다.

선구자들

기관들이 굳이 개인들에게 선택권을 넘겨주고 싶어 할 이유가 있을까?[18] 동등한 적합성을 제공하는 기관은 개인화 시대에서는 날개를 달고 비상하게 될 테니, 충분히 그렇게 할 것이다. 그저 이론상의 주장이 아니다. 바로 지금 이 순간에도, 이제 햇병아리 단계의 동등한 적합성을 제공하는 건전한 기관에 동참하면 민주주의적 능력주의 안에서 전적인 삶을 사는 일이 가능하다.

그 한 예가 바로 서밋 공립학교Summit Public Schools다. 서밋 공립학교 는 11개의 공립 차터스쿨charter school(대안학교의 성격을 가진 공립 학교—옮 긴이) 네트워크로, 6학년에서 12학년까지 가르치고 있다. 서밋 러닝 Summit Learning이라는 개인화된 학습법과 교수법을 바탕으로 설립됐 다. 이 서밋 공립학교의 인기와 이곳 졸업생들의 성공 사례에 비춰 보면, 서밋 공립학교의 사명인 '모든 학생에게 충족감 있는 삶의 영 위 능력 갖춰주기'가 실질적으로 효용성이 있다는 것이 증명된다.

서밋 공립학교의 교육 프로그램에서는 모든 학생에게 다음의 세 가지 중점 부문을 통해서 자신의 열정과 목표, 성과를 스스로 설 계하도록 유도하는 것을 뚜렷한 목적으로 내세운다. 서밋 공립학 교의 모든 학생은 매주 일대일로 만나 자신의 개개인성을 이해하 고 잘 활용하도록 도와주는 헌신적인 멘토를 두고 있다. 수업에서 는 학생들이 습득한 지식과 기량, 습관을, 졸업 후에 맞닥뜨릴 만 한 상황에 대비시키기 위해 구성된 프로젝트에 직접 적용시킨다. 게다가 모든 학생은 학습 사이클을 통해, 성취 가능한 목표를 세우 고, 효과적인 계획을 짜고, 자신의 재능을 증명하고, 자신의 진도 를 살피는 요령을 교사들에게 지도받는다.

표준화 계약에서는 직업 능력 갖추기와 충족감의 추구 사이에 서 타협해야 한다고 배운다. 이런 식의 사고방식은 대다수 사람들 이 서밋 공립학교 이야기를 듣고 나서 처음 던지는 질문에서도 그 대로 묻어난다. '정말 멋지네요. 그런데 서밋 공립학교 졸업생들이 대학에는 제대로 진학하나요?' 물론, 다크호스 계약하에서는 대학 진학이 충족감이나 우수성을 측정하는 유효한 기준에 들어가지 않지만, 질문에 답하는 차원에서 밝히자면 서밋 공립학교 학생의 4년제 대학 합격률은 99퍼센트다. 전국 평균인 66퍼센트와 비교하면 굉장히 높은 합격률이다. 이보다 인상적인 부분도 있다. 서밋 공립학교 출신 학생들의 대학 졸업률이 전국 평균의 두 배에 이른다는 것. 사실, 학업 능력의 표준화된 평가 기준에서 따지자면 지금까지 서밋 공립학교 학생들은 상위권에서 내려온 적이 없다.

이 학교는 작은 학업 공동체가 되려는 목적에 따라 세워졌으나, 물리적 인프라의 한계로 입학 가능한 학생 수가 한정되어 있다. 충분히 짐작했을 테지만 서밋 공립학교는 입학 희망자들이 너무 많아서 할당된 자릿수보다 훨씬 많은 지원자가 몰린다. 이런 쿼터 문제를 해결하기 위해 추첨제를 통해 입학 희망자들 중에서 무작위로 입학생을 선발하고 있다. 그 결과 입학 심사에서는 학업 능력이나 재정적 필요성이 반영되지 않아서 재능을 키우길 꿈꾸는 아이들은 누구라도 재능 육성 기회를 동등하게 누린다.

북서부 지역에 붙어 있는 이 11개 학교 네트워크의 이야기를 이 책에서 굳이 꺼낸 이유가 궁금할까 봐 덧붙이자면, 서밋 공립학교는 당신이 미국의 어느 지역에 살든 상관없이 당신의 아이들에게 참다운 선택을 제공해줄 수 있는 곳이다. 서밋 공립학교만의 독특한 학교운영방법 중에서도 실질적 잠재력은 바로 자체적인 서밋 러닝 프로그램에 있다. 이 프로그램은 직접대면식과 온디맨드 on-demand(공급 중심이 아니라 수요가 모든 것을 결정하는 시스템이나 전략 등을 총칭

하는 말-옮긴이)식의 전문성 육성 종합 커리큘럼이자, 서밋 공립학교의 기술 기반이다. 서밋 공립학교에서는 이 학교를 방문하는 외부 교육자들에게 이 학교의 경험, 학습 툴, 정보를 공유하려는 시도를 벌이기도 했다. 이 시도가 이제는 전국 단위의 프로그램으로 탄탄히 자리잡게 되면서, 전국 곳곳의 여러 학교들이 서밋 러닝을 자신들의 지역사회에 맞게 적응시킬 수 있도록 **전액 무료로** 지원을 받고 있다. 말하자면 이 프로그램은 개인맞춤형 교육을 누구에게나 다, 그리고 모두에게 다 제공하기 위해 쿼터의 한계를 해결하려는 서밋 공립학교식 시도인 셈이다.

미국 전역에서 서밋 러닝 프로그램에 참여 중인 학교의 수는 이미 330곳을 넘어섰다. 특히 서밋 공립학교는 모든 학교에게 각 지역사회의 필요성과 가치관에 잘 맞게 서밋 러닝을 적응시킬 것을 권장하고 있다. 동등한 적합성을 제공할 때는 기관들이 유연성을 최대한 발휘해서 저마다의 특수 환경에 맞춰 이행해야 한다는 사실을 인식하고 있기 때문이다. 당신의 아이가 다니는 학교에 지금 당장 찾아가 서밋 공립학교와의 파트너십을 요청하면 당신의 아이에게도 민주주의적 능력주의를 처음으로 맛보이는 시도를 할 수 있을 것이다.

이번엔 K-12(유치원에서 12학년까지의 교육 과정-옮긴이) 교육 과정 이후의 세계를 살펴보자. 얼핏 보기에 고등교육은 학생들에게 동등한 적합성을 제공하도록 요구하는 다크호스 계약하에서 잃을 것이 가장 많은 분야이다. 그동안 고등교육기관들은 표준화와 쿼터제에 전념하는 한편 자신들에게 유리한 선택권을 축적하면서 1세기가 넘도록 사회적 기회에서 거의 독점적 지위를 지켜왔다. 하지만 우리는 마침내 웨스턴 거버너스 대학교Western Governors University, 애리조나 주립대학교Arizona State University, 서던 뉴햄프셔 대학교Southern New Hampshire University 같이 미래를 내다볼 줄 아는 교육기관들이 개인화에 뛰어들고 있는 장면을 목격하고 있다.

이 중에서 서던 뉴햄프셔 대학교SNHU의 사례를 들여다보자. 이 대학교는 1932년에 설립될 당시엔 회계학과 비서학을 가르치는 표준화 학교로 출발했다가 2008년에 칼리지 포 아메리카College for America, CfA를 출범시키면서 지난 10년 사이에 전국적으로 알아주는 개인맞춤형 교육기관으로 변모했다. 칼리지 포 아메리카는 미국에서 성적과 이수시간을 전면 폐지하고 재능 중심으로 평가방식을 바꾼 대학 학부 프로그램 중에서 최초로 인가받은 정식 프로그램이 됐다. 모든 CfA 학생은 개인 멘토를 통해 자신의 개개인성에 가장 잘 맞는 교육 과정을 선택하는 일만 아니라 어떤 재능들을 어떤 순서로 마스터할지 결정하는 일에서도 두루두루 도움을 얻는다. 정식 지도자는 단 한 명도 없고, 학습 내용의 마스터 여부를 평가하는 학업 코치와 검토자들만 있다. 그래서 학생들이 표준화된 시간에 구애되는 것이 아니라 스스로 자신의 진도 속도를 빠르거나 느리게 조정할 수 있다.

CfA에 합격하려면 인재 쿼터의 난관과 씨름할 필요도, 기관들의 변덕스러운 틀에 순응해야 할 필요도 없다. 본인이 원하면 누구라도 CfA를 수강할 수 있다. 2017년 기준으로 4년제 사립 대학교의 학사 과정 평균 수업료는 약 155,000달러였다. CfA에서는 학사 학위를 취득하는 데 들어가는 총 수업료가 10,000달러에 불과하다. 게다가 진도가 비교적 빠른 학생들의 경우엔 5,000달러까지 수업료가 줄어들기도 한다. 많은 학생이 기업체들로부터 학비 보조금을 받으면서 학비 부담을 더 덜고 있기도 하다. CfA 학생들 대다수는 학자금 빚이 한 푼도 없이 졸업한다. 2017년에 CfA의 등록생은 7,000명이었다. 하지만 학생들에게 자율권을 부여하는 활동에 아주 열정적인, 서던 뉴햄프셔 대학교의 학장 폴 르블랑Paul LeBlanc은 2021년엔 등록생 수가 2만 명으로 늘어날 것으로 내다보고 있다.

CfA가 졸업생 취업에 주력한 이후로 SNHU는 병원, 비영리단체, 호텔, 보험사, 외식업체, 패션회사, 언론사 등 100개 이상의 기업체와 파트너를 맺고 있다. 한편 CfA에서는 군인, 아이를 둔 전업주부, 정규직 근로자, 고령의 학생 같이 표준화 대학들에서는 대체로 지원이 부족한 이들을 특별히 배려하고 있다.

르블랑은 다음과 같이 힘주어 말했다. "저희 칼리지 포 아메리카 프로그램에 쏟아지는 관심은 대체로 저비용 고품질 덕분이지만 저희는 새삼 더 확실하게 깨달은 점이 있습니다. 그 프로그램은 교육을 자신이 바라는 조건에 따라, 자신의 생활환경에 적합한 방식으로 이용하기에 정말 효과적인 도구라는 것입니다. CfA 교육은 유연해서, 획일적 교육 모델에서는 불가능한 방식으로 개개인 학생의 필요성에 맞춰줍니다. 그런데 제일 감격스러운 게 뭔지 아세요?

학생들의 탁월한 실력 발휘입니다. 그 어려운 칸트의 철학을 읽고 어려운 수학도 마스터해요. 글솜씨와 사고력이 부쩍 향상되기도 합니다. 프로그램의 실행을 지켜보면 볼수록 저희의 확신은 더 굳어지고 있습니다. 그야말로 교육관에 대한 패러다임의 전환을 상징하는 프로그램입니다."

이제는 교육현장을 벗어나 직업현장으로 가보자. 민주주의적 능력주의에서는 당신에게 구불구불 굽은 경로의 통제력이 주어지기 때문에 당신의 직업적 운명을 스스로 통제하게 된다. 자신의 방식대로 자신만의 우수성을 추구할 수 있다. 하지만 이런 자유는 걱정을 유발할 수도 있다. '나만의 길을 따라가면 결국엔 커리어에서 고독한 길을 걷게 되지 않을까? 고독한 직업생활을 하게 되면 어쩌지?'

표준화보다 개인화를 선택한다는 것은, 단점이 있긴 해도 그냥 직업 공동체의 일원으로 활동하는 것과 혼자 헤쳐나가는 것 사이의 선택처럼 느껴질지 모른다. 실상은 오히려 정반대다. 민주주의적 능력주의에서는 인간의 다양한 우수성이 한껏 펼쳐지도록 사회를 개방시키기 때문에, 직업적으로 공통 관심사를 가진 개인들이 서로를 찾아내 자발적으로 자신들만의 열정 집단을 형성하기가 훨씬 쉽다. 우리 스스로를 표준화 계약에서 해방시키면 어떤 가능성이 열리는지 잘 보여주는 훌륭한 본보기가 바로 마스터소믈리에협회다. NAPO National Association of Productivity and Organizing Professionals(전미생산성 및정리전문가협회) 역시 마찬가지다.

NAPO는 코린 벨록이 정계를 나온 후에 정리 전문가가 되기 위해 가입한 단체다. NAPO의 아주 흥미로운 특징은 정리 전문가가 되기 위해 올라가야 하는 기관의 인재 사다리가 없다는 점이다. 대학 졸업장을 취득하지 않아도 되고, 비집고 들어가야 할 좁은 쿼터나 동시심도 없다. 오히려 NAPO의 회원들은 투철한 목표의식에서 자신만의 구불구불한 경로를 따라 우수성을 추구하다가, 대부분의 경우 본인들조차 이루 말할 수 없이 놀랍게도 자신과 똑같이 두 가지의 불타오르는 동기(사람들을 돕고 싶은 바람과 정리 욕구)를 가진 사람들이 또 있다는 것을 발견했다.

NAPO의 기원은 1983년까지 거슬러 올라간다. 캘리포니아 주 남부에서 여성 다섯 명이 거실에서 모임을 갖기 시작했던 것이 그 시초였다. 모두들 카렌 쇼트리지Karen Shortridge가 지역 신문에 낸 작은 3행 광고문구, "정리를 좋아하는 분들의 전화를 기다립니다"를 보고 모이게 된 것이었다. 이 다섯 명 중에는 돈벌이로 의뢰인의 집이나 사무실을 청소하거나 정리했던 사람도 있었고 그냥 친구나 가족들을 위해 취미 삼아 정리를 하던 사람도 있었다. 특히 스테파니 컬프Stephanie Culp라는 여성은 '싱글벙글 바보The Grinning Idiot'라는 상호를 내걸고 할리우드 사람들의 일을 봐주고 있었다. 스테파니는 어느 날 의뢰인의 집에 들어갔다가 상자와 물건들이 여기저기 어수선하게 흩어져 있는 것을 보는 순간 한 가지 아이디어를 떠올렸다. 가만 생각해보니 물건들을 깔끔하게 정리할 줄 모르는 사람들을 위해 전문적으로 정리 일을 해주면 괜찮은 돈벌이가 될 것 같았다.

이 여성 5인방은 처음 모임을 가질 때만 해도 그저 정리의 팁을 공유하며 사교모임이나 가지려는 의도였지만, 스테파니는 더 큰 구상에 도전할 만하다고 생각했다. "저는 저희가 하는 일이 하나의 당당한 직업으로 인정받고 존중받아야 한다고 생각했어요. 당시엔 사람들이 저희 같은 사람을 하녀 취급했어요. 사람을 천대했다니 까요. 제가 '정리 전문가'라는 명칭을 생각한 것도 그런 이유 때문이었어요."

이 정리 전문가 5인방은 스테파니의 주도에 따라 자체적인 비영리단체를 조직했다. "제가 사업체보다 비영리단체를 만들고 싶었던 이유는 여자들끼리 서로 도와야 한다는 강한 신념 때문이었어요. 다른 직업들은 교재도 있고 강습도 있고 대학 전공도 있지만 저희에게는 의지할 데라곤 서로밖에 없었어요. 그래서 일종의 상부상조망을 만들고 싶었어요."

이 5인방은 1986년에 뉴욕에서 자신들의 비영리단체를 출범시키면서 명칭을 'National Organization of Professional Organizers' 로 새롭게 변경했다. 스테파니는 처음엔 진전이 더뎠다고 솔직히 털어놓았다. "여자들에게는 여전히 동등한 기회가 좀처럼 주어지지 않았어요. 통신수단이 주로 전화였던 때라 저희 일을 대중에게 알리기도 힘들었죠." 하지만 개인화의 시대가 밝아오며 새로운 기술과 새로운 경제, 새로운 사회적 가치가 도래하면서 상황이 차츰 변했다. "2000년이 터닝포인트였어요. 인터넷으로 통신이 편리해지면서 진정한 전국적 커뮤니티를 형성할 수 있었죠. 거기에 더해 여자들이 더 주체성을 띠면서 기존의 사회적 통념을 깨고 크게 도약하는 중이었어요. 그 이후로 정말 놀라운 일들이 펼쳐졌어요."

현재 NAPO는 49개 주와 26개 국에 걸쳐 4,000명 이상의 회원을 거느리고 있다. NAPO의 리더십은 아주 적극적이고, 아주 효율적이며, 의욕이 넘친다. 이것이 다크호스들이 모여 이루는 조직 특유의 분위기다. 민주주의적 능력주의에서는 NAPO 같이 서로에게서 직업적 미시적 동기의 공감대를 찾아내 자발적으로 조직을 결성하는 이런 활기 넘치고 유연한 전문가 커뮤니티가 이례적인 일이 아니라 평범한 일이 된다.

이쯤에서 확실하게 짚고 넘어가자면, 앞의 세 사례가 곧 새로운 기회 시스템의 표상은 아니다. 우리는 서밋 공립학교와 SNHU, NAPO를 민주주의적 능력주의 구축의 모든 장애를 해결하는 사례로 내세우려는 게 아니다. 이 세 기관은 그대로 따라할 만한 이상적 모델이 아니라 개념을 과감하게 증명한 사례다. 다크호스들이 그렇듯이, 황무지를 헤치고 용기 있게 자신만의 경로를 개척하는 선구자들이다. 동등한 적합성의 이행에 관한 한 단 하나의 최상의 방법 같은 건 없다. 각 기관이 개인화와 개인의 선택을 제공하기 위해 각자의 자체적 해법을 찾아내야 한다. 하지만 서밋 공립학교와 SNHU, NAPO는 개인화와 개인의 선택을 통해 사람들을 자유롭게 풀어 놓아도 혼돈이 일어나지 않는다는 사실을 잘 증명하고 있다.

혼돈이 일어나기는커녕 개인적 충족감을 채우고 **동시에** 직업적 우수성을 키운다.

세 선구자가 미리 보여준 이런 세계를 세우고 싶다면 기관들만 변하는 것으로는 부족하다. 우리 각자도 서로가 맡아야 할 의무가 있다. 다크호스 계약하에서는 우리 한 사람 한 사람에게도 개인적 의무가 지워지며, 이 의무는 민주주의적 능력주의를 세우는 데 우리 기관들이 지는 의무 못지않게 중요하다.

선택의 자유와 책임

충족감은 그냥 주어지는 것이 아니다. 스스로 획득해야만 한다. 다크호스 계약하에서 개인의 가장 중요한 의무가 **개인적 책임**인 이유다. 다만, 다크호스 계약에서 동등한 기회를 비관습적 관점에서 바라보듯이, 개인적 책임에 대해서도 비관습적 관점이 필요하다.

과거의 우리 사회는 책임 문제에서 제도적 위선에 빠져 있었다. 스스로의 선택이 필요하다는 주장을 내세우면서 선택의 자유를 빼앗았다. 직업적 기회에 접근하기 위해서는 교육이 필요하다면서 인재 쿼터제를 시행했다. 모든 사람이 사다리를 오를 동등한 기회를 갖고 있다고 주장하면서 인재 동시심을 강요했다.

이것은 선택을 가장한 수동적 고르기에 불과하며 종종 그마저도 없을 때가 있다. 참다운 선택이 부유층과 특권층에게 선점되는 사례가 비일비재했다. 승자의 수를 엄격히 제한시킨 변질된 기회 시스템을 세워놓고는 패자들에게 패배의 책임을 떠넘겼다.

동등한 적합성을 시행하는 민주주의적 능력주의에서는 상황이 다르다. 당신은 더 이상 기계의 톱니바퀴나 미인대회의 경쟁자 같은 존재가 아니다. 참다운 선택을 부여받으며 당신의 삶에 대한 진정한 통제력을 쥐게 된다. 다만, 이렇게 늘어난 권한만큼 책임도 늘어난다. '자신의 선택 분간하기'라는 자율권이 주어짐에 따라 충족감을 추구하는 과정에서 내리는 결정은 전적으로 당신의 책임이 된다.

다크호스 계약하에서는 셈법이 단순해서 선택의 자유가 커질수록 개인의 책임도 커진다.

이제 당신에게는 '자신의 미시적 동기'를 이해해야 할 책임과 '자신의 선택'을 분간해야 할 책임이 지워진다. '자신의 전략'을 알아야 할 책임도 생긴다. 그리고 이 모든 책임을 맡게 되면 자신의 충족감에 대한 책임도 지워진다.

따라서 민주주의적 능력주의는, 당신이 충족감의 추구를 기꺼이 사회에 빚진 의무로 바라볼 의지가 **있어야만** 제대로 기능한다. 그런 의지를 가져야 개인으로서 기관들에게 동등한 적합성을 제공하도록 촉구할 수 있다. 또 서밋 공립학교, 칼리지 포 아메리카 같은 곳이 계속 성장하고 개선되려면, 우리 개인들이 표준화된 우수성을 좇으며 선택권을 포기하는 게 아니라 이제 막 걸음을 뗀 민주주의적 능력주의를 지지하기로 선택해야만 한다.

시민으로서의 의무

한마디로 요약하자면, 다크호스 계약은 충족감이 개인으로서의 권리individual right이자 시민으로서의 의무civic duty라는 선언과도 같다.

이렇게 단도직입적으로 요약해서 말하면 다크호스 계약이라는 것이 비현실적이고 공허한 이야기처럼 들릴지도 모른다. 심지어 사람에 따라서는 비미국적이라며 반감을 가질 수도 있다. 그런가 하면 사회가 와해되는 것처럼 보이는 상황에 이를 경우 다크호스 계약이 개인의 특권의식을 근본적 가치로 존엄화하는 것처럼 오해하기 쉽다.

충족감이란 것은 사회 계약 수립의 기반으로 삼기에는 그다지 신념이 강하고 믿음직한 원리처럼 보이지 않는다. 표준화형 사고방식에 숨어 안주하고 있는 이들이 비아냥거리며 비판할 소지도 있다. '그러니까 당신 말은, 나에게 가장 중요한 활동에 전념하는 것이 나의 **의무**라는 겁니까? 나 자신의 고유한 개인적 행복을 추구하는 것이 **시민으로서의 의무**라고요? 역사상 건국 선언문에서 충족감이 인간으로서의 권리이자 시민으로서의 의무라고 선포한 나라가 한 곳이라도 있던가요?'

실제로 그런 나라가 있었다.

그 나라는 미국이었다. 미국에서 독립선언서를 통해 선포된 바 있다.

DARK HORSE

행복의 추구권

어떤 사람이 내 불을 가져가 자신의 양초에 불을 붙인다고 해서

내 불이 어두워지지 않는 것처럼,

누군가 내 아이디어를 취해 배움을 얻는다고 해서

내 아이디어가 줄어드는 것은 아니다.1

– 토머스 제퍼슨 –

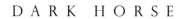

DARK HORSE

자명한 진리

　서구 정치사에서 가장 깊은 울림을 주는 문장이라면 미국 독립선 언서 전문(前文)의 첫 번째 문장이 아닐까 싶다. "우리는 다음을 자 명한 진리로 받아들인다. 모든 사람은 평등하게 태어났고 창조주 로부터 양도할 수 없는 생명권, 자유권, 행복의 추구권의 권리를 부여받았다."[2] 신성시되는 이 문장에서 가장 유명한 문구는 양도 할 수 없는 세 가지 권리의 내용이다. 그런데 별나게도 이 세 가지 권리 중에서 한 권리는 나머지 두 권리만큼 귀에 쏙쏙 박히지 않는 다. 이처럼 기억에 잘 남지는 않아도, 세계에서 가장 오랜 역사를 지탱해온 민주주의의 틀을 형성했던 비범한 인물들은 모든 사람이 응당 누려야 할 가장 중요한 권리들을 규정하면서 다소 별난 이 '행 복의 추구권'에도 엄연히 생명권과 자유권과 똑같은 최상의 지위를 부여했다.

그 뒤로 2세기 반이 지난 현재, 생명권과 자유권은 여전히 공공의 장에서 단골 주제로 거론되고 있다. 지금도 여전히 살 권리와 죽을 권리를 놓고 열띤 논쟁이 벌어지고 있다. 선거철마다 미국의 정치인들은 너도나도 자유의 침해로 볼 만한 일들을 성토하며 표를 모으는 확실한 수단으로 써먹는다. 하지만 행복의 추구권은 공론화되는 경우가 웬만해선 없다. 간혹 어떤 미국인이 어쩌다 독립선언서에 그 문구가 들어 있다는 사실을 떠올리더라도 그냥 미사여구쯤으로 추정하며 가볍게 넘기기 일쑤다. 독립을 갈망하는 사람들의 마음을 휘저어놓을 의도로 약간 의욕을 주체 못한 과장으로 여기고 만다. 실제로, '행복의 추구권'은 세상에 처음 등장하자마자 바로 조지 왕 치세의 영국 곳곳에서 조롱받았다. 독립선언서가 발표되고 겨우 한 달이 지났을 즈음엔 에든버러의 한 잡지에 '어느 영국인'이 쓴 다음과 같은 힐난조의 글이 실리기도 했다.[3]

그들이 자명한 진리이자 반란의 근거로써 뒤이어 제시한 주장은, 자신들에게는 양도할 수 없는 행복의 추구권이 있다는 것이다. 행복의 추구권이 양도할 수 없는 권리라니! (중략) 사람에게서 행복의 추구권을 빼앗는 일이 가능한가? 지금껏 살아 있는 인간 중에 그런 요상한 일이 있었다는 이야기를 들어본 적이 있을까? 그 자들은 무슨 의미로 이런 말을 꺼낸 것일까? 내 머리로는 도저히 이해가 안 된다. 어떤 사람이 나에게 말이나 소를 빼앗거나, 내가 말이나 소를 멀리할 수는 있다. 그것은 내 소유물 중 어떤 것이라도 마찬가지일 것이다. 하지만 소유하지 못한 것을 어떻게 빼앗을 수 있단 말인가? 그 답은 앞으로도 도저히 나오지 않을 것이다.

사실, 이 알쏭달쏭한 문구에는 미국 건국의 아버지들과 관련된 심오한 의미가 깃들어 있다. 즉, 미국 식민지의 가장 위대한 사상가들이 자유민을 위한 사회조직의 이상적 형태를 숙고하면서 '정부에게는 이성, 철학, 시민토론이 전통이나 종교, 유혈참사보다는 더 효과적인 해법이 될 수 있다'는 신념을 공유하며 서로 단합했던, 역사의 한 순간이 반영되어 있다. 그런데 당시에 독립선언서의 작성자, 토머스 제퍼슨보다 이성, 철학적 사색, 토론에 깊이 몰입한 미국인은 없었다.

제퍼슨은 독립선언서를 자신의 일생에서 최고의 업적으로 여겼다. 제퍼슨은 자신이 직접 쓴 묘석 비문에도 독립선언서의 작성을 "가장 기억되고 싶은" 최고의 업적이라고 밝혔다. 이런 독립선언서 중에서 보편적 충족감에 입각한 제퍼슨의 사회관이 가장 간명히 표현된 문구가 바로 '행복의 추구권'이다.

개개인성의 인정

알려진 한에서, 제퍼슨의 독립선언서 초안 원고들에는 단 하나의 예외도 없이 이 문구가 다 들어갔다. 그가 동포와 후손들을 위해 발표하고 싶어 했던 원고,[4] 그러니까 일종의 감독판이라 할 만한 원고에서도 마찬가지였다. 역시 쟁쟁한 작가 겸 철학자였던 존 애덤스John Adams와 벤저민 프랭클린Benjamin Franklin을 비롯해 명사들이 모인 독립선언서의 기초위원회는 제퍼슨이 '대충 틀 잡아놓은 초안'을 수 차례 편집했지만 '행복의 추구권' 문구는 손대지 않고 그대로 뒀다. 의회에서는 독립선언서의 내용을 놓고 격렬한 논쟁을 벌인 끝에 제퍼슨의 원본 중에서 4분의 1 정도의 내용을 뺐지만, 기록을 찾아봐도 이때 이 문구의 삭제나 수정을 요구한 사람은 아무도 없었다. 따라서 이 문구는 우연이나 타협의 결과로 들어간 것이 아니라 역사상 가장 재능 있는 정치 사상가로 꼽히는 인물이 모든 인류를 위한 초월적 선언문이라고 믿었던 원고를 공들여 작성하면서 신중히 집어넣은 것이었다.

242년이 지난 지금까지도 인간의 기본권으로서의 행복의 추구권 개념은 여전히 미국의 개념으로 명백히 남아 있다. 내친김에 다른 민주주의 국가들의 건국 문서에 서술된 핵심적 권리들도 살펴보자. 캐나다는 "생명, 자유, 안전"의 권리를 내세운다(여기에 더해 "평화, 질서, 좋은 정부"의 권리도 담고 있다). 독일에서는 "단결, 정의, 자유"의 권리를 지지하며 프랑스에서는 "자유, 평등, 박애"를 옹호한다. 물론, 이런 권리들 모두 중요한 원칙이며 시민 사회의 기본권으로서한 역할을 담당하고 있다. 하지만 본질적으로 보면 **집단적** 이상이다. 다시 말해, 미국 외의 이 3국의 사회 계약에는 **개개인성**의 개념이 빠져 있다.

정부는 개별적 차이를 고려하지 않은 채 사회 전반의 생명과 자유를 보호할 수 있다. 예를 들어, 사형을 불법으로 선언해 정부가 어떠한 범죄에 대해서든 생명을 빼앗지 못하도록 보장하는 식이다. 반면에 행복의 추구는 사람별로 다르게 표출된다. 다시 말해, 행복 **추구**의 권리를 보호하기 위해서는 그 추구하는 사람의 개개인 성을 인정해야 한다는 이야기다.

사실, 독립선언서에 생명과 자유의 권리를 넣은 것은 딱히 독창적인 특징은 아니었다. 두 가치는 일찍이 1215년의 마그나카르타 (대헌장)에서도 발표된 보호 권리다. 전 세계 국가들과 구별되는 미국의 독창성이 드러나는 부분은, 건국자들이 개개인성이 중요시되는 사회를 이상적 사회로 여겼던 행복의 추구권 대목이다.

건국자들은 이 대목을 통해 무엇보다도 **충족감**이 중시되는 사회를 꿈꿨다.

행복의 의미

제퍼슨의 정치적 이상의 형성에 큰 영향을 미쳤던 근원은 다른 건국자들의 사고형성에 영향을 미쳤던 바로 그 근원인, 스코틀랜드의 계몽주의였다. 그리고 이 스코틀랜드의 계몽주의에서는 충족감을 아주 아주 관심 있게 다뤘다.

오늘날엔 스코틀랜드 하면 보통 백파이프, 영화 〈브레이브 하트 Braveheart〉, 숀 코네리Sean Connery의 스코틀랜드 사투리를 연상하지만, 이 춥고 지형이 험악한 나라는 명실상부한 계몽주의 사상의 선두주자이기도 했다. 최초의 계몽주의 철학자라고 하면 대체로 스코틀랜드인이자 글래스고 대학교의 교수였던 프랜시스 허치슨Francis Hutcheson이 거론된다. 제퍼슨은 이른 청년 시절부터 스코틀랜드의 이상을 접했다. 제퍼슨에게 가장 큰 영향을 미친 세 명의 스승 중 두 명이 스코틀랜드인인 윌리엄 더글라스William Douglas 목사와 윌리엄 스멀William Small 교수였다. 제퍼슨은 특히 윌리엄 스멀 교수에 대해 "아버지와 같은 분"이라며 "대학 시절에 계몽적이고 자애로운 지도로 이끌어준 그분에게 하나부터 열까지 은혜를 입지 않은 것이 없다"고 밝히기도 했다.[5]

인격형성기 동안이나 독립선언문을 쓰는 동안이나 제퍼슨은 서재에 늘 스코틀랜드인 철학자들의 책을 빼곡히 채워놓고 필사해서 주석을 달며 열심히 읽었다. 그 책들에 적힌 글자들로는 생명이나 자유나 재산보다 '행복'에 대한 사색이 훨씬 많았다.

요즘엔 행복을 환락이나 쾌락의 의미로 생각하지만 계몽주의 시대 때는 그렇지 않았다. 'happy'는 사건이나 상황을 뜻하는 단어 'hap'의 형용사형이며, mishap(불행한 사건)과 hapless(순조롭지 못한 불운한 상황), haphazard/happenstance(우연한 사건)이 hap에서 나온 파생어다.

따라서 형용사 'happy'는 그 어원상으로는 '특정 사건에 잘 맞는 것'을 뜻했다. 'happy thought'는 대화에 꼭 들어맞는 생각을 의미했고, 'happy garment'는 사회적 상황에 적절한 의복을 가리켰다. 스코틀랜드의 계몽주의 철학자 데이비드 흄David Hume도 새로운 지식에 잘 맞는 이론이라는 의미로 'happy theory'라는 문구를 쓴 바 있다. 흄은 다크호스의 모토로 삼아도 될 글을 쓰기도 했다. "자신의 기질에 잘 맞는 환경에서 살아가는 사람이 행복한 사람이다."

'happiness'는 원래 '자신의 환경에 잘 맞는 상태'라는 중립적 의미였으나, 제퍼슨의 시대에 이르러 '자신의 환경에 잘 맞는 유리한 상태'라는 뜻을 가진 'goodhap'의 유의어로 쓰이게 됐다. 'lucky'가 'random(무작위의)'의 뜻에서 'favorable luck(유리한 운)'의 뜻으로, 'fortunate(운이 좋은)'이 'random'의 뜻에서 'favorable fortune(유리한 운)'의 뜻으로 발전하게 된 것과 비슷하다.

미국의 정치 문서에서 'happiness'가 처음 언급된 것은 제퍼슨이 독립선언서를 작성하기 불과 몇 달 전에 제퍼슨의 벗인 조지 메이슨George Mason이 발표한 버지니아 권리 선언Virginia Declaration of Rights이었다. "모든 인간은 나면서부터 자유와 독립에서 평등하며 특정 권리를 타고난다 (중략) [그중에는] **행복**happiness**을 추구하고 획득할 권리도** 있다." 메이슨이 사용한 행복이라는 단어를 분석한 사학자 잭 D. 워렌Jack D. Warren의 견해에 따르면, 이 문서에서 말하는 행복은 "현재처럼 두루뭉술한 목표가 아니었다. 행복은 쾌락을 뜻하지 않았다. 18세기 사상가들에게 행복은 흡족함을 의미하는 말이었다. 메이슨 같은 사상가들은, 사람은 자신의 환경이 자신의 성격과 재능, 능력에 잘 맞는 상태일 때 행복을 얻게 된다고 믿었다."[6]

다시 말해, 건국자들에게 행복은 다크호스들이 생각하는 충족감과 동의어였다.

최우선적 법칙

얼핏 생각하면 제퍼슨은 만인에게 충족감을 보장한 것처럼 보이지만, 사실 그가 부여한 평등은 충족감의 **추구**였다. 이는 계몽주의의 특성을 꾸준히 논증한 끝에 끌어낸 신중하고 식견 있는 선택이었다.

계몽주의 사상가들은 과학을 숭상했다. 제퍼슨이 가장 영웅으로 떠받들었던 인물 중 한 명은, 자연의 작동을 좌우하는 불가침의 과학 법칙을 증명한 아이작 뉴턴이었다. 제퍼슨을 비롯한 건국자들은 행복의 추구를 인간 본성의 과학적인 법칙으로 바라보며 뉴턴의 만유인력의 법칙과 유사하게 여겼다.

스코틀랜드의 철학자 존 로크John Locke는 '행복의 추구'에 대한 통찰력 있는 분석을 내놓으며 인간 본성에서의 행복 추구의 '꾸준성'을 강조하는 한편, "전능하신 하느님도 행복해질 필요성에서 자유롭지 못하다"고 썼다.[7] 제퍼슨이 연구했던 인물인 프랜시스 허치슨은 "인간은 필연적으로 자신의 행복을 추구하려는 의지를 갖는 존재다."[8] 제퍼슨이 존경했던 작가 로렌스 스턴Laurence Sterne은 "인간에게 행복의 추구는 중요한 일이다. 행복은 인간의 본성에서 최우선적 욕구이자 가장 강렬한 욕구다"라고 썼다.[9] 노스웨스턴 대학교Northwestern University의 역사학 명예교수이자 교수직 재임 기간 동안 제퍼슨이 말한 '행복의 추구권'의 의미를 연구한 적이 있던 게리 윌스Garry Wills는 이런 사상가들이 제퍼슨에게 미친 영향에 대해 이렇게 결론지었다. "따라서 제퍼슨이 말한 인간의 행복 '좇기'에는 모호한 열망 이상의 의미가 담겨 있다. 말하자면 인간 본성의 보편적 필요성으로서 이야기한 것이다. 자침磁針이 북쪽을 향하는 것처럼 항구적 열망이자, 인간으로서 피할 수 없는 규범적 법칙으로 본 것이다."

계몽주의 사상에 따르면 어떤 것이 인간 본성의 법칙이라면 그것은 필연적으로 도덕규범이 되어야 했다. **옳은 것**이었다. 다시 말해, 모든 사람이 본성적으로 행복을 추구하도록(즉, 자신에게 가장 잘 맞는 환경을 추구하도록) 되어 있으므로 이런 추구는 반드시 보호받아야 할 개인의 근본적 자유였다. 윌스의 말마따나 "계몽주의 사상가들은 자신들이 반드시 추구해야 할 이상을 발견했던 그때, 자신들에게 그 이상을 추구할 권리가 있음을 자각했다."

연이어진 계몽주의 논증이 마지막 단계에 이를 무렵의 관점에서는, 어떤 것이 도덕규범이라면(즉, 개인의 권리라면) 그 권리는 정부 보호를 받아야 마땅했다. **정치적** 원칙이 되어야 마땅했다. 건국자인 제임스 윌슨은 독립선언서에 서명하기 8년 전에 쓴 글에서 "사회의 행복은 모든 정부의 최우선적 법칙"이라는 견해를 밝혔다.[10] 또 허치슨은 계몽주의 초기에 가장 파급력이 높았던 저서로 꼽히는 『도덕철학 체계론A System of Moral Philosophy』을 통해 "보편적 행복은 모든 정치 연맹의 최상위 목표"라고 주장했다.[11]

그에 따라 제퍼슨은 과학 법칙과 도덕규범, 정치적 원칙의 논리적 단계를 거쳐 살펴보면 충족감의 추구는 정당한 사회적 계약으로 마땅히 보장받아야 할 개인의 권리가 된다고 믿었다.

이처럼 건국자들 대부분이 독립된 미국의 정부 시스템에서는 시민들의 충족감을 보호하고 북돋우는 것을 최고의 목표 중 하나로 삼아야 한다는 점에 전적으로 공감하고 있었다. 따라서 독립선언서에 서명할 때도 그 점을 신념으로 삼았을 가능성이 높다.

하지만 제퍼슨은 개인적으로 더 원대한 이상을 품고 있었다.

제퍼슨은 이상적인 사고를 했던 것으로 유명한 인물이다. 세상을 더 나은 곳으로 만들 방법을 구상하며 곧잘 시대를 크게 앞서나가는 몽상적인 이상을 품었다. 행복의 추구 역시 그런 이상에 들었다. 실제로 증거로도 입증되고 있듯이, 제퍼슨은 '행복의 추구권'을 단순히 개인의 충족감 추구권을 보편적으로 인정하는 수단으로서만이 아니라, 모든 사람에게 충족감을 제공할 방법의 문제를 푸는 하나의 **해법**으로서도 여겼다.

양성 피드백 고리

제퍼슨이 계몽주의의 우상으로 삼았던 인물의 대다수는 요즘 식의 표현을 쓰지 않았을 뿐, 개인적 충족감 추구와 사회 구성원 전체의 집단적 충족감 사이에 양성 피드백 고리feedback loop(어떤 원인에 의해 나타난 결과가 다시 그 원인에 작용해 결과를 줄이거나 늘리는 자동조절 원리로 결과물이 원인을 촉진하면 '양성positive 피드백', 결과물이 원인을 억제하면 '음성negative 피드백'이 된다―옮긴이)가 존재한다고 믿었다. 이런 식의 사고에 따르면, 개인의 충족감 추구는 필연적으로 가까운 사람들에게 이롭게 작용하기 마련인 동시에 가까운 사람들의 충족감을 끌어올리는 행위는 그 개인 자신의 충족감 체험도 끌어올린다.

케임스 경Lord Kames으로 불렸던 스코틀랜드의 철학자이자 데이비드 흄과 애덤 스미스의 스승이기도 했던 헨리 홈Henry Home은 "인간에게는 만인의 공평한 행복 추구를 촉구하는 박애 원칙이 있다"[12]고 씀으로써 이런 개념의 근본적 틀을 처음으로 밝힌 인물로 추정된다. 그 뒤에 허치슨은 개인적 행복 추구와 집단적 행복 사이의 연결고리 개념의 완결판이라 할 만한 글을 썼다. "각 행위자는 자신의 개인적 행복을 촉구하는 것과 공적으로 유용한 행동을 펼치는 것이 가장 확실한 방법임을 깨닫게 될 것이다. (중략) 마찬가지로, 공적으로 유용한 행동은 이를 지켜본 모든 관찰자에게 뭔가 소소한 이익을 베풀 수 있으며, 그로써 각 관찰자가 그 행동을 인정하면서 그 행위자를 아주 좋아하게 될 수 있다."[13]

또 한 명의 스코틀랜드 계몽주의 철학자이자 제퍼슨이 애독했던 저자, 애덤 퍼거슨Adam Ferguson 역시 사회에서의 개인적 충족감과 집단적 충족감은 서로 상호적 관계에 있다고 생각했다. "개인의 행복이 시민 사회에서의 중대한 목표라는 점 역시 사실이다. 그 구성원들이 따로따로 단절되어 행복하지 못하다면 대중이 어떻게 즐거울 수 있겠는가? 하지만 사회의 이익과 구성원들의 이익은 쉽게 융화된다. 개인이 대중에게 온갖 차원의 배려를 입는다면, 그 개인은 바로 그런 배려를 베풀면서 자신이 할 수 있는 한의 최대 행복을 얻게 된다."[14]

제퍼슨은 충족감의 사회적 역동성을 설파한 이런 계몽주의 사상을 받아들여 개인의 충족감 추구가 옳은 일일 뿐만 아니라 의무라는 결론에 이르렀다. 그것도 사회의 집단적 충족감을 높이기 위한 필수적 기제 역할을 하는 의무로 봤다. 자선 전략의 선구적 사상가 찰스 콜리어Charles Collier는 2006년에 펴낸 『가문의 부Wealth in Families』에서 자선가를 꿈꾸는 이들에게 제퍼슨의 이런 결론을 마음에 새겨두길 권하며 이렇게 썼다. "토머스 제퍼슨에 따르면 '행복의 추구'는 스스로를 알아가는 내면으로의 여행과 타인들에게 이바지하는 외부로의 여행과 두루두루 연관된 문제다."[15]

이런 관점에 비춰보면 독립선언서에서 제퍼슨이 작성한 글 중에서 가장 유명하고도 당혹스러운 이 문구는, 다크호스 계약의 동등한 적합성(당신의 충족감 추구 권리)과 개인적 책임(당신의 충족감 추구 의무) 모두를 축약시킨 표현인 셈이다.

충족감의 포지티브섬 게임

제퍼슨은 결함이 큰 사람이었다. 노예제를 잘못된 제도라고 믿으며 자신의 고향인 버지니아 주에서 노예제를 제한하거나 폐지시키려는 시도를 몇 차례 벌였지만, 결과적으로는 평생토록 600명 이상의 노예를 부린 노예 소유주였다. 같은 버지니아 주 출신의 동료인 조지 워싱턴을 비롯해 노예를 뒀던 몇몇 동료들은 임종 자리에서나마 용기를 내서 노예들을 해방시켰으나 제퍼슨은 그러지도 않았다. 남아 있는 기록이 확실히 증명하듯이 제퍼슨은 사생활에서 그 자신이 대중 앞에서 열렬히 옹호하던 원칙을 제대로 실천하지 못했다. 우리 모두와 마찬가지로 토머스 제퍼슨 역시 자신의 죄에 대해 책임 추궁을 받아야 마땅하다.

하지만 사람과 그 사람의 메시지를 분리해서 생각하는 일은 가능할 뿐더러 꼭 필요하다. 경우에 따라서는 착안자는 비난하면서 그 착안자의 착상은 높이 평가할 수도 있다. 뉴턴의 만유인력의 법칙은 뉴턴 자신의 도덕적 결함과는 무관하게 훌륭한 진리다. 제퍼슨의 충족감 개념 또한 그 저자가 드리우는 그늘을 걷어내고 권리이자 의무로서 바라볼 가치가 있다. 이 개념이 진정한 민주주의적 능력주의의 구축에서 중요한 열쇠이기 때문이다.

사회가 기관들에게는 모든 시민에게 개인의 충족감 추구 기회를 마련하도록 의무화하는 동시에 시민들에게는 충족감의 추구를 필수 의무로 지운다면 우수성이나 충족감 양면에서 포지티브섬 게임이 시행될 것이다. 단, 이때 지켜야 할 중대한 가정이 한 가지 있다. 개인적 충족감을 이루는 사람은 자신의 충족감 추구권을 지지한 사회에게 되돌려주는 것을 당연한 의무로 느끼게 될 것이라는 가정이다.[16]

앞에서 살펴보았다시피, 개인적 충족감의 추구가 개개인들에게 타인들의 충족감에 기여할 동기로 작용한다는 개념은 계몽주의 사상가들에게 신념의 문제였다. 그로부터 2세기가 더 지난 현재 이들의 신념이 결국엔 정확했음이 밝혀지고 있다. 실제로 다크호스 프로젝트를 통해 우리가 거듭거듭 확인한 바이지만, 개인적 충족감을 이룬 대가들은 진심으로 남들의 행복과 안위에 기여하고 싶은 바람을 품고 있었다.

자신의 직업에서 우수성을 획득했으나 특별히 자비심이 많지 않은 다크호스들조차 되돌려주고 싶은 충동을 강하게 느낀다. 애니 듀크Annie Duke는 아이비리그 명문학교에서 모범적인 인지언어학 박사 과정 학생이었다. 그녀는 대단한 학업 성적을 거두면서도 자신의 길이 아닌 삶을 살아가는 기분을 느꼈다. 그러던 어느 날 논문 마감이 불과 몇 달 남지 않은 시점에서 갑자기 박사 과정을 그만두고 몬태나로 옮겨가 촌구석 카지노의 담배 연기 자욱하고 난폭한 안쪽 방에서 포커 게임을 하다 뜻밖의 충족감을 발견했다. 그녀는 도박을 통해 새롭게 발견한 미시적 동기에 이끌려 라스베이거스에서부터 애틀랜틱 시티에 이르기까지 이곳저곳 포커 게임장을 돌며 7년 동안 허세부리기와 심리 읽기 기술을 열심히 갈고 닦은 끝에 텍사스 홀덤 토너먼트 챔피언전Texas Hold'Em Tournament of Champions에서 동세대 중 최고의 선수들과 맞붙게 됐다. 여성으로는 유일하게 다니엘 네그라뉴Daniel Negreanu, 필 헬뮤스Phil Hellmuth, 필 아이비Phil Ivey 같은 선수들과 나란히 결승전에 올라 이들 모두를 이기고 200만 달러의 상금을 차지했다.

하지만 애니는 맞수의 지갑을 털어내기 위해 온갖 수를 다 쓰는 분야에 전념했다고는 해도 더없이 예절 바르고 인정 많은 사람이다. 2012년에는 아예 포커를 그만두고 자선 활동에 전념했다. 특히 조기 교육에 각별한 관심을 갖고 모든 청소년에게 동등한 기회를 마련하는 일에 힘쓰고 있다. 비영리단체 하우아이디사이드How I Decide를 공동 설립해서 불우한 환경의 중학생들이 좋은 결정을 내릴 수 있도록 돕고 있다. 다수의 교육 관련 비영리단체에서 위원회 활동에도 참여하고 있다.

"제 동기와 관심사를 더 잘 알게 되면서 목표의식이 더 뚜렷해졌어요. 결국 제 정체성과 잘 맞으면서도 제가 가장 잘 할 수 있는 방향으로 자선 활동을 하게 되었죠. 제가 살면서 아주 큰 도움을 얻었던 한 가지를 꼽자면, 목적지를 의식하지 않고 새로운 선택들에 마음을 열어놓았던 자세였어요. 그래서 청소년들에게도 그런 자세를 북돋우려고 애쓰고 있어요. 곧고 좁은 길에 집착하면 자신에게 훨씬 잘 맞는 기회를 놓치기 마련이거든요."

비천한 환경에서 출발해 갖가지 난관과 수모를 견디고 마침내 충족감 있는 삶을 일구어, 남들 일에는 상관치 않고 힘겹게 이룬 성공을 만끽해도 누구 하나 손가락질 할 사람이 없는 다크호스들도 봉사를 삶의 중요한 부분으로 여겼다. 토머스 프라이스Thomas Price가 그런 다크호스였다. 토머스는 아프리카계 미국인 아버지와 백인 어머니 사이에서 태어났다. 단, 문제라면 당시에 그의 어머니가 백인 남자와 결혼한 상태였다는 것이다. 이 백인 남자는 태어난 토머스를 보고 충격과 분노에 휩싸여 한치의 의심도 없이 그 아이가 자신의 아들이 아니라고 확신했다. 몇 년 후 토머스의 어머니는 스스로 목숨을 끊고 말았다. 학대를 일삼던 '의붓아버지'는 토머스를 데리고 알래스카 주로 떠나 앵커리지에서 어떤 여자의 집으로 들어가 살았다. 그 뒤로 의붓아버지는 집을 나갔다가 돌아오지 않았다.

이제 14세의 토머스는 자신과 아무 관계도 없고 그를 돌봐줘도 실질적 득이 될 것도 없는 여자와 단둘이 남겨졌다. 그녀는 토머스에게 돈을 벌어 집세와 식비를 내라고 닦달했다. 토머스는 햄버거 가게에서 매주 40시간씩 일하며 어떻게든 고등학교를 마치려고 안간힘을 썼다. 토머스가 벌어온 돈은 그 여자가 다 가져갔다. 그렇게 15세가 되자 토머스는 이제 더는 그렇게 살 수 없다는 생각이 들어 그 집을 나와 마약 거래를 하는 어느 십대와 트레일러 생활을 했다. 토머스는 그때까지 살면서 자애롭거나 든든한 양육자를 접한 적이 없었지만 이제는 성인 보호자마저 없이 살게 됐다.

표준화 계약에 따랐다면 토머스에게는 우수성을 키울 희망이 희박했다. 아니, 이 정도도 약하게 표현한 것이고, 실상은 그보다 더욱 암울했다. 하지만 토머스는 자신의 방식대로 충족감을 추구했다. 요리와 주방식구들 사이의 우애에서 큰 낙을 느끼다 레스토랑에서 리더가 됐다. 그 뒤로 세계 여러 곳의 레스토랑에서 일하며 멕시코, 텍사스, 태국, 인도네시아 등지에서 지내다 시애틀에 왔다가 소믈리에 분야에서 민주주의적 능력주의를 발견하게 됐다.

소믈리에는 토머스에게 딱 맞는 분야였다.

2012년, 토머스는 57세의 나이에 마스터 소믈리에 자격증 시험에 합격하며 세계에서 가장 재능 있는 소믈리에의 대열에 오르게 됐다.

토머스는 보호자들에게 버려져 교육이나 보살핌, 온정이라는 것을 제대로 받지 못한 채 스스로 길을 개척해야 했다. 하지만 현재는 다른 사람들에게 봉사하는 일에서 자부심을 느끼고 있다. 접객업 부문에서 일류 전문가로서 활동하는 것에 그치지 않고, 마스터소믈리에협회의 교육위원회 위원장으로 활동하는 한편 비영리단체인 소믈리에교육재단조합Guild of Sommeliers Education Foundation의 장학담당 이사로 활동하며 와인업계에서 경력을 쌓고 싶지만 형편이 어려운 학생들에게 도움의 손길을 내밀고 있다. "큰 꿈을 꾸며 목표를 향해 정진하는 누군가에게 금전적 도움을 줄 수 있다는 건, 그야말로 벅찬 감동입니다. 장학금을 받을 때의 그 사람들 얼굴이 떠오르면 마음이 울컥해져요. 어렸을 때 돈이 없어 쩔쩔매던 시절을 생각하면 다른 사람들에게 되돌려주는 활동에서 굉장한 충족감을 느낍니다."

유대인 이디시어語 속담에 'A moshel iz nit kain rai'eh'라는 말

이 있다. '하나의 사례로는 증거가 되지 못한다'는 뜻이다. 개중에는 충족감을 찾은 사람들 모두가 남들을 도와야 한다는 의무감을 느끼는 것은 아니라고 주장하는 사람도 있을 것이다. 심지어 우리 두 사람이 다크호스들과 나눈 인터뷰는 자기선택적 편견에 치우친 것이라고 지적할 만도 하다. 실질적인 보수도 없이 두 과학자에게 자신들의 인생사를 허심탄회하게 털어놓은 면모로 미뤄봐도 남들을 돕는 일에 호감을 가진 사람들이었을 것이라고. 둘 다 충분히 제기할 만한 비판이다. 그런데 또 한편으로 생각하면, 그렇게 많은 다크호스들이 배경도 각양각색이고 서로 다른 여정을 걸어왔는데도 결국엔 남들이 더 나은 삶을 살도록 힘쓰게 됐다면 그것은 무시하기 힘든 한 가닥의 증거가 아닐까?

하지만 결론적으로 따지자면 충족감이 필연적으로 모든 개개인에게 사회에 기여하고 싶은 마음을 갖게 해준다는 점의 증명 여부는 여기에서의 핵심이 아니다. 정작 중요한 문제는 당신만이 대답할 수 있는, 다음의 아주 단순한 문제로 귀결된다.

당신이라면 어떤 기회 시스템을 지지하고 싶은가? 쿼터주의인가, 아니면 민주주의적 능력주의인가?

당신은 표준화 계약하에서 당신과 같은 시민들이 타인들에게 자비심을 느낄 것이라고 믿는가? 쿼터와 동시심으로 인해 사회에서 가장 좋은 기회를 제대로 얻지 못하는 대다수 사람들이 특권층 소수의 충족감을 위해 자신들의 충족감을 희생시킨 사회에 되돌려주고 싶은 충동을 느낄 것이라고 믿는가?

아니면 당신과 같은 시민들이 동등한 적합성에 힘쓰는 사회에서 누구나 다, 그리고 모두가 다 자신의 조건에 맞게 충족감의 추구를 지원받고 있다고 느끼며, 타인들에게 자비심을 느낄 것이라고 믿는가?

우리의 기관들은 쿼터주의를 지키고 표준화 계약을 유지하는 임무를 떠맡고 있다. 반면에 다크호스 계약은 우리 한 사람 한 사람 모두가 승인하고 지지해줘야 한다. 동등한 적합성만이 아니라 개인의 책임까지도 중요시하는 사회에서는 당신 자신의 의지력이 언제나 중요하다. 민주주의적 능력주의가 충족감의 포지티브섬 게임으로서 제대로 기능하려면 우리 각자가 서로서로 도우려는 의무감을 강하게 느껴야만 한다. 그리고 이 의무감을 개개인성이 중요시되는 사회 계약으로 떠받쳐야 한다.

제퍼슨이 주장한 이런 사회는 행복 추구의 몽상적인 비전이 아니었다. 시대를 앞선 이상이었다.

이제는, 그 이상에 걸맞는 시대가 도래했다.

이 경이로운 기회는 미국 식민지들의 가장 총명한 인물들이 서로의 의견 차이를 제쳐놓고 궁극적 승리를 위해 서로 어깨를 맞대고 싸웠던 시대의 여명기에 탄생됐다. 즉, 언젠가는 모든 사람에게 생명, 자유, 그리고 충족감의 추구가 보장될 수 있는 독립된 나라를 꿈꾸면서 탄생된 것이다. 이런 기회가 실현 가능해지려면 우수성을 이루기 위한 충족감의 추구에서 개개인성을 활용하는 데 전념해야 한다. 당신 자신의 충족감을 추구할 자유가 궁극적으로 다른 사람들이 그들 나름의 구불구불한 경로를 따라 걸을 자유를 지지해주느냐에 달려 있음을 알아야만 한다.

이것은 줄곧 우리에게 지워져 있던 의무였다.

이왕에 지워진 의무라면 끝까지 완수해보자.

공저자가 함께 전하는 감사 인사

우리는 그토록 쓰고 싶었던 책을 이렇게 펴내게 되어 감사하게 생각한다. 우리가 구불구불한 경로를 따라 이런 정상에 오르기까지는 훌륭한 여러 분들이 없어서는 안 될 도움을 줬다.

뛰어난 실력의 편집자 기드온 웨일의 열정과 신뢰가 없었다면 이 책은 세상에 나오지도 못했을 것이다. 우리의 아이디어에 날개를 달아주면서 우리가 자유롭게 생각을 펼치며 글로 담아낼 수 있도록 잘 인도해준 점에 대해 감사드린다. 대체불가능한 출판 대리인 하워드 윤에게도 우리가 다른 문제에 신경 쓰지 않고 온전히 우리 자신이 되어 일할 수 있도록 온갖 일들을 잘 처리해줘서 고맙다는 인사를 전한다.

변호사들을 헌정하는 명예의 전당이 있다면 우리는 크리스 벳케를 추천하고 싶다. 언제나 맡은 의무 이상의 조언과 권고로 이끌어주며 우리의 꿈을 밀어준 고마운 사람이다.

세상에 둘도 없이 다정하고 사람 좋은 제작 편집인 수잔 퀴스트는 일 처리가 빠르고 솔직담백하기도 해서 함께 일하는 시간이 즐거웠다. 수잔, 앞으로도 책을 쓰게 되면 무조건 당신에게 편집을 맡기고 싶어요. 실력파 교열자 제시 돌치는 예리한 눈으로 시종일관 균형감각을 발휘하며 원고의 구멍과 결함을 놓치지 않게 해줬다. 브루노 가초니는 남다른 3차원적 관점을 가진 귀재다. 브루노를 만나 멋진 재능의 덕을 누리게 된 우리는 정말 행운아들이다.

포퓰리스의 팀원들은 꾸준히 영감을 자극하고 정신적 지지를 보내줘서 언제나 든든한 의지처였다. 빌과 듀이 로제티, 데비 뉴하우스, 월터 하스, 브라이언 데일리, 패리사 루하니, 로리 헨더슨, 리자 바숑, 타냐 곤잘레스, 테레사 칼리노스키에게 감사의 인사를 보낸다.

개개인학 연구와 다크호스 프로젝트를 위해 힘을 실어준 전 하버드 교육대학원 학장, 짐 라이언에게도 더없이 귀한 은덕을 입었다.

미국 변광성관측자협회American Association of Variable Star Observers의 임원 스텔라 카프카는 천체와 관련된 질문에 대답을 하는 것으로만 그치지 않고 구불구불 굽은 길을 걸어온 천문학자를 찾는 일도 도와줬다.

개조련사협회의 맨디 로버츠와 미국외교협회American Foreign Service

Association의 케네스 케로 멘츠에게, 전국공인조산전문가협회National Association of Certified Professional Midwives의 타냐 케멋, 「조산 및 여성건강 저널Journal of Midwifery & Women's Health」의 프랜시 리커스, 지도제작및지리정보협회Cartography and Geographic Information Society의 매튜 라이스, 국제해양동물조련사협회International Marine Animal Trainer's Association의 그레이 스태퍼드, 미국천문학협회American Astronomical Society의 릭 핀버그, 보스턴건축가협회Boston Society of Architects의 폴리 카펜터, 「버딩Birding」지의 테드 플로이드, 미국보존협회American Institute for Conservation의 에릴 웬트워스에게도 뜨거운 감사의 마음을 전한다.

굉장히 건설적이고 체계적인 제시카 케네디를 위시해 전미생산성및정리전문가협회의 멋진 회원들을 떠올리면 언제나 존경과 경의와 애정의 마음이 우러나온다. 수 파인, 로리 반데 크롤, 스테파미 맥그래스에게도 각별한 감사의 마음을 전한다.

서던 뉴햄프셔 대학교 덕분에 대학의 미래상을 엿볼 수 있었다. 학장인 폴 르블랑은 열정 넘치는 몽상가이자 학계의 마법사이자 인간 발전기 같은 정력가이며, 크리스티나 러셀과 리비 메이가 그 곁에서 보좌 마법사 역할을 해주고 있다.

서밋 공립학교의 성취 사례를 살펴보는 순간은 감탄의 연속이었다. 교육의 가능성과 더불어 교육의 의무가 뭔지에 대해 눈뜨게 해준 다이앤 태베너와 조사에 협조해준 미라 브라운에게 감사 인사를 보내고 싶다.

다크호스 프로젝트에 너그럽고 따뜻한 마음으로 협조해준 몇 분에게도 따로 감사 인사를 전하고 싶다. 다음 식사 때 우리가 첫손으로 꼽을 소믈리에인 마이클 미거, 아쉽게도 막판에 이 책의 사례 후보자에서 빠지게 된 비범한 실력자 제니스 카트, 본문에서 소개하지 못하고 아쉽게나마 참고문헌에서 소개하게 된 마블 영화 제국의 음지의 영웅 라스 윈더에게 감사드린다. 이 걸출한 다크호스들은 조만간 우리 두 사람의 차기작에 등장하리라 장담해도 좋다. 우리에게 미국의 열기구 비행사들을 소개시켜준 데이비드 탠저에게 감사 인사를 전하면서, 언젠가 우리를 하늘 위로 태워다줄 그날을 아직도 고대하고 있다. 미국의 여걸 미셸 카터는 모범적 인간상을 보여줬다. 사랑스러운 영혼을 가진 로렌스 밀먼은 이 책에 인습 타파의 정신을 불어넣었다. 머지않아 우리 두 사람이 그에 대해 더 많은 이야기를 세상에 전하게 될 것이라 확신한다. 역시 충분히 자격이 되지만 미처 이 책에 소개하지 못한 매튜 애플게이트도 언젠가 곧 세상에 소개할 날이 오리라 믿는다. 그리고 애니 듀크는 포커 테이블에서 만날 일이 없기를 바라마지 않는 바이지만 다크호스 프로젝트를 더욱 확대할 수 있도록 응원해주고 영감을 자극해준 점에 대해서는 로열 플러시(같은 조의 ace, king, queen, jack, 10의 5장이 연속된 최고의 패—옮긴이)급 감사 인사를 보내고 싶다.

　다음의 우리 연구원들에게도 꼭 감사 인사를 드리고 싶다. 조단 해로드, 로스카 라즈반, 밀로스 비다코비치, 라두 라두, 사라 슈미트, 올렉 타가노프, 제이미 밀러, 에밀리 커틴, 아서 콜파코브, 헨리 마르코스, 닉 윌로우스, 타냐 골드마커. 그리고 우주론 영역에 문외한인 우리에게 도움을 준 세 분의 천문학자 데이비드 호그, 스캇 가우디, 데이비드 샤르보느와 육상경기의 기본을 알려준 두 분의 코치 다시 윌슨과 브레너 애벗에게도 감사드린다.

원고 작업에서 크고 작은 도움을 준 제니퍼 머피, 드리스 주크리, 론 태너, 칼림 살리바, 다라 카예, 케일린 로즈, 샌디 오가스, 헤이코 스팰에게도 고마움을 느끼고 있다.

우리의 연구에 지적 토대를 깔아준 세 분의 과학자 피터 몰레나, 커트 피셔, 리처드 러너는 남들과 다른 새로운 차원의 관점으로 인간을 바라본 용기 있는 선구자들이다.

마지막으로 누구보다 감사드릴 분들이 있다. 어떤 말로도 감사의 마음을 다 전할 수 없는 다크호스 프로젝트의 다크호스들이다. 이 책은 궁극적으로 그분들에게 바치는 헌사다.

사적인 감사 인사

케일린, 오스틴, 나단, 이 여정에서 즐거울 때나 힘들 때나 늘 함께 해줘서 고마워요. 그동안 보여준 애정과 격려가 정말로 큰 힘이 되었어요. 이런 책을 쓰는 사람과 결혼해서 살려면 인내심이 필요한데 그런 인내심 많은 배우자를 만난 나는 분에 넘치게 복 받은 사람이다. 그야말로 든든한 지원군이다.

다크호스형 인생의 완벽한 롤모델이 되어준 부모님 래리와 리다, 그리고 더 이상 바랄 게 없이 좋은 내 형제들인 킴, 더그, 케빈, 미시에게 감사드린다.

포퓰리스의 공동설립자이자 이 신나는 모험의 공모자인 패리사 루하니에게 각별한 감사 인사를 보낸다. 당신의 비전과 헌신, 그리고 분야를 넘나드는 일 처리 능력이 없었다면 이런 모험은 불가능했을 거예요.

언제 봐도 얼굴에 절로 미소가 지어지는 대자녀, 오드리와 에밀리 루하니-사다피에게도 고맙다.

— 토드 로즈

내가 짧지 않은 기간 동안 구불구불 굽은 길을 걸으며 한 걸음 한 걸음을 뗄 때마다 늘 곁에 있어주며 오랜 세월을 견뎌준 부모님께 감사드린다. 누구보다 오랜 시간을 함께 해온 공저자이자 절친한 친구, 사이 카이탄야는 이 책이 유익한 방향으로 향하도록 유도해줬다. 어느새 훌쩍 자란 기특한 미라, 그리고 좋을 때나 힘들 때나 이 책이 잘 되도록 힘을 실어준 바질, 자허, 제레미, 내 형제들에게도 고맙다. 림은 자신도 곧 책을 쓰려고 구상 중인 와중에도 티 내지 않고 조용히 큰 도움을 줬다.

하지만 가장 고마운 사람은 이 우주에서 나와 같은 곳을 보는 유일한 한 사람이다. 당신이 없었다면 나는 아직도 산 밑에 발이 묶여 풀 죽어 있었을 겁니다. 당신이 없었다면 나는 아직도 불같은 감정이 앞서 생각을 글로 온전히 옮기기도 못했을 겁니다. 토풀, 당신이 없었다면 『다크호스』는 이런 모습이 아닌, 두 얼굴의 괴물이 되었을 거예요.

　　　　　　　　　　　　　　　　　　　　　　　− 오기 오가스

참고문헌

서문 틀을 깨다

1. John Archibald Wheeler, "How Come the Quantum?" *Annals of the New York Academy of Sciences* 480 (1986): 304~16.
2. 당시에 제니는 경마 기수를 꿈꿨다. 남자들 사이에서 홍일점으로 훈련을 받다가 낙마 사고로 턱이 깨지는 부상을 입는 바람에 경마 기수의 꿈을 접었다.
3. 이 행성의 발견은 다른 팀 멤버들과의 공동 발견이었다. 그중 아마추어 천문학자(생체공학 박사 학위가 있는 남자)가 한 명 더 있었지만 이 사람은 정부 지원금을 받는 오클랜드 천문대에서 14인치 망원경으로 관측을 한 경우였다. 공동 발견자 중에서 집 뒤뜰에 설치한 망원경으로 관측한 사람은 제니뿐이었다.
4. 『젊은 공작』은 훗날의 영국 총리에 오르게 되는 벤저민 디즈레일리(Benjamin Disraeli)가 1830년에 그랜드 투어(17세기 중반부터 19세기 초반까지 유럽, 특히 영국 상류층 자제들 사이에서 유행한 유럽여행-옮긴이)를 앞두고 경비를 마련하기 위해 쓴 책이다.
5. Napoleon Hill, *The Law of Success in Sixteen Lessons* (Lexington, KY: Tribeca, [1928] 2012), 전문(前文).
6. Bureau of Labor Statistics, "Number of Jobs, Labor Market Experience, and Earnings Growth Among Americans at 50: Results from a Longitudinal Survey," August 24, 2017. 또한, 포레스터 리서치(Forrester Research)의 클레어 스쿨리(Claire Schooley)도 밀레니얼 세대(1980년대에서 2000년대 사이에 태어난 세대-옮긴이)가 평생 12~15번 정도 직장을 옮길 것으로 전망했다. *Fast Company*, March 1, 2006, https://www.fastcompany.com/55827/creating-gem-career.
7. 피터 드러커가 다음에서 결론지은 내용이다. *Managing Oneself* (Cambridge, MA: Harvard Business Press, 2008), 55.
8. 2018년 1월 30일에 서던 뉴햄프셔 대학교의 폴 르블랑(Paul LeBlanc) 학장에게 받은 이메일에서 참조함.

1장 표준화 계약

1. 헨리 포드는 『브래태니커 백과사전(Encyclopædia Britannica)』에 수록된 '대량 생산(Mass Production)' 항목의 도입 문구를 직접 썼다. 놀랄 이야기도 아닐 테지만, 헨리 포드는 포드 모터 컴퍼니를 "보다 지능적인 관리"와 효율성의 원칙을 모범적으로 보여주는 선도적 기업으로 소개했다.

2. 다음에서 인용함. John F. Love, *McDonald's: Behind the Arches* (New York: Bantam, 1986), 144.

3. Robert Kanigel, *The One Best Way: Frederick Winslow Taylor and the Enigma of Efficiency* (Cambridge, MA: MIT Press, 2005), 169. "우리 제도에서는 사람들에게 주도성을 요구하지 않는다. 주도성을 갖길 원하지도 않는다. 사람들에게 원하는 것은 명령대로, 시키는 대로 재깍재깍 행동하는 것이다."

4. 아이러니한 일이지만 개인화의 시대에서는 사람들의 표준화보다는 상품의 표준화를 먼저 줄이고 있다. 맞춤형 교육보다 맞춤형 휴대폰이나 구두의 수요가 더 높다.

5. 부모님, 교육자, 고용주 들이 너도나도 우수성의 추구가 충족감으로 이어진다는 신념을 지지하면 그 소리를 듣고 자라는 청소년들도 필연적으로 이런 가치관을 내재화하게 되고, 이는 종종 치명적 파국을 불러온다. 실제로 우리 두 사람이 개인적으로 아는 학생들 중에서 몇 명이 자살했다. 이들이 이렇게 자살까지 이른 데는 표준 이하의 학업 성적에 대한 비관도 어느 정도의 이유로 작용했다. 1960년대에는 미국의 표준화 계약이 일시적으로 '남들 모두와 똑같되 더 뛰어나지 못하면 베트남에나 가야 한다'는 식으로 수정되면서 대학 진학의 일직선 경로에 충실히 따르는 것이 생사를 좌우하는 문제가 되는 경우가 많았다. 우리와 인터뷰를 가졌던 다크호스이자, 사회사업가였다가 천문학자가 된 빌 고프(Bill Goff)도 어려운 물리 기말시험을 치르던 1968년의 회고담을 들려줬다. 그 시험에 떨어지면 대학을 포기하고 군대에 징집될 것이 뻔해서 긴장했다고 한다. 결국 그는 시험에서 떨어져서 대학을 포기하고 징집됐다. 그리고 마음 아픈 1년 동안 동남아시아 밀림의 전쟁터에서 명예롭게 복무했다.

6. 개개인학은 19세기 통계학의 평균과 연관성, 그룹 중심 방식을 거부하고 집단보다 개인을 우선시하는 방식으로, 맥락적이고 역동적이며 다차원적인 21세기의 역학 시스템 이론을 지지한다. 부상 중인 개인맞춤형 의료, 개인맞춤형 영양치료, 개인맞춤형 유전학, 개인맞춤형 트레이닝, 개인맞춤형 학습 등의 분야에서 진행되는 연구는 모두 개개인학을 바탕으로 삼고 있다.

1. 우리는 제2장에 실을 명언으로 노동운동 지도자 새뮤얼 곰퍼스(Samuel Gompers)의 말도 고려했었다. 표준화 시대의 여명기인 1911년에 산업의 '테일러주의'(표준화)에 대한 첫 의회 청문회에 참석해서 발언했던 다음의 증언이었다. "이 테일러 시스템이 작동되면 (중략) 상품과 물건은 대량으로 생산될 테지만, 이 시스템을 인간과 연관 지으면 곧 파괴를 의미하게 됩니다 (중략) 테일러 시스템은 부를 창출하긴 하겠지만 인간을 기진맥진하게 내몰 것입니다. 생산이 삶의 필수적인 요소 중 하나라는 점에는 이의를 제기할 사람이 없겠지만, 또 점점 늘어나는 수요를 충당하기 위해서는 대량 생산은 계속되어야 하겠지만, 그런 문제 말고도 고려해야 할 주되고 더 중요한 문제들도 있습니다. 바로 인간의 지능, 체력, 정신, 마음, 희망, 꿈을 육성시켜 더 차원 높은 성취의 기회를 마련해주기도 해야 합니다."

2. Valerie J. Calderon and Daniela Yu, "Student Enthusiasm Falls as High School Graduation Nears," June 1, 2017, Gallup, http://news.gallup.com/topic/gallup_ student_poll.aspx.

3. "State of the American Workplace Report," http://news.gallup.com/ reports/199961/state-american-workplace-report-2017.aspx.

4. Education Week Research Center, "Engaging Students for Success: Findings from a National Survey," https://www.edweek.org/media/ewrc_ engagingstudents_2014.pdf.

5. Scott Turansky, "10 Ways to Motivate Your Child," iMOM, http://www.imom. com/10-ways-to-motivate-your-child/#.WrULEmaZN-g.

6. "Twenty Tips on Motivating Students," University of Nebraska-Lincoln, Office of Graduate Studies, https://www.unl.edu/gradstudies/current/teaching/ motivating.

7. Stephanie Jankowski, "Light a Fire! 10 Unconventional Ways to Motivate Students," We Are Teachers, June 29, 2015, https://www.weareteachers.com/ light-a-fire-10-unconventional -ways-to-motivate-students/.

8. 우리가 동기의 표준화된 개념과 다크호스형 개념을 구분하기 위해 '미시적 동기'라는 용어를 채택한 데는 두 가지 이유가 있다. 첫 번째 이유는, 미시적 동기가 아주 작은 단위이기 때문이다. 다크호스들이 이루는 개인화된 성공에서 잘 드러나듯이, 포괄적이거나 이른바 보편적인 개인적 동기(예를 들면, 정리 욕구)는 대개 훨씬 더 구체적인 동기(예를 들어, 물리적 공간을 정리하고 싶은 욕구)로 범위가 좁혀질 수 있다. 따라서 미시적 동기는 개인적 동기에서 진가를 제대로 인정받지 못하고 있는 깊이를 반영한다. 두 번째 이유는 각 사람의 동기 성향이 여러 별개의 동기들로 구성되어 있기 때문이다. 다시 말해, 미시적 동기는 개인적 동기에서 진가를 제대로 인정받지 못하고 있는 폭을 반영하기도 한다.

3장 선택 분간하기

1. 1899년 2월 22일, 버지니아주민주당협회(Virginia Democratic Association)가 워싱턴 DC에서 주최한 워싱턴의 날(초대 대통령인 워싱턴의 생일—옮긴이) 기념연회에서 행해진 연설. 다음의 저서에서 인용함. Arthur Charles Fox Davies, ed., *The Book of Public Speaking*, 3 vols. (London: Caxton Pub., 1913), 2:120.

2. "How Many Products Does Amazon Sell?—January 2018," ScrapeHero, https://www.scrapehero.com/many-products-amazon-sell-january-2018.

3. 적합성이라는 개념은 반응규격(norm of reaction)이라는 생물학 개념과 비슷하다. 이 개념은 스콧 베리 카우프만(Scott Barry Kaufman)의 다음 저서를 참고했다. *The Complexity of Greatness: Beyond Talent or Practice* (New York: Oxford Univ. Press, 2013), 7. "우선, 모든 사람은 어떤 분야에서건 발현 가능한 지능과 재능에서 일정 분포를 갖고 있다. 그 사람이 실제로 발현하는 수준은 그 사람의 발현 가능한 유일한 수준이 아니며, 그 가능성은 환경조건에 따라 달라진다. 진화생물학계에서는 이런 분포를 일명 반응규격이라고 부른다. 반응규격이란 특정 유전자형(型)이 여러 환경조건에서 발현 가능한 범위를 의미한다."

4. 수잔은 우리에게 다음의 말도 덧붙여 들려줬다. "저는 그때 제 행적을 꿰고 있었어요. 1978년에 남편을 버리고 나온 날이 1월 8일이었으니 엘비스의 생일에 가출한 것이었고, 자유를 맞은 첫날이 지미 페이지(Jimmy Page, 영국의 록 기타리스트이자 싱어송라이터—옮긴이)의 생일(1월 9일)이어서 잊을 수가 없었죠."

5. 토드 로즈의 『평균의 종말(The End of Average: How We Succeed in a World That Values Sameness)』(New York: HarperOne, 2015)에서는 여러 과학적·수학적 증거를 근거로 들며 평균적인 신체 치수, 평균적인 재능, 평균적인 지능, 평균적인 성격 같은 것은 없음을 잘 설명해놓았다. "평균적인 인간과 관련된 현대의 이런 개념은 엄밀한 진실이 아니라 인간의 잘못된 통념이며 150년 전에 유럽의 두 과학자가 당시의 사회문제를 해결하기 위해 도출해낸 발상이 그 시초였다. (중략) 우리가 사는 지금은 더 이상 산업 시대가 아니다. 현재의 우리는 그때와는 아주 다른 문제에 직면해 있다. 게다가 과학과 수학의 수준이 19세기에 비해 비약적으로 발달했다."(국내 번역서 31~32쪽) "그렇다고 해서 평균이 아무짝에도 쓸모없다는 이야기는 아니다. 평균에도 나름의 역할이 있다. 서로 다른 두 그룹의 사람들을 비교할 경우라면, 그러니까 예를 들어 각자 다른 그룹에 속한 두 명의 개인을 비교하는 것이 아닌 칠레의 조종사들과 프랑스의 조종사들 간의 실력을 비교할 경우라면 이때는 평균이 유용한 역할을 해준다. 하지만 한 사람의 조종사나 한 사람의 배관공이나 한 사람의 의사가 필요한 순간이거나, 이 아이를 가르쳐야 하거나 저 종업원을 채용할지 말지를 결정해야 하는 순간이라면, 다시 말해 어떤 개개인과 관련된 결정을 내려야 하는 순간이

라면 평균은 쓸모가 없다. 아니, 쓸모없다는 말도 과분한 표현이다. 평균이 사실상 한 개인의 가장 중요한 면모를 알아보지 못하게 속일 경우엔 허위 정보를 제공하는 격이기 때문이다."(국내 번역서 31쪽)

6. 사실, 이것이 기관들에서 기관의 자체적 위험을 자신들이 짊어지지 않고 당신의 어깨로 떠넘기는 주된 방식이다. 제한된 범위의 선택지 중에서 고르도록 강요함으로써 전적인 통제력을 발휘하고, 당신에게는 기관의 선택 요구에 순응하도록 부담을 지운다. 의무 교재나 선생님이나 의무 교과 과정이 잘 맞지 않아도 어쩔 수 없다는 식이다. 결국 이런 적합성 부족의 대가를 치르는 것은 기관이 아니라 당신이다. 기관과 당신 사이의 차이는 여우와 토끼의 차이와 같다. 여우는 먹잇감을 잡으려고 달리지만 토끼는 살기 위해 달린다. 여우는 목숨을 부지하려면 가끔씩만 사냥에 성공해도 된다. 하지만 당신에게는 부담이 훨씬, 훨씬 높다.

7. 자신이 꿈꾸던 사람이 되면 그 꿈을 성취하게 해준 공동체에 보답하고 싶어지는 법이다. 2년 전에 장애인들에 대한 인식 변화를 위해 힘쓰는 자선단체인 용기있는얼굴들재단(Courageous Faces Foundation)의 이사회 임원이 앨런을 찾아왔다. 이 여자 임원은 앨런에게 재단의 대사로 있는 한 사람의 사연을 들려줬다. 레지 빕스(Reggie Bibbs)라는 이름의 남자로, 신경섬유종증이라는 유전자질환을 앓고 있어 왼쪽 얼굴과 왼쪽 다리에 수술 치료가 불가능한 거대 종양이 있다고 했다. 레지는 보기 흉한 모습 때문에 사람들이 빤히 쳐다보거나 인상을 써서 외출도 잘 하지 않았다. 재단 임원은 뒤이어 재단측에서 뉴욕의 한 디자이너에게 레지의 바지를 의뢰했던 이야기도 들려줬다. 레지의 아래쪽 다리 굵기가 허리 둘레와 비슷하다 보니 만만치 않은 도전이긴 했지만 의뢰했다가 받은 바지는 정말로 형편 없었다고 한다. 사연을 들은 앨런은 자신이 레지에게 더 근사한 바지를 만들어주겠다고 제안했다. 앨런은 레지를 만나 치수를 쟀다. 하지만 그냥 바지만 만드는 것으로 끝나지 않고 정장 양복, 스포츠 재킷, 와이셔츠, 캐주얼 셔츠, 넥타이, 벨트, 청바지 등 모두 10,000달러 상당의 옷을 디자인했다. 앨런에게 이 일은 새로운 영역으로 들어서도록 자극하는 또 다른 기회였다. 앨런은 힘들게 배운 기술을 모두 동원하며 자신의 디자인 과정에서 가장 중요한 요소인 고객별 특성에 맞춘 배려도 빼놓지 않았다. 레지와 함께 시간을 보내며 그가 어떤 사람이고 무엇을 열망하는지 헤아렸다. 같이 있어 보니 레지가 제일 힘들어하는 부분이 무엇인지 느껴졌다. 많은 사람들 사이에서 눈길을 끌지 않길 바라면서도 또 한편으론 신체적 결함과는 별개로 자신만의 정체성을 세우고 싶어 하는 것도 같았다. 이런 배려의 시간을 가진 끝에 앨런은 재치있는 유머 감각이 있고 타고난 열정을 번번이 억눌려온 남자에게 어울릴 만한 옷을 디자인했다. 드디어 앨런이 새로 만든 옷들을 보여주던 날, 레지는 놀라움을 주체하지 못했다. 앨런은 그때를 이렇게 회고했다. "살면서 가장 감동스러웠던 한 순간이었어요. 51세의 남자가 저에게 평생 처음으로 옷이 잘 맞는 기분을 느꼈다고, 자기가 남들과 다르지 않게 느껴졌다고 말하는데 어떻게 감동

하지 않겠어요? 그분은 눈물을 멈추지 못하더군요. 저 역시 눈물을 흘렸어요. 몸에 제법 잘 맞는 옷을 골라 입는 것쯤이야 우리 모두에겐 당연하고 평범한 일이었지만 그분은 그 전까지 한번도 경험한 적이 없었던 겁니다. 그 일로 마음이 정말 겸허해져서 앞으로도 서 있을 힘이 남아 있는 한 그런 활동을 계속 이어갈 생각입니다." 앨런은 외모 때문에 소외받는 사람들에게 자존감과 자부심을 되찾아준 공로 등을 인정받아 2016년에 용기있는얼굴들재단으로부터 세계 인도주의 상을 받았다. 지금까지 앨런은 절단수술로 팔·다리를 잃은 이들, 왜소 체격을 가진 이들, 발작과 마비로 고통받는 이들, 척추 피열(披裂)이나 근위축성 측색 경화증(루게릭병) 같은 선천성결손을 가진 이들, 즉 다시 말해서 앨런의 뛰어난 솜씨가 누구보다 더 필요한 사람들에게 구준히 맞춤 옷을 만들어줬다.

8. 그 이유는 (복잡성 이론만이 아니라) 역동적 시스템 이론의 비선형적인 기본원칙 때문이다. 수학 용어로는 '초기 조건에 대한 민감성(sensitive dependence on initial conditions)'이라고 부르는 이 기본원칙이 흔히들 '나비효과'로 부르는 바로 그 원칙이다.

4장 전략 알기

1. 마빈 민스키, 『마음의 사회(The Society of Mind)』(Simon and Schuster: New York, 1988), 29.

2. '3×3×3 큐브 빨리 맞추기 공식', https://www.speedsolving.com/wiki/index.php/3x3x3_speedsolving_methods. 수학적으로 증명된 방법으로, 어디에서부터 시작하든 20번 이하의 회전 만에 맞출 수 있지만(20은 큐브 선수들 사이에서 신의 숫자로 통합) 기존 전략들의 유효성이 이 방법에 못 미쳐서 아직도 빨리 맞추기 공식을 향상시킬 여지가 많다.

3. 의료계, 법조계, 과학계 같이 고도로 표준화된 직업 분야에서는 해당 직업의 종사자들에게 단 하나의 최상의 방법을 강요하는 경향이 특히 높다. 이런 분야에서 당신에게 가장 좋은 전략을 발견하기 힘든 이유는, 심지어 기관의 전략에 결함이 뻔히 보이는 경우에조차 표준화 계약의 권한이 너무 전방위적이기 때문이다. 예를 들어, 매사추세츠 주에서 치과의사 면허를 받으려면 1890년대에 개발된 충치 충전법[G. V. 블랙(G. V. Black)의 '아말감 균형법(balanced amalgam formula)']에 대한 지식을 증명해야 한다. 이미 블랙의 치료법이 새로운 복합재료를 쓰는 훨씬 더 뛰어난 충치 충전법들에게 자리를 내준 상태인데도 말이다. 현재는 치과 대학의 거의 모든 졸업생이 블랙의 방법을 굳이 쓰지 않고도 평생 치과 의사로 일하는 데 지장이 없다. 그런데도 매사추세츠 주의 면허 시험에서는 아직까지도 한물간 이 치료법의 지식을 테스트한다. 왜 그렇게 하는 것일까? 이전의 면허 시험에서 매번 이 치료법을 필수 항목으로 다뤘기 때문이자, 시험 담당 행정관들 대다수가

1960년대와 1970년대에 블랙의 치료법으로 수련을 받은 사람들이기 때문이다. 이는 단지 1980년대에 개발된 낡은 소프트웨어의 유지보수 업무에 채용될 경우를 대비해서 모든 컴퓨터 프로그래머의 취업 능력을 한물간 프로그래밍 언어인 코볼(COBOL)의 구사 능력에 따라 평가해야 한다고 주장하는 격이다. 기관들이 툭하면 들먹이는 치료법 표준화의 활용 근거는 환자의 안전을 확실히 지키기 위한 방도라는 말이다. 하지만 대체로 이런 표준화된 치료법들은 기관들 자신의 재정과 평판 상의 안전을 지키는 데만 유용할 뿐이다. 어떤 병원이나 의사가 표준화된 치료법의 모든 단계를 표준적 방식으로 잘 따랐음을 증명할 수 있으면 의료과실 소송으로 기소하기가 이루 말할 수 없이 어려워진다. 블랙의 충치 충전법은 치료 효과가 대체로 아주 좋은 편이긴 하지만 구식 방법인 탓에 통증과 감염, 치아균열의 문제를 겪는 사람들이 적지 않다. 이런 달갑지 않은 후유증이 나타날 경우에 치과 의사들이 공식적으로 취하는 입장은 환자의 '특이한 치아 구조'의 탓으로 돌리는 것이다. 평균적으로는 치료 효과가 좋지만 개개인적으로는 효과가 그다지 좋지 않은 치료법에 연연한 치과 의사는 탓하지 않는다.

4. 표준화 계약에서는 당신의 개인적 동기에는 별 관심이 없다. 하지만 당신의 개인적 장점을 파악하는 방면으로는 관심이 대단하다. 기관들은 표준화된 시험, 등급, 일대일 시합 등등 끝도 없이 이어지는 평가로 당신의 장점을 추정한다. 학교에서는 분석적 추론을 통해 당신의 재능이 평균 이상이거나, 당신의 비올라 연주 실력이 평균 이하이거나, 당신의 어휘력이 같은 또래에서 최상위 등급에 가깝다는 식의 평가를 내린다. 이런 평가들은 언뜻 생각하면 분별 있고 과학적인 것 같다. 하지만 이 모든 평가는 표준화 계약이 당신의 장점을 놓고 자기 위주식인 데다 수학적으로 설득력도 없는 잣대를 들이대는 전형적인 사례일 뿐이며, 대체로 당신의 재능과 잠재력의 본질과는 상관이 없다.

5. Matthew H. Schneps, J. R. Brockmole, L. T. Rose, et al., "Dyslexia Linked to Visual Strengths Useful in Astronomy," *Bulletin of the American Astronomical Society* 43 (2011), http://adsabs.harvard.edu/abs/2011AAS . . . 21821508S [초록(抄錄)]

6. 표준화 계약에서는 장점을 중심으로 정체성을 세우도록 부추긴다. 당신이 스스로를 타고난 피아니스트나 재능 있는 요리사나 수학 천재 같은 식의 자아상을 세우길 바란다. 이러면 이력서를 채우기에는 좋겠지만, 불명확한 장점을 바탕 삼아 자아개념을 세우는 것은 모래 위에 집을 짓는 것과 같다. 당신의 여러 장점 중 하나가 하룻밤 사이에 사라진다면 어떨까? 이런 일은 드물지 않다. 실제로 피아니스트가 사고를 당해 손을 잘 못 쓰게 되거나, 요리사가 미각을 잃거나, 회계사가 복잡한 산술 능력을 잃는 등의 경우가 흔하다. 불명확한 장점들에 입각해서 자아상을 세우면 그렇게 갑자기 장점을 잃었을 때 타격이 굉장히 클 위험이 있다. 굳이 그런 위험을 감수할 필요는 없다. 어떤 경우든 미시적 동기들과, 그 미시적 동기들로 설계한 열정과 목표를 진정한 자아의 의지처로 삼으면 된다. 동기

는 삶의 풍파를 견디게 해준다. 설령 최악의 사건이 닥치더라도. 열정을 좇기보다 열정을 설계하려는 태도에 몰두하는 한 언제든 당신이 가장 관심 있는 활동에서 실력을 발전시킬 새로운 전략을 찾아낼 수 있다. 올림픽의 육상 경기에 출전하고 싶은데 다리를 잃었다면 어떻게 해야 할까? 의족 스프린터 오스카 피스토리우스(Oscar Pistorius)가 실제로 이런 사고를 당한 인물이었다. 교향곡을 작곡하고 싶은데 청각을 잃었다면 어떨까? 이것은 베토벤에게 실제로 닥친 불행이었다. 미슐랭 3스타 레스토랑의 총주방장이 되고 싶지만 설암으로 미각을 잃었다면 어떨까? 그랜트 애커츠(Grant Achatz)가 실제로 그런 경우였다. 이 비범한 세 사례는 누군가가 불상사가 닥치기 전에 했던 활동을 계속 이어가기 위한 새로운 전략을 찾아낸 실례이다. 다크호스형 사고방식에서는 다른 방식의 충족감(새로운 방식의 우수성)을 찾아낼 방법들을 무한하도록 다양하게 열어준다. 육상 선수가 뛸 수 있는 재능을 잃으면 코치나, 육상 관련 웹사이트의 편집자, 육상의 생체역학을 연구하는 과학자가 되는 것도 한 방법이다. 아니면 개조 자동차 경주, 개썰매 경주, 조정, RC카 디자인 등을 시작할 수도 있다. 재능을 잃지 않았더라도, 현재는 개인화 시대가 워낙 빠르게 진전되면서 변화 속도도 빨라서 어제의 직업상 장점이 내일은 쓸모없는 퇴물로 전락할 수도 있다. 비디오 대여점 관리자와 자료 입력직 사무원, 신문 제판기사, 전화 교환원은 모두 1980년대에는 잘나가는 직업이었지만 현재는 사라지고 없다.

7. '로켓 과학'은 대체로 항공우주 공학계 내에서 격식 없이 쓰는 속칭이지만 NASA에서는 '로켓 과학자'를 공식 직함으로 쓰고 있다.

5장   목적지 무시하기

1. 워터슨의 1990년 5월 20일 케니언 칼리지(Kenyon College) 졸업식 연설에서 인용함. 시인 월트 휘트먼(Walt Whitman)도 같은 개념을 '나 자신의 노래(Song of Myself)'에서 더 운치 있는 표현으로 노래한 바 있다. "나도, 다른 그 누구도 그대를 대신해 그 길을 여행할 수는 없다. 그대 스스로 여행해야 한다. 그곳은 멀리에 있지 않다. 닿을 수 있는 곳에 있다. 어쩌면 세상에 태어난 후 자신도 의식하지 못하는 사이에 그곳에 다다랐을지도 모른다."

2. 딥블루는 프로그래밍에서 간과된 버그의 덕을 보기도 했던 것으로 추정된다. 한 게임에서 딥블루가 어쩌다 무작위 수를 두었던 것으로 보였는데, 이때 컴퓨터의 로직을 잘 몰라던 카스파로프는 당황하면서 자신이 헤아릴 수도 없는 지능을 가진 존재를 상대하고 있다는 초조함에 빠졌다. 만약 이 일이 사실이라면 체스 게임에서 성공하는 것이 단지 가능한 한 많은 수를 내다보는 문제만은 아님을 강조하는 사례가 된다.

3. '너는 자질이 없어.' 다크호스들이 교사나 진로 상담사나 코치들에게 가장 많이 듣는 말

이다. 이보다 더 사람을 낙담시키는 말도 드물다. 뚜렷한 장점들이 우수성의 표준 유형과 닮지 않았다는 이유로 당신의 개개인성이 우수성과는 거리가 멀다고 대놓고 말하는 격이지 않는가. 이런 말은 장점이 전혀 불분명하지 않고, 파악할 수 있고 보편적이고 고정되어 있다는 식의 부당한 주장이다. 전 스쿼시 선수 엘리자베스 리커(Elizabeth Ricker)는 우리에게 선수로서 발전하게 된 결정적 터닝포인트의 시점을 이야기했다. 어느 날 고등학교의 스쿼시팀 코치가 이렇게 말했다고 한다. "너는 이 스포츠에는 자질이 없어." 코치는 여기에서 멈추지 않고 한마디 더하며, 더 유망한 선수들이 들어올 수 있게 팀에서 나가 달라고까지 했다. "솔직히 코치에게 그런 말을 듣기 전까진 스쿼시보다 축구에 더 흥미가 있었어요. 하지만 그 말을 듣고 나자 너무 분해서 저도 잘 할 수 있다는 것을 보여주려고 기를 쓰고 연습했어요. 여기에선 분명히 짚고 넘어갈 게 있어요. 그때 코치의 그 말은 제 의욕을 자극하려는 전략이 아니라 그냥 저를 쫓아내려고 한 말이었다는 거예요." 엘리자베스는 자신의 개개인성에 주목한 새로운 코치를 찾아냈다. "여전히 자신감이 부족해서 새 코치에게 걸핏하면 저에게 재능이 있는지 없는지 물어봤어요. 코치는 아무 대답도 해주지 않았어요. 그냥 제가 잘 할 수 있는 기량들을 발전시키면서 실력을 최대화하는 쪽에 집중하셨죠. 저에게는 그게 훨씬 잘 맞는 훈련법이었어요. 이제는 자질이 있는지 없는지를 놓고 쓸데없는 질문을 하지 않고 앞만 보고 연습했어요. 여러 가지 기량을 시도해보면서 저에게 잘 맞는 기량을 찾으려 했죠." 엘리자베스는 결국 팀에서 최고 선수가 되었고 나중에는 여자 선수 부문에서 전국 최상위권 대열까지 올라섰다.

4. 모든 직업 분야마다 종사자들이 반드시 갖춰야 할 필수 능력이 적어도 하나쯤은 있다고 봐야 할까? 트럼펫 주자가 되려면 모든 연습생이 첫해에 배우는 과정인 기본적인 암부슈어(연주할 때 마우스피스를 무는 적당한 방법)를 반드시 익혀야 할까? 4.5미터의 묵직한 장대를 바닥에 단단히 찍으면서 몸을 공중으로 도약해 가로대를 넘어야 하는 장대높이뛰기를 잘 하려면 상체의 힘이 뛰어나야 할까? 하지만 트럼펫 주자 루이 암스트롱은 암부슈어를 제대로 익히지 않고도 역사상 가장 독창적인 재즈 뮤지션으로 손꼽히는 인물이 됐다. 비교적 단신인 르노 라빌레니(Renaud Lavillenie)는 2012년 올림픽의 장대높이뛰기 경기에서 대다수 경쟁 선수들보다도 상체 힘이 약했지만 세계 신기록을 세웠다.

5. 이런 다양한 우수성은 '마리오 카트 재능론'이라고 일컬을 만하다. 닌텐도의 레이싱 게임 〈마리오 카트〉에서는 각 차량별로 크기, 최고 속도, 가속도, 커브 주행 시의 안정성, 무기, 공격력 등의 성능 구성이 제각각이다. 예를 들어, 피치 공주는 느리지만 가속이 빠르고 토드는 급가속으로 급커브 구간을 처리하기에 좋다. 하지만 이처럼 제각각 차이를 보이고 있는데도 모든 차량은 그 차량 고유의 특징을 잘 살려 조정하기만 한다면 경주에서 이길 가능성이 있다. 마리오 카트 재능론은 〈문명〉, 〈디아블로〉, 〈워크래프트〉 같이 다양한 특성을 가진 여러 아바타 중에서 선택해서 플레이하는 방식의 모든 비디오 게임에 적용된다.

6. 더 구체적으로 말하자면 다크호스형 사고방식은 확률론적 경사 상승(당신에게 최적의 전략

을 알 수 없으니 시행착오 전략 선택하기)을 활용한 모의 담금질 알고리즘(과감한 행동들)에 상응한다.

7. 자연은 생물학적 삶의 우수성을 높이기 위해 이미 경사 상승 과정의 활용 요령을 터득했다. 그 요령이 이른바 자연도태에 의한 진화다. 찰스 다윈이 증명한 바에 따르면, 날개, 발톱, 인간의 지능 같은 놀라운 현상들은 어떤 장기적 계획에 따라 설계되어 미리 결정된 생물학적 목적지인 것처럼 **느껴지지만** 사실 진화는 오로지 단기적 선택에 의해서만(상황에 따른 의사결정에 의해서만) 진전된다. **지금 당장** 직면한 환경에서 어떻게든 살아남아 **지금 당장** 어떻게든 번식하는 그런 유기체들은 자신들의 특성을 후손들에게 전하게 되고, 그 후손들은 이런 과정을 자신들이 직면한 환경에서 새롭게 되풀이한다. 그런 식으로 아메바가 전적으로 예측 불가능한 방식으로 한발 한발을 떼고 한 봉우리 한 봉우리를 오르면서 원숭이로 진화할 수 있게 된다.

8. 과감한 행동(예: 새로운 기회나 새로운 시도 선택하기)은 그 지점의 최대 고비에 대항해 당신의 우수성의 지형에서 새로운 지점으로 도약할 수 있는 방법이다. 지점을 지날 때마다 최대 고비에 계속 막히겠지만 우수성의 정상을 향해 한 고비를 넘으며 오를 때마다 충족감을 느낀다면 뭐가 문제인가? 여기서 주목해야 할 문제는 최대 고비의 직면 여부가 아니라 다크호스형 사고방식의 경사 상승이 표준화형 사고방식이 제시하는 고정불변의 사다리와 어떻게 다르냐이다. 한 가지 주목할 점이 더 있다. 현실에서는 당신의 우수성의 지형이 여기에서 상징하는 것처럼 3차원적이 아니라 다차원적이기 마련이며, 어쩌면 무한대 차원에 이를 가능성도 있다. 우수성의 지형에서 차원상의 차이가 있어도, 다크호스형 경사 상승 알고리즘의 효과에는 달라질 것이 전혀 없다. 여전히 또 다른 최대 고비들을 넘어설 가능성을 갖추면서 각 지점의 최대 고비를 넘으며 도약시켜줄 것이다.

9. 때로는 목적지를 목표로 삼는 길밖에는 다른 대안이 없을 때가 있다. 당신의 개개인성에 아주 잘 들어맞을 것 같은 기회를 얻을 자격을 갖추려면 졸업장이나 그 외의 표준화된 증명서가 필요한 경우가 있다. 이때는 미시적 동기 깨닫기와 선택 분간하기를 수행하는 한 목적지를 목표로 삼아도 전혀 문제될 것이 없다. 똑바로 전진하며 잘 설계된 목표의식을 몰고 일직선의 경로를 따라가면 된다. 라스 윈더(Lars Winther)가 바로 그런 경로를 따라갔다. 라스는 어린 시절에 커서 프로 하키 선수로 뛰거나 경영학 학위를 취득하고 싶다는 막연한 희망을 품었다. 그러다 세인트 로렌스 컬리지(St. Lawrence College)에 입학했다. "입학 후에 가끔씩 미식축구와 하키를 즐기고 남학생 사교클럽에도 가입했어요. 그러다 보니 학업을 등한시했어요. 결국 학업진도가 뒤처져서 그해에 그걸 따라잡느라 엄청 애먹었어요." 1학년 과정을 마친 여름 방학에는 형 피터가 자신이 일하는 곳에서 여름 인턴십을 해보라고 권유했다. 당시에 피터는 케이블 방송사 HBO의 시트콤 시리즈로 O. J. 심슨이 주연으로 나오는 〈퍼스트 앤 텐(1st & Ten)〉의 제작팀에서 일하고 있었다. 라스는 형의 권유에 솔깃해서 로스앤젤레스로 가서 제작팀 보조로 일하기 시작했다.

"원래 보조는 수표 다발을 촬영장으로 가져가서 프로듀서에게 서명을 받아서 사무실로 다시 가져오는 일을 해요. 하지만 하루에 두 번씩 모든 촬영이 이루어지는 촬영장으로 가는 일이 정말 재미있었어요." 라스는 여름방학이 끝나갈 때쯤 기대에 들떠서 대학으로 돌아왔다. "그것이 제 계획이 되었어요. 인턴십으로 일해보니 재미가 있었어요. 제작 코디네이터나 제작 사무관 같은 사무실 사람들도 저를 정말 좋아했어요. 새로운 프로그램에서 새 일자리를 얻었을 때 같이 일하자고 말했을 정도였어요."

바로 이때가 라스에게 터닝포인트가 됐다. 이제는 대학 공부에 별 흥미가 없었고 스포츠도 자신에게 현실성 있는 경로가 아니라는 깨달음이 들었다. 반면에 드라마 제작 일에 굉장한 흥미를 갖게 됐다. 그 자신에게도 뜻밖의 일이었지만 그 분야가 자신에게 너무 잘 맞는 기분이 들었다. 하지만 학업을 그만둔다는 것은 너무 극단적 결정 같았다. 그래서 가장 먼저 했던 생각은, USC(서던 캘리포니아 대학교)나 UCLA로 전학해서 영화 쪽을 전공해보자는 것이었다. "하지만 그때 촬영장에는 저보다 네 살 많은 또 다른 제작 보조가 있었어요. 그 형은 얼마 전에 UCLA 영화학과를 졸업하고도 저와 똑같은 일을 하고 있었어요. 그 형을 떠올리니 '영화학과에 가면 뭐하나' 싶더라고요. 그래서 의식을 대전환시킨 결정을 내렸어요. '그냥 무작정 뛰어들어보고 어떻게 되는지 보자'고 마음 먹었죠."

라스는 할리우드의 현장에서 직접 몸으로 부딪혀보는 구불구불한 경로로 들어서기 위해 대학이라는 일직선의 경로를 포기했다. 첫 번째 단계는 자신이 정확히 어떤 분야를 좋아하는지 판단하기였다. 배우가 되고 싶은 마음은 손톱만큼도 없었다. 그 점은 처음부터 느꼈던 것이다. 에이전트나 매니저가 되고 싶지도 않았다. 프로듀서의 일에는 마음이 좀 끌렸지만, 프로듀서가 되려면 돈이 많이 필요한데 그럴 만한 경제력이 없었다. 사무실의 제작 보조 일을 직접 해본 경험으로 미뤄볼 때 사무직 일이 자신의 체질에 맞지 않는 듯했다. 사무실보다는 실제 촬영이 이루어지는 현장에서 일하고 싶었다. 그래서 결국 촬영장 제작보조로 취직하게 됐다. "촬영장 제작보조는 말단직이고 장시간에 걸쳐 일하지만 촬영 전반에 대해 조금씩 접하게 됩니다. 조명팀과 의상팀, 메이크업팀, 헤어팀, 카메라팀을 두루두루요. 조감독 밑에서 일하게도 됩니다. 그래서 마음을 정할 만한 기회가 생기게 되죠. '그래, 이게 내가 하고 싶은 일이야!', 하는 생각이 들거나 '이런 일은 정말 하기 싫어.'라는 느낌을 받게 돼죠."

라스는 맨 처음엔 촬영기사가 되고 싶다고 생각했다. 그래서 카메라팀 제작보조로 일해봤다. "상자를 나르고 필름을 넣는 일을 했는데 일을 잘 못해서 툭하면 호통을 받았어요. 막상 해보니 생각했던 것과는 달랐어요."

라스는 마침내 가장 흥미 있는 분야를 찾아냈다. 조감독 활동이었다. "지켜보니까 조감독은 제작의 모든 부문에 조금씩 관여해서, 그 점이 마음에 들었어요. 조감독은 배우들을 상대하는가 하면, 제작자나 감독과 함께 일하며 촬영장에서 자리를 뜨지 않아요. 사람들과 상황을 통제하는 조감독의 역할에서도 매력이 느껴졌어요. 제가 워낙 대장 노룻하길 좋아하는 편이거든요. 조감독 일은 사람들을 배치하고 감독이나 촬영기사와 손 발을 맞춰가며 일해야 하기 때문에 창의력도 필요해요. 항상 새롭게 변하는 요소에 대처 해야 하는 면도 좋았어요. 계속 변화가 없으면 따분해져서 흥미를 잃는 성격인 저에게 잘 맞을 것 같았어요." 그래서 그는 조감독의 길을 가기로 마음 먹고 대작 영화의 조감독이 되려는 꿈을 품었다.

하지만 미국 영화계에서 조감독이 되는 경로는 딱 하나밖에 없다. 미국영화감독조합 (Directors Guild of America)에서 관리하는, 엄격하게 표준화된 직업 사다리를 오르는 것 이 유일한 경로다. 라스가 자신이 목표로 삼은 꿈을 이루려면 우선 조감독 '보조의 보조' 로 특정 시간을 일해야 했다. 그 다음에도 특정 시간을 조감독 주 보조로 일하고 나서야 마침내 조감독으로 데뷔할 자격을 얻을 수 있었다. 결국 라스는 20대 초반에 이런 기관 상의 획일적 목적지를 선택한 후 그 뒤로 7년 동안 그 목적지를 향해 전진했다. 그는 자 신의 미시적 동기에 잘 들어맞을지 확신을 갖기 위해 판단 과정을 먼저 이행하며 여정에 서 거치는 매 단계를 즐겁게 나아가길 기대했다.

결과는 그의 기대대로였다.

"제 일에서 거의 모든 점이 마음에 들었어요. 일을 하다 보면 항상 몇 가지 파열이 생겨 요. 영화의 자금 조달이 무산되거나 제작자가 평정심을 잃는 등의 일이 생기지만 그런 일 들마저도 좋은 경험이 되었어요. 이 길로 들어선 걸 단 한 순간도 후회한 적이 없어요."

라스는 캐나다에서 촬영된 〈돌로레스 클레이본(Dolores Claiborne)〉과 〈주홍글씨(The Scarlet Letter)〉를 통해 처음으로 조감독 보조의 보조로 일하게 됐다. 그 뒤로 일에 대 한 열정을 빠르게 인정받으며 일찌감치부터 좋은 기회를 잡아, (이후에 〈인디펜던스 데이 (Independence Day)〉를 감독하게 되는) 롤랜드 에머리히(Roland Emmerich)의 〈유니버설 솔저(Universal Soldier)〉 제작에서 조감독 보조의 보조로 채용됐다. 그 뒤로 얼마 후에는 스티븐 스필버그 감독의 〈쥬라기 공원 2 : 잃어버린 세계(The Lost World: Jurassic Park)〉 제작에서 조감독 보조의 보조로도 들어가게 됐다. 뒤이어 몇 편의 영화에서 조감독 주 보조로 승진해서 일을 하다가 스티븐 스필버그의 〈A.I.〉에서 조감독 주 보조의 물망에 올랐으나 롤랜드 에머리히가 제작책임자로 나선 〈프릭스(Eight Legged Freaks)〉에 수석 조 감독으로 참여하기 위해 이 제안을 거절했다.

라스는 자신의 목적지를 향해 일직선의 경로를 따라갔다.

이제는 수석 조감독으로 활동하게 되면서 자신이 정말로 하고 싶은 일을 할 자유도 생겼 다. 그 이후엔 루이스 데스포지토(Louis D'Esposito)라는 남자가 제작자로 나선 〈S.W.A.T.〉 에서 수석 조감독을 맡았다. 루이스는 마블 스튜디오의 공동 대표가 되어 〈어벤져스 (Avengers)〉 첫 편의 제작책임자를 맡으면서 라스를 수석 조감독으로 채용했다. 라스는 그 뒤에도 마블의 영화 10편에서 수석 조감독의 후보에 올랐다. 이 영화들 중에는 〈스파 이더맨: 홈커밍(Spider-Man: Homecoming)〉과 〈닥터 스트레인지(Doctor Strange)〉 같은 최근의 최고 흥행작도 있었다.

현재 라스는 여전히 수석 조감독으로 일하고 있지만 자신의 제작사 윈더 형제 엔터테인먼트(Winther Bros. Entertainment)에서 제작자로 활동하면서 2,000만 달러 정도의 예산으로 다작의 영화 프로젝트를 한창 진행 중에 있기도 하다.

점검 / 인간 잠재력의 진수를 놓고 벌이는 공방

1. 이쯤에서 이런 의문이 들 만도 하다. 저마다 옳다는 신념에 따라 활동하는 과학자, 교육자, 정책 입안자 들이 어째서 재능을 놓고 그토록 극명하게 상반되는 해석을 내리는 걸까? 각 진영이 극명히 상반되는 수학에 바탕을 두고 있기 때문이다.

   표준화형 사고방식을 뒷받침하는 수학은 고정적이고 경직되어, 정적인(static) 특징을 띤다. 그래서 그 명칭도 '통계(statistics)'다. 통계는 평균과 상관관계, 정형화, 등급화의 수학이다. 이런 통계를 바탕으로 삼는 표준화형 사고방식은 변화의 불가피성을 무시하며, 그런 탓에 대체로 시간의 역할을 고려하지 않는다. 시간을 고려하더라도 선형적이고 절대적인 개념으로 다루어 우수성을 유발시키는 독립 변수로만 바라본다.

   대다수의 현업 사회과학자들은 표준화 계약의 평균 중심적 통계를 수용하고 있다. 평균 중심적 통계는 19세기형의 통계 방식을 이용해서, 상대적으로 복잡한 21세기형의 개개인학 방식보다 재능과 교육, 전문성에 대한 연구를 수행하는 데 훨씬 더 편리하다. 그런데 과학자들이 우수성의 연구에서 이런 편리한 통계 방식을 따르다 보면 연구 대상의 범위를 크게 한정시켜 재능에 일차원적 점수를 매기기 쉬운 분야에 치중하게 된다. 체스가 그 좋은 예다.

   체스 선수들은 공인대회에서의 승패에 따라 점수가 오르내리는, 이른바 엘로(Elo) 평점이라는 수치 평점을 받는다. 따라서 체스 선수의 재능 수준은 단순한 수학적 계산으로 결정된다. 엘로 평점으로 2,300점을 받으면 마스터가 되고, 2,700점 이상이면 그랜드 마스터가 되는 식이다. 이런 일차원적 단순성 때문에 체스가 생물학 연구의 기니피그나 유전학 연구의 초파리처럼 오래 전부터 성공 연구에서의 단골 연구 대상으로 활용된 것이다. 이제 체스는 잇단 연구에서 쓰고 또 쓰는 공통 '모델 생물(과학 발전 또는 인간의 질병 연구를 위한 실험에 사용되는 생물—옮긴이)'이나 다름없어졌다.

   표준화형 사고방식을 채택하는 과학자들은 예외 없이 선형방정식을 이용할 수 있는 비슷비슷한 일차원적 우수성 측정법을 모색한다. 테니스 실력의 우수성 연구에서는 ATP(프로테니스협회) 선수 순위에 의존하고, 과학자들의 우수성 연구에서는 흔히 한 과학자의 저작물이 인용된 횟수를 그 과학자의 재능을 재는 척도로 삼는다. 요리 실력의 우수성 연구에서도 대체로 여러 시식자들의 평균 점수에 의존하면서 일차원적 측정 기준을 활용한다. 물론, 지능의 연구 역시 IQ 점수에 기댄다. 표준화형 사고방식에서는 체스 재능과 테니스 재능, 과학 재능, 요리 재능의 그 모든 들쭉날쭉한 측면들이 등급화와 상관관계의 계산에 쉽게 대입시킬 수 있는 단 하나의 숫자로 요약된다.

다크호스형 사고방식을 뒷받침하는 수학은 변화를 전적으로 수용한다. 그만큼 역동적 (dynamic)이며, 그래서 명칭도 '동역학계 이론(dynamical systems theory)'이다. 동역학계 이론은 다양한 (그리고 경우에 따라선 무한대) 차원의 수학이며, 시간을 비선형적이고 상대적인 종속 변수로 다룬다. 다크호스형 사고방식이 토대로 삼는 이 수학에서는 개개인을 복잡하고 역동적인 존재이자, 대체로 다루기 힘든 다차원적 비선형 피드백 고리가 유발되는 환경과 상호작용하는 존재로 바라본다. 개개인을 예측불허의 극적인 변화도 일으킬 가능성이 있는 존재로 보면서 그 잠재력이 어느 정도인지 자신 있게 단정하기가 거의 불가능하다고 여긴다. 동역학계 수학은 경사 상승의 근본 원리이기도 하다. 다크호스형 사고방식은 차원의 수를 늘리고 시간의 개념을 확대함으로써 말 그대로 인간성을 더 포괄적인 개념으로 바라본다.

개개인학의 렌즈를 통해 우수성을 연구하려면 더 골치 아픈 일이 된다. 심지어 연구 결과가 미묘하고 일반화가 불가능하며 깔끔한 요약이 힘든 탓에 더 부담스럽기도 하다. 'A 학생이 IQ에서 B 학생보다 10점이 더 높으므로 A 학생이 B 학생보다 똑똑하다'는 식의 뚝 떨어지는 결과를 내놓는 연구에는 그다지 큰 노력이 들지 않는다. 그에 비해 다음과 같은 식의 결론을 내놓으려면 여간 힘든 일이 아니다. '여름철의 밤 시간에 실내에서 또래들과 그룹을 짜서 대수 문제를 푸는 조건이라면 학생 A가 학생 B보다 더 뛰어난 실력을 보일 것이다. 가을철의 낮 시간에 야외에서 혼자 대수 문제를 푸는 조건이라면 학생 B가 학생 A보다 문제를 더 잘 풀 것이다.'

6장 착시와 기만

1. 제임스 버크(James Burke), 『우주가 바뀌던 날 그들은 무엇을 했나(The Day the Universe Changed)』, (Little, Brown: New York, 2009), 11.
2. 냉전 종식 직전인 1985년에 개봉된 〈록키 4(Rocky IV)〉는 미국의 권투선수 록키가 소련 최고의 권투선수 이반 드라고와 겨루는 내용의 영화다. 물론 록키가 승산이 낮은 선수로 설정되어 있다. 그런데 지금에 와서 돌이켜보면 재미있는 점이 있다. 이반이 소련의 고도로 진보된 과학과 기술의 혜택을 입고 있는 반면, 록키는 장작을 패고 눈 속에서 조깅을 하는 등 평범한 훈련 방법에 의존해야 하는 형편으로 묘사된 부분이다. 마지막에는 미국인인 록키가 승리를 거두지만 그것은 뛰어난 재능이 아니라 뛰어난 열정으로 일구어내는 승리다. 오늘날이라면 어떤 영화에서든 미국을 다른 나라보다 기술적으로 열등한 나라로

묘사한다는 것은 상상하기도 힘든 일이다.

3. 민주주의 국가와 독재 국가의 양 진영에서 당국이 표준화 계약을 지지한 이유는 단순했다. 재능 육성의 표준화 시스템을 통해 사회에 세계수준급 전문가들이 예측가능하고 확실하면서도 꾸준하게 배출될 것이라고 믿었기 때문이다.

이 추측은 공교롭게도 들어맞았다.

표준화 계약이 각 사회의 국민에게 지지받은 이유 역시 단순했다. 이 계약이 재능을 가진 사람이라면 누구나 성공할 수 있는 공정하고 공평한 능력주의 제도라고 믿었기 때문이다.

이 추측은 공교롭게도 틀렸다.

4. 당신에게 치열교정의인 동시에 중세일본사 학자인 동시에 도시 설계자가 되기 위해 필요한 재능이 있다고 칠 경우, 그 재능을 증명하기 위해 어떤 유형의 재능 틀을 사용하면 좋을까? 그런 틀은 어디에도 없지 않을까? 하지만 미국의 대학들은 여기에 동의하지 않을 것이다. 모든 경우에 활용 가능한 완벽한 틀, 즉 GRE라는 만능형 동시심을 찾았다고 믿고 있기 때문이다.

GRE(Graduate Record Examination)는 모든 분야의 대다수 대학원 과정에 입학 지원하기 위해 필요한 표준화 시험이다. 이 시험은 일반 시험과 과목 시험으로 나뉘어 실시된다. 둘 중 더 특별하게 취급되는 일반 시험에서는, 삼각법, 논리, 어휘와 관련된 추상적 문제들이 출제된다. 과목 시험은 전공 분야별 시험으로, 심리학, 영문학, 화학 같은 분야의 기본적 주제에 대한 지식 평가 문제가 출제된다.

심리학 대학원 과정에 지원한다고 가정할 경우 심리학 관련 치료법, 연구결과, 이론 등의 이해도를 평가하는 시험이 멋부린 단어들로 되는대로 문장을 완성하는 능력의 테스트보다 더 적절한 측정 기준일 것 같지 않은가? 그런데 표준화된 능력주의의 작동방식은 그렇지 않다. 미국의 대학들은 GRE 과목 시험에는 별 관심을 두지 않는다. 이 시험을 활용하는 곳은 극소수에 불과하며 지난 수년 사이에 대다수 과목 시험이 폐지됐다. 대학원 과정들은 오히려 일반 시험에 대한 점수를 알고 싶어 한다. 수문장들로선 자신들이 원하는 결과가 나오도록 조작하기 더 쉽기 때문이다.

5. 하이디 크리거의 이야기에는 슬픈 결말이 있다. 그것도 기관에서 강요하는 틀에 의존할 경우의 어두운 면을 더욱 부각시키는 사례다. 표준화 계약하의 기관들이 특정 분야의 인재상에 대한 결정권을 갖게 된 이후로 관련 당국에서는 유망주들을 바람직한 틀에 맞추기 위해 부정 시도를 자주 벌였다. 소련은 1960년대부터 벌써 비밀리에 도핑 프로그램을 벌이기 시작했다. 2016년 올림픽에서 러시아 선수들의 출전이 금지된 사례에서도 잘 드러나듯이 이 프로그램이 완전히 중단된 적이 없었다. 여기서 비극은 소련 선수들 본인은 자신의 약물 투약 사실을 모르는 경우가 많았다는 점이다. 소련은 하이디가 스파르타키아트에서 2위를 한 이후인 16세 때부터 그녀 모르게, 동의도 없이 '비타민'이나 '건강보조제'라고 속이면서 근육 강화제인 아나볼릭 스테로이드를 먹였다. 그녀는 지나친 스테로이

드 복용으로 결국 성별이 바뀌어 현재는 안드레아스 크리거로 살고 있다. 그는 남자인 현재의 자신에게 만족하고 있지만, 자신이 겪었던 그 일은 아직도 아주 고통스러운 기억으로 남아 있다. 안드레아스는 똑같이 도핑 피해자인 전 동독 수영선수와 결혼했고 두 사람은 지금까지도 반도핑운동에 적극 동참하고 있다.

6. 작가 세스 고딘(Seth Godin)은 이런 현상을 가리켜 "선발의 횡포(tyranny of being picked)"라고 칭했다.

7. 들쭉날쭉한 측면에 대해 더 자세히 알고 싶다면 토드 로즈의 『평균의 종말』을 참고하길 권한다.

8. 여기에서 마리오 카트 재능론에 대해 더 구체적으로 짚고 넘어가자면, 게임 플레이어가 각 차량별 들쭉날쭉한 성능에 맞춰 경주를 펼치는 한 모든 차량이 경주에서 이길 가능성을 띠게 된다.

9. 개개인학의 개척자 피터 몰레나(Peter Molenaar)의 말마따나 "개인은 장소와 시간을 거치며 진화하는 고차원 시스템이다."

10. 들쭉날쭉한 측면은 개인의 우수성의 잠재력이 말 그대로 독자적인 이유를 확실히 설명해주기도 한다. 그 이유를 이해하기 위해, 먼저 지능이 13개 차원의 지적 능력으로 구성되어 있고 차원별로 서로 연관성이 낮다고 가정해보자. 더 간단한 가정을 위해, 각 차원별로 수준이 높음, 낮음, 평균의 3단계로만 나뉜다고 치자(가령 어휘력이 높음, 낮음, 평균의 단계로 나뉜다고 쳐보자). 이처럼 아주 단순한 조건하에서도 지능의 잠재적 패턴은 무려 150만 개 이상이다. 지능의 구성 차원 수를 두 배로 늘려 26개로 가정하면 은하수의 별보다도 많아져 2조 개를 넘어선다.

현실적으로 따지면, 지적 능력을 이루는 잠재적 차원의 수는 무한대에 가깝고, 각각의 차원도 서로 미묘하게 다른 별개의 요소들로 구성되어 있다(파란색을 구별하는 능력은 빨간색을 구별하는 능력과는 별개다. 멜로디를 기억하는 능력은 가사를 기억하는 능력과는 별개다. 동사를 줄줄 읊는 능력과 명사를 줄줄 읊는 능력은 별개다.) 따라서 개인의 잠재적인 지능 패턴 개수는 사실상 무한대나 다름없고, 재능의 들쭉날쭉한 측면은 지문보다 훨씬 더 독자적이다.

11. 다행히도 미국에서는 주정부와 지방정부에서 교육을 관할하고 있어서 투표와 정치과정을 활용하면 소련의 중앙집권화된 교육 시스템에 비해 훨씬 더 쉽게 변화를 유도할 여지가 있다. 게다가 자녀들의 표준화 시험 응시를 거부하는 학부모들로 결성된 표준시험 거부 운동(Opt Out Movement)의 사례에서 증명되고 있듯이 적극적으로 문제 해결에 동참할 수도 있다.

7장　다크호스 계약

1. 토마 피케티, 『21세기 자본(Capital in the Twenty-First Century)』(Cambridge: Belknap Press, 2014), 334.

2. 'meritocracy'는 '획득하다'는 뜻의 라틴어 'mereō'와 '힘'이라는 뜻의 그리스어 'kratos'의 합성어다.

3. 비난조로 명명된 또 다른 역사적 명칭인 'impressionist(인상파)', 'suffragette(여성 참정권 론자)', 'big bang theory(빅뱅 우주론)'에서도 역시 똑같은 현상이 일어났다.

4. 귀족주의와 쿼터주의는 한 가지 중요한 공통점이 있다. 둘 다 예외 없이 주사위 던지기가 수반된다는 점이다. 귀족주의에서의 주사위 던지기는 그 사람이 태어나기 전에 벌써 일어났다. 즉, 여남작이나 백작의 자식으로 태어나는 행운을 타고날지 여부가 출생 전에 결정됐다. 표준화 계약하에서는 주사위 던지기가, 태어난 이후에 그 사람의 '재능'이 시스템에 의거해 평가되고 등급 매겨져 특별한 인재 여부가 결정된다. 사람들이 표준화 계약을 더 선호하는 것도 당연하다. 부모들에게 자식의 주사위 던지기 결과가 6으로 나올지 모른다는 희망을 여전히 품게 해주니 그럴 만도 하다.

5. 쿼터주의에서는 소수의 인구만이 기관에서 정한 표준화된 우수성의 틀에 부합하게 된다. 그것이 공산주의 국가에서의 틀이든 자본주의 국가에서의 틀이든 다르지 않다. 개인을 억압하는 전체주의 국가였던 소련이 개인을 존중하는 자유국가 미국과 재능 면에서 동등한 수준을 유지할 수 있었던 이유는 네거티브섬 게임의 결과값 덕분이었다. 인구 규모나 우수성에 대한 개념이 서로 비슷한 두 국가에서 쿼터주의를 시행하면서 산술적으로 비슷한 결과가 나타난 것이었다.

   두 개의 쿼터주의를 서로 경쟁시키면 승자는 (그러니까 최고 수준급 우수자를 더 많이 배출하는 상대는) 궁극적으로 선택 후보자를 더 많이 보유한 쪽이 어디인가에 따라 결정된다. 인재 사다리 꼭대기 칸의 자릿수가 고정되어 있으면, 다시 말해 올림픽 대표팀이나 수학 올림피아드 대표팀, 우주비행사, 발레단과 같이 인원이 한정되어 있으면 어디든 인구 수가 더 많은 쪽이 표준화된 우수성의 틀에 잘 맞는 후보자를 찾을 가능성이 그만큼 더 높아진다.

   1980년 두 경쟁국의 인구는 소련이 더 우세하긴 했으나 엇비슷해서 미국은 2억 2,600만 명이었고 소련은 2억 6,500만 명이었다. 소련이 사라진 현재도 미국인들은 여전히 자국의 교육적 성과를 평가할 때 우수성을 평가하는 국제적 표준 틀인 PISA(Programme for International Student Assessment) 등을 활용해 자국 학생들을 다른 국가 학생들과 비교하고 있다. 하지만 우리의 인재 개념이 고정된 잣대를 수반하는 한, 그리고 표준화된 능력주의를 고수하는 한, 결국엔 표준화된 능력주의를 활용하면서 인구가 더 많은 다른 국가들에게 '패할' 운명에 놓인다. 이를테면 중국에게, 또 언젠가는 인도와 브라질에게도 패할지 모른다. 현재 우리는 모두 똑같은 네거티브섬 게임을 펼치면서 시스템에 의해 양산될 엘리트 인재의 수에 엄격한 제한을 두고 있다.

미국이 냉전에 승리한 것은 우월한 인재 육성 시스템 때문도 우월한 엘리트 인재 때문도 아니었다. 이 둘은 미국이나 소련이나 다르지 않았다. 하지만 미국에는 줄곧 간과했을 뿐, 그늘에 가려져 있었으나 중요한 영향을 미쳤던 인재의 장점이 있었다. 다양한 경제 시스템에 숨겨져 있던 인재의 장점이었다.

미국에는 경제학자들이 말하는 이른바 '시장 경제'가 형성되어 있다. 시장 경제에서는 개인이든 기업이든 모든 경제 주체가 적절하다고 판단되는 상품을 독자적으로 생산하거나 소비할 자유를 누린다. 모든 주체가 개개인의 필요성과 욕망에 따라 선택할 자유가 있기 때문에 수요와 공급의 힘에 따라 가장 필요한 곳에 자원이 분배되고 모든 사람의 생활 수준이 향상되도록 유도된다. 시장 경제는 생산의 포지티브섬 게임이다.

반면에 소련은 경제학계의 명칭대로 '통제 경제'의 체제였다. 통제 경제는 경직되고 굉장히 비능률적이어서 엄청난 난제가 쌓여간다. 이론적으로 따지면 통제 경제는 잘해봐야 제로섬 게임이지만, 실제로 소련의 경제 시스템은 생산의 네거티브섬 게임으로 운영됐다. 통제 경제에서는 '중앙계획위원회'가 수요와 상관없이, 그리고 개인의 이익을 염두에 두지 않은 채로 제품의 생산량을 독단적으로 결정한다. 소련에서는 국가계획위원회, 즉 고스플란(Gosplan)이 국영 공장들에서 생산할 자동차, 사과, 신발 등의 수량을 5년 단위로 결정했다. 다시 말해, 국가계획위원회가 생산량 쿼터를 고정적으로 정했다.

이런 고정된 생산량 쿼터는 다른 곳에서도 발견된다. 우리의 고등교육 시스템이다. 모든 쿼터주의는 통제 경제처럼 기능한다. 표준화 대학은 모두 일종의 중앙계획위원회(대학의 관리자 집단)에서 사회의 실질적 인재 수요와는 상관없이 정해놓은 인재 쿼터를 시행하고 있다. 소련의 공장들이 국민의 수요량에 견주어 신발의 생산량이 충분한지(혹은 너무 많은지)의 여부는 신경도 쓰지 않았던 것처럼, 미국의 교육기관들도 엔지니어, 의사, 극작가 등이 충분히 (혹은 너무 많이) 양산되는지의 여부에는 신경도 쓰지 않는다. 수요가 낮은 분야에 인재를 과다 양산하고 수요가 높은 분야에서는 인재를 부족하게 양산하고 있다. 게다가 미국의 시장 경제처럼 예측 불가능한 무한대의 다양한 우수성이 양산되도록 활짝 문을 여는 것이 아니라, 소련의 통제 경제 시스템과 똑같이 한정된 유형의 표준화된 우수성을 양산하고 있다.

당연히 소련의 통제 경제는 우리의 쿼터주의와 다를 바 없이 부패가 만연했다. 생산이 수요를 따라가지 못하면서 소련의 고위간부들은 생산체계의 최상층에서 최상급 상품을 자신들의 몫으로 취했다. 생산체계의 하부층 전역에서도 뇌물과 뒷거래가 일상적으로 일어났다. 그리고 우리 교육의 쿼터주의에서는 부유층과 특권층이 제한된 쿼터의 자리에서 특혜를 얻고 있다.

그런데 미국과 소련이 엘리트층에서의 인재에서는 꾸준히 대등한 수준을 이어가긴 했다지만 전반적인 인재의 폭에서는 미국이 훨씬 뛰어났다. 그 원인이 어디에 있었을까? 사실, 미국은 쿼터주의 때문에 냉전에서 승리한 것이 아니었다. 쿼터주의에도 불구하고 승리했던 것이다. 인간의 아주 다양한 우수성을 겨루는 경쟁에서 승리했던 것이다. 미국이 냉전에서 승리한 것은 미국의 시장 경제가 개개인들에게 구불구불 굽은 경로를 따라갈 자유를 부여했기 때문이다.

소련에서는 인재 사다리에서 걷어차이면 대안적인 성공 경로가 아예 없었다. 하지만 미국에서는 인재 쿼터에 들어가지 못해도 여전히 성공할 기회가 있다. 미국의 시장 경제에서는 인재 동시심에 맞든 안 맞든 간에 상관없이 모든 사람에게 기회가 주어지기 때문이다. 미국이 냉전에서 승리한 것은 중도 낙오자, 심신 소진자, 반항자, 환경 부적응자 들이 주변부의 음지에서 진가를 인정받지 못한 채로 노력한 덕분이었다. 더그 호어와 잉그리드 카로치, 사울 샤피로, 앨런 룰로, 수잔 로저스 같은 이들 덕분이었다.

6. 사다리 꼭대기로 오르려 애쓰다가 같은 칸에서 경쟁하는 다른 후보자들에게 떠밀려나면 어떻게 될까? 소련에서는 전기공학, 성악, 수구(水球) 등에서 우수성을 키우고 싶은 열망을 불태웠던 수십만 명의 학생들 중에서 소수만 사다리의 최상층에 올라설 수 있었다. 열정과 목표의식이 이들 소수에 못지않았던 더 많은 유망주들은 뒤로 밀려나버렸다. 소련에서 이런 낙오자들은 현실적으로 우수성을 제대로 펼칠 커리어도, 그 근접한 커리어도 누릴 수 없었다. 이 버림받은 사람들은 일단 탈락하고 나면 더 이상 국가 지원을 받지 못했다. 적어도, 모든 소련 국민에게 마땅히 주어지는 지원 외의 지원은 전혀 없었다. 전 소련 세력권 국가 소속 선수였던 어떤 사람은 우리에게 이런 이야기를 들려줬다. "동독에서는 지역 수영장의 인명구조원들 전부가 국가 수영 프로그램에서 탈락한 사람들이었어요. 다들 수영 실력이 엘리트급이었고 딱 한 단계를 못 넘어서 국가대표팀에서 탈락한 사람들이 수두룩했어요. 그렇게 인명구조원으로 일하며 내세울 돈도 지위도 없었지만 그래도 그 사람들은 운이 좋은 편이었어요. 국가대표팀에 뽑히지 못한 수영선수들의 대다수가 결국엔 공장에 들어갔으니까요."

7. 운이 좋지 않아 기관의 틀에 잘 맞지 않는다 해도 쿼터주의에서는 승부를 거는 다른 방법들도 있다. 그냥 틀에 맞는 척 흉내내는 것이다. 하지도 않은 과외활동들을 거짓으로 꾸미기, 자기소개서에 거짓말 쓰기, 추천장을 날조하기 등이다. 이런 틀에 맞추기 꼼수 중에 또 한 가지 흔한 방법으로는 표준화 시험에서의 부정행위도 있다. 이런 부정행위는 전 세계적으로 흔하지만, 시험이 국가의 경직된 학업 틀에서 가장 중요한 요소인 중국에서는 아주 예술 수준으로까지 치달았다.

   민주주의적 능력주의가 되면, 표준화 시험도 쿼터도 기관의 틀도 전혀 없기 때문에 부정행위 기회가 대폭 줄어든다. 당신은 남들 모두보다 더 뛰어나려고 애쓰는 게 아니라 최고의 자신이 되려고 애쓰게 된다.

8. Stephanie Saul, "Public Colleges Chase Out-of-State Students, and Tuition,"

New York Times, July 7, 2016, https://www.nytimes.com/2016/07/08/us/public-colleges-chase-out-of-state-students-and-tuition.html.

9. 표준화 시대의 여명기에 존재했던 귀족 계층은 능력주의의 부상을 **환호했다**. 능력주의는 윤리적 세탁기와 같았다. 평민들이 부유한 계층에 대항하는 반란을 조장하기 시작하던 (그리고 심지어 남아메리카 일부와 러시아에서는 반란이 성공하기까지 하던) 시기에 스스로를 가치 시스템으로 내세우는 기회 시스템이 생겨났다. 하층 계급과 중산층이 표준화 계약에 환호했던 이유는 열심히 노력하며 일직선의 경로를 따를 의지가 있다면 누구나 사회의 사다리 꼭대기에 올라 이전까지 귀족의 전유물이던 특권을 누릴 수 있다고 약속해줬기 때문이다. 그리고 실제로도 아주 많은 사람들이 사다리에 올랐다. 하지만 귀족 계층 역시 표준화 계약에 환호했다. 여전히 돈으로 쿼터를 살 수 있었지만, 이제는 '금권정치가', '악덕 자본가', '독점 재벌'과 같은 공격적 호칭이 따라붙는 것을 걱정하는 대신 폼나는 대학 명이 찍힌 졸업장을 흔들어 보일 수 있었기 때문이다. 오늘날 재능을 갖춘 사람이면 누구에게나 기회가 열려 있는 것처럼 보이는 바로 그 졸업장 말이다. 능력주의에서 귀족 계층은 탐욕스러운 사람이 아니라 가치 있는 사람으로 변신했다. 결국 구시대적인 귀족 계층은 결코 사라지지 않았다. 단지 하버드대 MBA나 스탠퍼드대 학위 뒤로 숨는 요령을 터득했을 뿐이다.

10. 하지만 표준화를 너무 심하게 몰아세워선 안 된다. 표준화에는 악당이 없다. 새로운 사회 계약이 민주주의적 능력주의의 형성 기반이 마련될 만한 환경이 구축되기 위해서는 표준화 시대가 필요했다. 봉건제 시대가 중상주의 시대가 싹트는 기반이 되었던 것처럼, 개인화 시대가 싹트게 해준 과학과 기술이 발전하기 위해서도 표준화 시대는 필요했다. 표준화된 산업은 우리에게 탄탄하고 다양한 경제를 안겨줬다. 표준화된 기업은 우리에게 개인맞춤형 기술을 누리게 했다. 또 표준화된 과학은 표준화를 밀어내기 위해 필요한 데이터와 통찰력, 정보를 갖춰줬다. 그 전에 프톨레마이오스의 『알마게스트』가 있었기에 우리가 뉴턴의 『자연철학의 수학적 원리』를 가질 수 있었던 것이다.

11. "존재하는 모든 사회는, 심지어 지극히 개인주의적인 사회조차도 거의 무의식적이긴 해도 당연시 여기는 두 가지가 있다. 조직이 종사자들보다 오래 가고, 대다수 사람들이 한 조직에 뼈를 묻는다는 인식이다. 하지만 오늘날에는 정반대로 생각해야 맞다. 이제는 지식노동자들이 조직보다 더 오래 가고 자주 직장을 옮겨다니는 시대다. 그에 따라 자기관리의 필요성이 대두되면서 인사(人事) 혁명이 일어나고 있다." 피터 드러커가 『Managing Oneself』(원서 55쪽)에서 밝힌 결론이다.

12. 자기교정(self-correction)은 미국 고유의 특성성이다. 정치 시스템에 내재화되어 있고(미국 헌법의 수정 조항들), 경제 시스템에도 내재화되어 있다(자본주의의 자유시장 원칙들). 하지만 교육 시스템에서는 지금껏 내재화된 적이 없다.

13. 우리는 현재 표준화 계약하에 포함되어 있는 시시콜콜한 모든 것에 전부 다 동의한 것은

아니었다. 커리어 사다리, 인재 동시심, 표준화 시험 등은 우리가 동의해서 생겨난 것들이 아니었다. 우리가 받아들인 기본적 사회 진리가 낳은 결과였다. 즉, 특별한 사람들만이 재능이 있고 최고의 기회를 누릴 자격이 되며, 전문적 우수성을 추구하기 위해 개인적 충족감을 희생해야 사회의 보상을 받을 자격이 된다는 믿음의 사회 진리가 불러온 결과였다.

14. 이 다크호스 계약의 조건은 철저할 만큼 비당파적이다. 아니, 더 정확히는 초당파적이라고도 말할 만하다. 진보주의에서 주된 기본원칙으로 여겨지는 바(공평한 기회)와 보수주의에서 주된 기본원칙으로 여겨지는 바(개인적 책임)를 매끄럽게 융합시키고 있기 때문이다. 하지만 다크호스 계약하에서는 두 원칙 모두 우리에게 익숙한 의미와는 다른 의미를 띤다.

15. 동등한 적합성과 개인적 책임에 기반한 시스템이 우수성을 인위적으로 제한하는 대신 우수성을 자유롭게 풀어주는 이유를 이해하기 위해서는 다음의 의문을 생각해보면 된다. 전체 학생이 GPA에서 만점인 4.0을 받고 졸업하면 어떨까? 다시 말해, 학생 한 명 한 명 모두가 우수성을 획득하면 어떨까?

   표준화된 능력주의에서는 학교의 모든 학생이 GPA에서 만점인 4.0을 받고 졸업하면 당연히 신랄한 회의론으로 반응할 것이다. 성적 인플레이션이나 대대적 부정행위 등을 거론하며 시스템이 썩었다는 식으로 추정할 것이 뻔하다. 인재가 희귀하고 등급화가 가능하다는 신념하에서는 그 외의 다른 결론은 내릴 수가 없다. 사람들은 모든 아이들이 최고 우수생인 셈인 결과에 직관적으로 어처구니 없다고 느끼면서, 부정을 저질러 모든 학생을 특별 대우하여 모두를 승자로 선언한 것일 거라며 학교를 조롱하기 십상이다. 그리고 이 학교는 SAT에서 하는 식대로, 누가 '진정으로' 가치를 지닌 학생이고 누가 그저 그런 평범한 학생인지 가려내기 위해 상대평가 제도나 그 외의 자의적 판별 방법을 도입할 것이 틀림없다.

   하지만 민주주의적 능력주의에서는 모든 학생이 가장 좋아하는 활동에서의 우수성을 발전시킬 자유가 있기 때문에, 또 자신만의 구불구불 굽은 교육 경로를 선택해서 자신만의 속도에 맞춰 학습하고 자신의 재능의 들쭉날쭉한 측면에 잘 맞는 전략을 선택할 수 있기 때문에, 모든 학생이 자신이 선택한 학습 프로그램에서 우수성을 발휘할 수 있고 또 우수성을 발휘해야 마땅하다. 물론 민주주의적 능력주의에서는 성적 매기기를 거부하지만, 선택다운 선택이 주어지는 한 모든 학생이 자신이 선택한 역량기반의 평가를 통과하길 바란다.

16. 모든 사회는 사회조직의 형태에서 근본적 문제에 직면한다. '기관이나 사람들 중 어느 쪽이 순응하여 따를 것인가?'의 문제다. 표준화 계약하에서는 기관이 최고의 권한을 쥐고 있다. 프레드릭 테일러는 1911년에 "과거에는 사람이 먼저였다면 미래에는 시스템이 먼저가 되어야 한다."고 선언하면서 이런 원칙을 노골적으로 표명하기도 했다. 하지만 다크호스 계약하에서는 기관이 사람에게 순응해야 한다.

17. 하지만 개인맞춤형 기술 제공의 문제에서는 주의 깊게 살펴야 할 부분이 있다. 모든 사람이 개인맞춤형 기술에 접근하도록, 또 최고의 시스템이 소수 특권층에게 독점되지 않도록 만전을 기해야 한다. 실제로 지금까지 개인맞춤형 교육 기술 개발 분야의 선두주자들은 모든 계층의 사람들에게 그 교육 기술을 제공했는데, 이를 당연하게 생각해서는 안 된다. 우리의 민주주의적 능력주의가 모두에게 포지티브섬 게임이 되려면, 모든 사람이 개인화와 선택을 보편적으로 이용할 수 있어야 한다.

18. 개인화와 선택을 제공하는 기관들이 표준화된 기관들보다 크게 유리한 점이 두 가지 있다. 성장성 증대와 생산성 증가다. 개인화된 기관은 쿼터를 폐지함으로써 표준화된 기관에서 채택하는 정체된 모델이 아니라 성장을 기반으로 삼은 비즈니스 모델을 채택할 수 있다. 실제로 서밋 러닝과 서던 뉴햄프셔 대학교의 두 사례 모두 눈부신 성장 잠재력을 보이고 있다. 게다가 개인화된 기관은 개인적 충족감을 중요시하기 때문에 종사자들에게서 더 높은 생산성을 끌어낸다. 충족감을 느끼는 종사자들은 몰입도와 생산성이 높아지기 마련이다.

결론 행복의 추구권

1. 토머스 제퍼슨이 1813년 8월 13일에 이삭 맥퍼슨(Isaac McPherson)에게 보낸 편지에서 인용함. 맺음말의 인용문으로는 로버트 루이스 스티븐슨(Robert Louis Stevenson)의 다음 명언도 고려했었다. "행복해질 의무만큼 과소평가되고 있는 의무는 없다."

2. 이번 장에서는 여러 문헌을 인용했지만 특히 게리 윌스(Garry Wills)의 『Inventing America: Jefferson's Declaration of Independence』(1978)가 맺음말의 중심 주제를 소개하는 데 많은 도움이 됐다. 이 저서는 우리가 독립선언서와 관련해서 지금껏 참고했던 글 중에서 가장 유익하고 알찬 자료였다. 추천 도서로 적극 권하고 싶다.
   게리 윌스의 주장에 대한 비평을 비롯해, '행복의 추구'라는 문구의 삽입과 관련된 최근의 학문적 견해를 간략히 알고 싶다면 내용이 아주 유익한 다음 저서 중 'The Pursuit of Happiness' 항목을 읽어보길 추천한다. *The Bloomsbury Encyclopedia of Utilitarianism*, James Crimmins 편집.

3. *The Scots Magazine*, August 1776.

4. 다음을 참조 바람. "Jefferson's Draft of the Declaration of Independence, 28 June, 1776," American History, http://www.let.rug.nl/usa/documents/1776-1785/jeffersons-draft-of-the-declaration-of-independence.php.

5. 토머스 제퍼슨이 1815년 1월 15일에 루이스 H. 지라딘(Louis H. Girardin)에게 보낸 편지.

6. Jack D. Warren, "George Mason, the Thoughtful Revolutionary," *Gunston*

Gazette 6, no. 1 (2001): 6~8: http://www.gunstonhall.org/georgemason/essays/warren_essay.html#jdw.

7. "따라서 가장 완벽한 지성의 본질이 진실되고 확실한 행복을 신중하고 꾸준하게 추구하는 것에 있는 것처럼, 상상 속의 행복을 진정한 행복으로 착각하지 않도록 우리 스스로를 살피는 일은 자유를 누리기 위한 필연적 토대다. 우리의 최대의 선이자 그로 인해 우리가 늘 열망하는 전반적 행복을 단호히 추구하는 태도를 견지할수록, 그것이 우리의 진정한 행복의 경향인 것인지 아니면 진정한 행복과 부합되지 않는지 온당히 검토하기 전까지는 무턱대고 어떤 특별한 행동을 하기로 결심하거나 그 순간에 바람직해 보이는 어느 특정의 선에 의거한 열망을 좇지 않아도 된다. 그러므로 그런 검토에서 문제의 중요성과 사태의 본성에 따라 요구되는 수준까지 식견이 넓어질 때까지는 진정한 행복을 최대의 선으로서 우선시하며 추구할 필요성에 따라 특정 경우의 욕망들은 그 충족을 보류해야 한다.", 존 로크, 『인간 지성론』, (T. Tegg and Son, 1836), 171.

8. Francis Hutcheson, *An Essay on the Nature and Conduct of the Passions and Affections* (R. and A. Foulis, 1769), 31.

9. Laurence Sterne, The Complete Works: *With a Life of the Author Written by Himself* (Edinburgh: Nimmo, 1882), 251.

10. "모든 인간은 본래 평등하고 자유롭다. 어떤 사람도 당사자의 동의 없이 다른 사람에게 권한을 행사할 권리는 없다. 모든 합법적 정부는 통치받는 이들의 동의에 따라 세워진다. 이런 동의의 목적은 통치받는 이들의 행복을 보장하고 증진시키는 것이다. 단독의 독립적인 자연상태에서 누릴 수 있는 행복 이상을 실현시키는 것이다. 따라서 사회의 행복은 모든 정부의 최우선적 법칙이다." 미국의 건국자 제임스 윌슨이 1768년에 쓴 '영국 의회 입법권한의 본질과 범위에 대한 고찰(Considerations on the Nature and Extent of the Legislative Authority of the British Parliament)'에서 나오는 글로 다음에서 참고함. James Wilson, *The Works of the Honourable James Wilson*, ed. Bird Wilson (Philadelphia: Lorenzo Press, 1804), 206.

11. Francis Hutcheson and William Leechman, *A System of Moral Philosophy*, 3 vol. (London: Millar, 1755), 1:226.

12. Henry Home, Lord Kames, *Essays on the Principles of Morality and Natural Religion: In Two Parts* (C. Hitch and L. Hawes, R. and J. Dodsley, J. Rivington and J. Fletcher, and J. Richardson, 1758), 57.

13. Francis Hutcheson, *An Essay on the Nature and Conduct of the Passions and Affections* (London: A. Ward, V. and P. Knapton, and T. Longman, 1756), 210~211.

14. Adam Ferguson, *An Essay on the History of Civil Society* (Dublin: Boulter Grierson, 1767), 85.

15. 다음의 저서에도 이와 유사한 개념이 담겨 있다. Linda Bolton in *Facing the Other: Ethical Disruption and the American Mind* (Baton Rouge: Louisiana State Univ. Press, 2004), 101. "우리는 독립선언서의 이러한 신조를 개인의 전체에 대한 책임을 중요시하면서 적어도 이론상으로 그런 책임을 확실하게 못 박는 의미로 해석해야 한다. 제퍼슨이 생각한 이상적인 시민은 자신의 특별한 행복을 추구하는 과정에서 행복이 정부와 사회라는 '비단 끈'으로 함께 연결된 이들의 안녕과 행복에 따라 좌우된다는 것을 깨닫는 사람이다."

16. 이런 가정을 확실히 실행시킬 수 있는 유일한 기제는 충족감이다. 그 외의 다른 기준은 결과적으로 승자와 패자를 낳기 때문이다. 충족감은 우리 모두가 승리할 수 있는 유일한 방법이다. 제퍼슨이 아이디어를 촛불에 비유해서 한 말처럼, 당신의 충족감을 얻는다고 해서 나의 충족감이 줄어들지는 않기 때문이다.

사실, 표준화 계약하에서 우리가 기회제공 기관들과 맺는 거의 모든 상호작용은 거래적이다. 수업료를 지불하고 그 대가로 기관에게 (교육보다는) 졸업장을 기대한다. 인재 쿼터의 그 귀한 자리 하나를 얻으려고 돈을 지불하면, 그 대가로 기관은 인재 사다리를 더 잘 오르게 도와준다. 그런데 이런 식이라면 쿼터에 자리를 얻지 못한 이들과 사다리에서 걸어차인 이들은 누구에게든 의무감을 전혀 느끼지 않게 된다. '내가 교육 거래에서 이득을 본 게 없는데 세상에 돌려줘야 할 이유가 어딨어?'

반면에 다크호스 계약하에서는 거의 모든 상호작용이 상관관계적이다. 당신은 당신에게 가장 중요한 일에서 실력을 키우면서 당신의 방식대로 충족감과 우수성을 획득한다. 그러면 이제는 당신을 있는 그대로 받아들이며 아주 많은 것을 얻게 해준 시스템에게 되돌려줘야 할 때다. 사다리를 오르기 위해 틀에 끼워 맞추라고 강요하지 않고 당신의 개개인성을 존중하고 육성해준 시스템에게 뭔가로 갚아줘야 한다.

찾아보기

KI신서 8269

다크호스

1판 1쇄 발행 2019년 8월 7일
1판 16쇄 발행 2024년 10월 11일

지은이 토드 로즈·오기 오가스
옮긴이 정미나
펴낸이 김영곤
펴낸곳 (주)북이십일 21세기북스

정보개발팀장 이리현
정보개발팀 이수정 강문형 김설아 최수진 박종수
출판마케팅팀 한충희 남정한 나은경 최명열 한경화
영업팀 변유경 김영남 강경남 황성진 김도연 권채영 전연우 최유성
해외기획팀 최연순 소은선 홍희정
제작팀 이영민 권경민
표지디자인 어나더페이퍼

출판등록 2000년 5월 6일 제406-2003-061호
주소 (우 10881) 경기도 파주시 회동길 201(문발동)
대표전화 031-955-2100 **팩스** 031-955-2151 **이메일** book21@book21.co.kr

(주)북이십일 경계를 허무는 콘텐츠 리더

21세기북스 채널에서 도서 정보와 다양한 영상자료, 이벤트를 만나세요!
페이스북 facebook.com/jiinpill21   **포스트** post.naver.com/21c_editors
인스타그램 instagram.com/jiinpill21   **홈페이지** www.book21.com
유튜브 www.youtube.com/book21pub

서울대 가지 않아도 들을 수 있는 **명강의!** 〈서가명강〉
유튜브, 네이버, 팟캐스트에서 '서가명강'을 검색해보세요!

ISBN 978-89-509-8225-6 (03370)